꽃

가치 피어

매혹케 하라

국립중앙도서관 출판시도서목록(CIP)

꽃가치 피어 매혹케 하라 : 신문광고로 본 근대의 풍경 /
김태수 지음. ― 서울 : 황소자리, 2005
   p. ;   cm
ISBN 89-91508-05-7 03900 : \17000
911.06-KDC4
951.903-DDC21   CIP2005001077

※ 이 책은 한국언론재단의 연구저술 지원으로 출판되었습니다.

꽃 가치피어 매혹케 하라

김태수 지음

황소자리

"선배! 흑인이 변하야 미인이 된다네⋯⋯."

옛날 신문에 실린 광고를 보던 후배 지평님이 킬킬댔다. 아프리카 원주민처럼 까만 여인네가 비누를 사용한 뒤 얼굴이 백지장처럼 하얘졌다는 비누 광고였다.

"여기 봐요! 자전거도 자동차처럼 번호판을 붙이고 다녔나봐요."

100년이 채 안 된 신문광고를 보면서 우리는 코미디 영화를 보는 것처럼 즐거웠다. 1950~1970년대 신문광고 얘기를 신문에 연재했던 필자 역시 후배의 흥분에 맞장구를 쳤다.

"70년 전에는 바늘 같은 것도 신문에 광고를 했네!"

비록 디자인이 서툴고 상품도 조잡해 보였지만 신문광고 속에는 그 시대의 자잘한 풍경이 고스란히 담겨 있었다.

광고를 함께 뜯어보면서 필자와 후배는 각자 딴 생각을 하고 있었다.

"야, 어쩌면 우리 근대에 대해 이렇게 아는 게 없냐."

자탄에 빠진 필자가 근대의 풍경을 떠올리는 동안 후배는 성큼성큼 몇 걸음 앞서 가고 있었다.

"선배! 이거 책 될 거 같지 않아요? 역사를 정색하고 얘기하면 잘 안 듣잖아. 광고로 그 시대 사람들 얘기를 해보면 어떨까?"

누구나 알고 있다고 믿는 근대의 실상을 사실은 잘 모르지 않느냐는 것이었다. 우리처럼. 아닌 게 아니라 명색이 문화부 기자로 10년 넘게 뛰어다녔지만 근대에 대한 필자의 지식은 부끄러운 수준이었다. 정치적 사건에 관한 앙상한 정보, 사진이나 드라마에서 본 피상적인 이미지가 고작이었다. 21세기 이 시점에도 우리 사회에 영향을 미치고 있는 그 시대에 대해 너무도 무신경했던 것이다. 거창하게 말할 것 없이 할아버지, 할머니 세대가 어떻게 살았는지조차 제대로 알지 못한 셈이다. 갑작스레 밀려오는 자책과 '신문광고로 본 근대 풍경'이란 부제를 즉석에서 쑤욱 뽑아놓는 후배의 추진력에 필자는 더 이상 물러설 공간이 없었다.

이 책의 기획은 이렇게 시작됐다. 우리가 막연히 알고 있다고 생각하지만 사실은 제대로 알지 못하는 한반도의 근대 풍경을 광고를 통해 들여다보자, 날벼락처럼 떨어진 외세의 침략과 근대 문명에 휘청댔지만 치열하게 살았던 사람들을 만나보자는 게 기본 컨셉이었다.

우리는 두 가지 전략은 지켜나가자고 약속했다. '재미있게'와 '어렵지 않게'였다. 먹고 살기 힘든 세상에, 공부하기도 모자라는 시간에, 옛날 얘기는 알아서 뭐하냐고 따질 사람들이 심심풀이로 술술 읽을 수 있으면 좋겠다는 판단이었다.

첫 번째 전략 '재미있게'는 그리 힘들 것 같지 않았다. 강철보다 내구성이 강하다는 고무신, 코가 뭉개진 여성을 모델로 삼은 성병약,

자양강장제라고 내세운 초콜릿, 술이 아니라 청량음료라고 우긴 맥주, 출세의 무기를 자처한 영어통신강좌, 얼굴을 납독으로 시퍼렇게 만든 화장품, 나체사진과 변태성욕을 다룬 포르노 서적, 부속품을 중장비처럼 분해해놓은 라디오, 최첨단 직업인 자동차 운전수를 길러 내던 학원, 산아제한용으로 사용한 콘돔, 러시아 미희들을 웨이트리스로 불법 고용한 카페, 소 한 마리를 경품으로 내건 백화점……. 광고에 등장한 상품과 문안 자체는 제 스스로 엽기적이고 코믹했다.

바스러질 듯한 고신문과 200% 확대해도 글자를 판독할 수 없는 영인본 신문을 펼치자 광고들은 '왜 이제야 왔냐'며 우르르 달려들었다. 이들 광고는 우울하고 서글프고 참혹한 시대상과 함께 근대인들에게 필요했던 것, 근대인들이 욕망했던 것, 근대인들을 유혹했던 것, 근대인들에게 강요됐던 것을 골고루 보여주었다.

두 번째 전략 '어렵지 않게'가 문제였다. 그 전략은 얼핏 보면 쉬운 것 같지만 사실은 그렇지 않았다. 여러 면에서 해석과 판단이 보류된 시대사를 재단하는 것은 역사학을 전공하지 않은 필자에게는 버거운 일이었다. 십수 년 동안 신문기자로 일했으니 글을 쉽게 쓰는 것은 어느 정도 익숙하다고 할 수 있겠으나 구한말과 일제 강점기란 시대는 결코 만만한 글감은 아니었다. 도리 없이 기자들이 흔히 하는 것처럼 공부하고 취재하면서 써 나갈 수밖에 없었다. 그것은 일반적인 독자의 수준과 시선으로 그 시대의 삶을 들여다보자는 컨셉과도 맞아떨어졌다.

그러자면 버려야 할 게 몇 가지 있었다. 근대사회의 맹아가 조선에서도 자생적으로 맹렬히 꿈틀대고 있었다는 시대착오적 낙관, 근대화의 모든 과정이 조선에 해악만 끼쳤다는 피해망상적 저주, 일본이 아니었으면 근대화가 불가능했다는 자포자기적 순응, 모두 배제할 것이었다. 역사를 정해진 틀에 억지로 끼워 맞추거나 편견에 사로잡혀 어쭙잖게 해석하기보다는 그 시대의 장면이면 장면, 양상이면 양상을 있는 그대로 드러내면서 독자와 더불어 그 시대를 반추해보기로 한 것이다.

따라서 이 책은 당시 사람들의 삶을 가능한 한 날것 그대로 보여주자는 목표를 따라갔다. 신문과 잡지 기사, 논문, 소설, 시, 회고록, 학술서, 사사社史 등에 뿔뿔이 흩어져 있는 사실(팩트) 중심의 자료를 모아 각 장을 구성해나갔다. 책을 읽고 나면 적어도 우리 근대인의 삶의 모습이 어떠했는지 정도는 머릿속에 그려질 수 있게 하고 싶었다는 얘기다.

팩트를 모으는 과정에서 본의 아니게 앞선 연구자들의 피와 살 같은 귀한 연구 내용을 허락도 없이 뭉텅이로 뜯어온 것에 대해 이 자리를 빌려 진심으로 용서를 구한다. 아울러 독자들이 편안히 읽게 하겠다는 핑계로 모든 자료의 출처를 일일이 추려놓지 않은 점에 대해서도 양해를 구한다.

도와준 사람들을 외면하는 것은 도리가 아니기에 몇 자 적어볼까 한다. 이 책은 '황소자리' 출판사가 없었으면 나올 수 없었다. 지평 님 대표와 출판사 식구들은 원고의 방향을 잡아주는 것은 물론 학술적 글쓰기가 아니라 저널리즘 글쓰기를 해보라고 자신감을 불어넣어주었다. 책을 쓴다는 이유로 3년이 넘도록 제 역할을 다하지 못한 가장에게 "아빠 힘내세요. 우리가 있잖아요."란 노래를 소리 없이 불러준 딸 민주, 아들 건호, 아내에게 고마운 마음을 전한다. 자식의 책에 이름 석 자 오르는 것을 평생의 보람으로 여기실 김후열, 장순남 두 분에게 이 책을 바친다. 원천적으로 이 책의 집필을 가능하게 해준 언론재단의 아낌 없는 지원과 꾸준한 격려에 대해서도 거듭 감사한다.

2005년 초여름

김태수

꽃
가치 피어
매혹케 하라

◉ 기생 ◉

개쌍놈도 데리고 노는
민중화의 세상이라

✳ ✳ ✳

민중화의 시대다. 학문도 민중화, 정치도 민중화, 모두가 다 민중화하는 이 시대니 어찌 기생이라고 민중화가 아니되랴. 옛날은 관기라 하야 군수 사또가 아니면 데리고 놀지 못하든 기생이 일조에 양반정치가 끊어지고 섬 건너 양반 정치가 된 뒤로 아주 철저히 민중화가 되어 인제는 개쌍놈의 아들이라도 황금만 가젓으면 일류 명기를 하루밤에 다 데리고 놀 수 잇게 되엇다.[1]

신분사회가 해체되면서 양반들의 심기는 여러 모로 불편했다. 그 이유 중 하나가 그들만의 파트너였던 기생을 '황금만 가진 개쌍놈의 아들'과 공유하게 됐기 때문이다. 위에서 본 어느 양반의 한탄처럼 구한말에 기생은 돈만 있으면 불러낼 수 있는 존재가 된 것이다.

기생 영업을 관리하던 권번들은 기생 서비스 요금을 정액제로 정한 뒤 신문에 공시했다.

　기생을 관리하던 권번들의 연합체인 '경성오권번연합'은 1920년 6월 10일자 〈매일신보〉에 실은 광고에서 기생을 부르는 데 드는 요금을 공지했다. 권번들은 당국의 허가를 받아 기생의 시간대(서비스 요금)를 개정했다면서 한 시간에 1원 30전, 세 시간 반에 4원 30전, 경성 밖의 지역은 다섯 시간에 6원 50전을 받을 것이니 자주 찾아달라고 광고한 것이다.

　권번이 기생 서비스료를 대중교통 요금처럼 정액제로 바꾼 것은 손님들의 불평 때문이었다. 시간에 관계 없이 한 번 부르는 데 4~5원을 받는 것은 너무 비싸다는 소리가 고객의 입에서 나온 것이다.[2] 권번은 요금을 내리면 당장 수입은 줄겠지만 반대로 손님이 많아져 그것을 벌충할 수 있다고 판단했는지 떠밀리듯 '박리다매' 전략을 채택했다. 그렇게 기생업은 대중 서비스업이 되어갔고 그만큼 기생의 처지는 쇠락해갔다.

　조선 말엽만 해도 기생은 돈 좀 있다고 해서 아무나 불러 즐길 수 있는 대상은 아니었다. 기생은 기본적으로 관아에 매인 몸이기도 했거니와 가무와 음률에 능한 고급 엔터테이너다보니 상대 남정네도

기생은 자신들의 품격을 자랑하고 싶었는지 사군자 가운데 하나인 난을 쳐서 광고에 써먹기도 했다.

격조가 없으면 어울리기 어려웠다.

조선조 기생의 수는 대략 3만 명에 달했다. 소속 관아가 서울에 있으면 경기京妓, 지방에 있으면 지방기地方妓라고 불렀다. 경기는 관동이나 삼남 지방에서 뽑혀 올라온 소위 선상기選上妓들이었다. 100명에서 300명 사이를 오가던 경기는 진찬, 진연 같은 궁중잔치에 동원됐다.[3] 이들은 평소에는 내의원과 혜민서에 속해 있으면서 의술을 펴는 의녀 즉 약방藥房기생과, 공조나 상의원에서 왕과 왕비의 의복을 지어바치는 침선비 즉 상방尙房기생으로 나뉘었다.

지방기는 기妓와 비婢로 구분했다. 감사, 수령, 방백들의 침석에 불려가는 수청기에서부터 물 긷고 불 때는 급수비까지 역할이 다양했다. 지방기도 종종 궁중연회에 뽑혀온 것을 볼 때 가무와 음률이 약했던 것만은 아니었다. 경상도 기녀는 《대학大學》을 곧잘 읊었고, 관동 기녀는 정철의 〈관동별곡關東別曲〉, 함경도 영흥 기녀는 〈용비어천가龍飛御天歌〉, 평양 기녀는 두보의 〈등악양루登岳陽樓〉를 읊어댔으니 말이다.

전주 기생 일동이 〈매일신보〉 1923년 1월 7일자에 실은 광고는 지방기의 전통이 여전히 건재하다는 것을 과시하고 있다. 10대의 앳된 동기童妓와 관록 있는 기생이 사군자 중 하나인 난을 한 점씩 쳐서 내놓은 것처럼 편집한 광고였다.

기생들의 삶은 갑오개혁 이후 고달퍼졌다. 왕실이 재정적인 이유로 약 300명의 경기를 해고했고 기생의 든든한 버팀목이었던 양반 세력도 가파르게 기울어갔기 때문이다. 기생들은 1패牌, 2패, 3패로 나뉘어 살아남기 경쟁을 벌이던 상황이었다. 1패는 궁중 어전에서 가무를 하는 일급 기생을 일컫는 말이었다. 2패는 관가나 재상집에 출입하면서 은밀히 매음도 하는 은군자隱君子 또는 은근짜를 부르는 말이었다. 3패는 술좌석에서 잡가나 부르며 매음하던 탑앙모리를 통칭했다.

1패와 3패의 간극은 남극과 북극 사이처럼 멀어 1패는 3패와 상종하지 않았고 3패는 1패가 되지 못해 안달이었다. 3패였던 시곡의 창기들이 여러 차례 시도 끝에 신창기생조합으로 등록한 것은 신문이 대서특필할 정도로 놀라운 뉴스였다. 3패가 1패들이나 등록할 수 있는 기생조합을 설립한 것은 그만큼 이례적인 사건이었다. 신창기생조합은 신문광고를 통해 자선 연주회를 연다는 걸 알리기도 했다. 비록 3패 출신이지만 1패 못지않은 기예를 갖추고 있으며 사회를 위해 가치 있는 일도 한다는 것을 대외적으로 과시한 것이다.

조합을 설립하고 당해 관청에 인가를 승하와 본일로 시하야 영업개시 하오니 대방 고객 및 요리점 첨위게서 기생 및 악공을 본소로 통기 빙 궁중 어전에서 가무를 하는 1패 기생과 잡가를 부르며 매음도 하던 3패 기생은 격이 달랐다. 3패 기생들의 모임이 1패, 2패 기생이나 만들 수 있었던 기생조합으로 등록되자 신문이 대서특필했다. 신창기생조합은 신문광고를 통해 자신들의 '쾌거'를 알렸다.

용하심을 복망.

1913년 2월 21일 다동기생조합이 낸 이 광고는 기생들이 입에 풀칠하기 위해 생존경쟁에 뛰어들었음을 보여주는 증거다. 1909년 관기제도가 폐지되자 지방의 기생들은 서울로 속속 상경했는데 광고를 낸 다동조합은 바로 평양 출신 기생 30여 명이 만든 것이다. 다동조합이 조직을 갖추자 서울과 남도 출신 기생들도 광교기생조합(한성기생조합)을 설립했다.

1패와 2패 기생만 등록시킨 두 조합은 1914년 이름을 일본식인 권번券番으로 바꾸었다. 한성조합은 한성권번, 다동조합은 다동권번이 됐다. 대동권번, 대정권번, 조선권번, 경천권번 등도 비슷한 시기에 구성돼 손님을 놓고 다퉜다. 권번은 기생들의 요리점 출입을 지휘해 화대를 받아주는 중계자이자 4~5년 간 가무를 가르쳐 기생을 키워내는 학교 노릇까지 했다.[6]

연말연시를 맞아 고급 요리점은 광고를 통해 근하신년을 알렸다. 기생들도 자신들을 찾아준 손님들에게 감사의 뜻을 전하는 광고를 실었다.

이 같은 기생 조직은 매춘업 관련자들을 효과적으로 통제하기 위해 일제가 1908년 9월 '기생단속령'과 '창기단속령'을 발표하면서 만들어졌다. 일제는 단속령을 통해 궁중에 출입하는 관기도 영업인가를 받게 했고 기생서방 즉 기부를 기생과 갈라놓으려 했다. 기생들을 다루기 쉬운 조합으로 묶어두기 위해서였다.

단속령으로 기생(예기)과 창기는 뚜렷하게 구분됐다. 기생은 매춘을 할 수 없고 객석에서 무용과 음곡을 연주할 수 있게 했다. 반면 창기는 매춘만 할 수 있게 한 것이다.[7] 그러나 1916년 '예기작부예기치옥영업취체규칙'이 나오면서 기생들은 영업 장소를 요리점 등으로 제한당했고 창기들처럼 건강진단을 받게 됐다. 기생과 창기의 구별이 사실상 모호해진 것이다.[8]

얼굴 사진, 나이, 주소를 기재한 '근하신년' 광고는 기생들이 출입하던 요릿집 명월관, 장춘관, 봉춘관, 세심관이 공동으로 낸 것이다. 요릿집은 이렇게 장안의 인물 좋은 기생을 내세운 미인계 광고를 통해 그동안 찾아준 손님들에게 감사의 뜻을 전했다. 요즘 고급 룸살롱도 엄두를 내지 못하는 광고를 배짱 좋게 신문에 낸 것이다.

요리점은 손님이 지명하는 기생을 권번에 연락해 불러주었다. 기생의 평균 나이는 현재의 고등학교 1, 2학년쯤 되는 17~18세였다. 이들은 요리상이 들어오기 전에 반절을 올리고 손님의 명령에 따라 자리를 잡고는 가무로 흥을 돋우었다. 원칙적으로 동침은 금지됐지만 그때그때 사정이 달랐다.

손님 가운데는 동기의 처녀성을 사려는 자도 없지 않았다. 그러자면 정조를 바친 기생에게 옷에서부터 장롱, 패물에 이르기까지 일습을 마련해주어야 했다.[10] 이런 절차를 거치면 동기는 댕기를 쪽으로 바꿨는데 이를 두고 '머리 얹는다'고 했다. 골프 초보자가 필드에 처음 나갈 때 쓰는 '머리 얹는다'는 말이 여기서 나온 것이다.

요금표 광고에서 볼 수 있듯이 기생은 시간당 1원 30전을 받았다. 요리점과 권번의 수수료 32전 5리를 떼면 실수입은 97전 5리였다. 기생들은 매월 영업세로 5원씩을 납부했다.[11]

기생들의 수입은 천차만별이었다. 여자고등보통학교를 졸업한 전직 교사 출신 기생 김한숙 같은 이는 1936년 월 600~700원 정도를 벌었다고 잡지 좌담회에서 털어놓았다.[12] 교사 월급보다 15배가 넘는 큰 돈을 번 셈이다. 이 엘리트 기생은 100원짜리 지폐 다섯 장을 내밀며 치마를 벗기려는 손님을 물리쳤다고 자랑스럽게 밝혔다. '춤은 팔되 몸은 팔지 않는다'는 전통 기생의 법도를 지킨 모양이다.

잘 나가는 기생 중에는 한성권번의 김산호주가 있었다. 1934년 통계에 따르면 1년에 6,000시간을 일했는데 하루 평균 노동시간이 16시간 30분이라는 계산이 나온다. 조선권번의 김월색은 5,000시간으로 그 뒤를 이었다.[13] 이들의 노동시간이 긴 것은 한 시간 봉사에 4~5시간의 서비스료를 받았기 때문이다. 그만큼 인기가 높았다는 얘기다.

그러나 고소득 기생은 소수였다. 1920년대 중반 기생의 평균 월수입은 35~40원 정도였으나 3원을 버는 기생도 있었다.[14] 기생들의 주머니 사정은 1927년 총독부의 조사를 통해 엿볼 수 있다. 이 조사에 따르면 7,000여 명의 기생, 창기, 작부가 진 빚이 자그마치 725만 6,000원이나 됐다. 일본인 창기는 1인당 1,730원, 조선인 창기는 410원, 기생은 376원이었다.[15] 연봉에 버금가는 빚을 지고 있었던 것이다. 당국의 통계에 한계가 있다는 점을 감안하면 기생들의 빚은 훨씬 많았을 것으로 보인다.

월간 〈삼천리〉가 1934년 7월호에 게재한 '고도古都의 절대명기絕代名妓'를 보면 기생들의 벌이가 신통찮았음을 확인할 수 있다. 평양 기생의 생활을 다룬 이 기사는 기생 250명 중 71명은 손님에게 한 번도 '콜'을 받지 못한 채 밤을 보낸 적이 있다고 밝혔다. 기생의 3분의 1이 곱게 분단장한 채 밤새 손님의 부름을 기다리다가 독수공방한 것이다.

> 겨울밤이면 하품을 멋십번 아니 멋백번이나 하며 혹시나 인력거가 아니오나? 하고 귀를 기우리군하는 것이다. 그러나 어이할가? 쓸쓸한 방안이 속절업시 기퍼감을 (……) 낮에는 잠자고 밤이면은 거의 새우다가시피 목청을 내야되고 안나오는 우슴을 그래도 우서야 한다. 여긔에 서름이 잇다. 조름 오는 눈을 억지로 뜨고 찬물노 세수하고…….[16]

기생들의 고단한 삶은 월간지 〈장한長閑〉에서 더 자세히 볼 수 있다. 1936년 8월호로 창간호를 낸 이 잡지는 기생들이 직접 만들었는데 '만

기생들이 만든 월간 잡지 〈장한〉에는 기생들의 목소리가 절절히 배어 있었다. 자신들의 처지를 한탄하는 사연뿐 아니라 이왕 하는 기생 폼 나게 잘 해보자는 격려도 담았다.

록총중 일점홍萬綠叢中 一點紅의 기생잡지'를 표방하며 신문에 광고까지 냈다. 40전짜리 잡지는 기생들의 절절한 육성을 그대로 담았다.

> …… 이 직업도 호구가 제일 문데이지오. 입에 풀칠을 하기 위하야 이 죽기보담도 더 실은 생애를 하는 것입니다. 어느 직업치고 편하고 배부르고 안이 곱지 안은 것이 잇겟슴닛가만은 왼갓 생애중에 우리 기생 생활이야말로 참으로 작년 팔월에 먹엇든 송편이 기여나오고 오장육부가 오륙월에 거름덤이 썩드키 썩고 썩어 녹을 지경입니다.

거름더미 썩듯이 오장육부가 썩는 것 같은 기생 생활은 잘 나가던 명기 김월선도 참기 힘들었는지 기생제도를 폐지해야 한다고 목청을 높였다.

> 조선에서 기생은 하로 밧비 업새야 하겟스며 아니하여야 하겟다. 그 것은 기생 자신에 참담한 말로를 짓게되며 일반사회에 만흔 해독을

달아난 기생을 찾는 탐인 광고. 얼굴에 주근깨가 있고
다소 비대한 편이라는 인상착의를 밝혔다.

끼치는 까닭이다. 될 수만 잇스면 기생 자신을 위하야 또는 일반사회
를 위하야 기생이란 부자연한 제도가 어서 폐지되여야하겟다.

특이한 것은 〈외국인이 본 조선의 기생〉이란 코너다. 이 기사는 조
선 고유의 정서를 발휘하는 조선적인 기생이 되라는 일본인 무역상,
고상한 품격을 가지라는 미국인, 예술적 기생이 되라는 중국인 손님들
의 의견을 소개하면서 이왕 하는 기생 노릇 제대로 하자고 촉구했다.
외국 사람들이 조선에 왔다가 반드시 선물로 머리에 넣고 가는 것이
기생과 금강산이라고 하던 때였으니 그리 엉뚱한 기획은 아니었다.

기생들의 서러운 삶은 신문기사에도 고스란히 드러났다. 악덕 포
주들이 폭행 또는 강간해 매음을 시켰다거나 부당한 대우에 단식, 단
발을 하며 태업 혹은 파업했다는 소식이 끊이지 않았다. 유곽에서 벗
어나기 위해 기생들이 도주했다는 기사도 잇따랐고 달아난 기생을
찾는 광고가 실리기도 했다. 1937년 2월 23일자 〈매일신보〉에는 '탐
인현상광고'가 보인다. 사연은 알 수 없지만 얼굴 사진을 싣고 주근

깨와 다소 비대한 편이라는 인상착의를 덧붙이면서 현상금으로 거금 50원을 걸었다.

본조합은 미미한 여자단체이오나 일분자의 의무가 유한 고로 부인계에 중요기관을 양성하난 조산부양성소 경용에 만일을 보조코자하야 중부 동구내 단성사에서 자선 연주회를 시행하오니 첨군자 귀부인은 왕림찬조하심을 복망.

1913년 3월 28일자 〈매일신보〉에 게재된 광교조합 기생들의 광고에서 보듯 기생들은 여성 단체를 자처하며 자선 연주회를 열었다. 대정권번 역시 홍수 피해를 입은 동포를 위해 자선 연주회를 연다는 것을 광고했다.

가엾은 처지임에도 기생들은 자기 자리에서 나름의 법도를 지켰다. 고종 황제의 국상이 났을 때는 대한문 앞에서 단체로 엎드려 호곡했고 어린 학생이 연석에 나오면 돌아가 공부할 것을 촉구했다. 을사조약으로 자결한 대신들을 위해 여인 조회소에서 제를 지내기도 했다. 산홍이란 기생은 친일파 이지용이 요릿집 한 채는 너끈히 차릴 수 있는 돈 1만 원을 주면서 첩으로 삼으려고 하자 "차라리 백정으로 동거할지언정 어찌 매국적으로 동처하리오."라고 거절했다니 그 기개가 대쪽 같다.[17]

기생들은 공식적인 행사에도 기꺼이 출연했다. 당시 광고를 보면 광교 기생 30명이 경성가정박람회 행사장에서 주최측이 마련한 '미인명첩교환경쟁'에 참가한 것을 확인할 수 있다. 3패 출신인 신창기생들도 같은 행사에서 '기생대운동회'를 열어 볼거리를 제공했다.

전통예술의 전수자였던 기생들은 나라에 큰 행사나 참변이 생길 때면 자신들의 기예를 활용해 동포를 도왔다. 가정박람회의 관람객을 유치하는 데도 기생이 동참했다.

아리따운 기생이 손가락으로 V자를 만들어 행사가 이틀밖에 안 남았다는 것을 알린 광고는 바늘 열 개 빨리 끼워 돌아오기, 공으로 원숭이 얼굴 맞추기, 까막잡기, 술래잡기 등 기이한 경주를 벌인다며 손님을 불러모았다.

기생들은 당대의 연예계 스타기도 했다. 전통 기예를 전수받은 마지막 예인들이다보니 다양한 무대가 그들을 불렀다. 광무대, 연흥사 같은 극장 광고에 출연진으로 이름을 올린 기생들은 무대에서 판소리, 가야금 연주를 펼쳐보였고 라디오에도 단골로 출연했다.

당대의 명기名妓들은 요즘의 톱스타처럼 세인들의 관심을 모았다.

기생은 당시 연예계 스타였다. 잡지들은 앞다퉈 기생의 삶과 로맨스를 보도했다.

1936년 6월 현재 경성에 조선권번, 한양권번, 종로권번 등 권번당 500명씩 모두 1,500여 명의 기생이 있었다니[18] 스타가 없을 리 없었다.

잡지들은 '명기 영화사榮華史' 같은 연재물을 경쟁적으로 실었다. 월간 〈삼천리〉는 1932년 10월호에서 '황금의 수레를 타고 영화를 누리든 명기 일대기'란 부제를 붙여 장안 명기 영화사를 소개했다. 백만장자의 영부인이 된 이금선, 거상의 총애를 일신에 받은 이옥승 등의 사연이 그것이다. 귀족 도련님을 꾀어 돈 3,000원을 만들어쥐고는 애인과 상해로 도망간 현계옥, 사회운동 단체인 권우회의 중요 간부로 활약하면서 여성해방을 부르짖은 강향란, 외국 유학하고 돌아온 명사의 아내가 된 박봉선, 돈 잘 쓰고 풍채 좋은 사내는 모조리 깡그리 에로로 정복한 뒤 청춘을 북망산 속에 묻은 김난주 등도 언론에 등장한 기생들이었다.

평양기생학교는 풍부한 커리큘럼과 실력 있는 강사진을 갖추고 기생들을 길러냈다. 외국 손님들이 방문하는 명소이기도 했다. 사진은 평양기생학교의 전경.

이들과 함께 〈창조〉 동인 김환이 짝사랑하다 잡지 운영자금까지 탕진하게 만든 안금향, 나운규와 사랑을 맺을 때 비단 손수건에 러브 레터를 써보내 영화 〈사나이〉에 출연한 오향선, 13세에 기생이 된 후 해강 김규진으로부터 서도와 사군자를 배워 선전鮮展에 입선한 화가 오홍월도 세간의 화젯거리가 됐다.[19]

기생들에 대한 높은 관심은 월간 〈삼천리〉 1934년 5월호의 '평양 기생학교 구경' 이란 기사에서도 확인할 수 있다. 대동강가에 있는 3층 건물에 사무실, 교실, 기숙사까지 갖춘 학교를 찾아간 기자는 기생이 어떤 경로로 배출되는지 밀착취재했다.

수용인원이 250명이나 되는 이 학교는 다양한 과목을 가르쳤다. 1학년에게는 가곡 서화 수신 창가 조선어 산술 국어를, 2학년에게는 우조 시조 가사 조선어 산술 음악 국어 서화 수신 창가 무용을, 3학년에게는 가사 무용 잡가 창가 조선어 국어 동서음악 서화 수신 창가 등을 지도했다.

이 학교의 신입 학생들은 보통학교 6학년을 마친 13~15세의 아이들이었다. 1년은 3학기로 나눠 운영했는데 월사금은 1학년이 한 달에

2원, 2학년이 2원 50전, 3학년이 3원이었다. 시설과 커리큘럼이 뛰어나서 그랬는지 이 학교에는 국내외에서 구경 오는 손님도 많았다.

그러나 기생들은 남편이나 애인을 둔 여인들에겐 눈엣가시였다. 월간 〈삼천리〉는 1931년 7월호에 '기생 여급과 남편이 연애할 때 처의 태도'란 기획을 실어 남성들에게 경종을 울렸다.

남의 안해 된 이는 남편에게 절대로 안해와 연인을 따로 두지 못하게 할 일이다. 즉 어데까지 자기 이외에는 여자 대상이 아니되는 오락물과 취미거리에 가티 놀고 가티 웃게되는 것이 이상이다. 딸하서 단순히 여자이기 때문에의 기생과 여급이라면 자기 남편과 천부당 만부당 갓갑게 못할 대상이라고 볼수 밧게 업스리라고 나는 생각한다.

최의순이란 여성은 이 기사에서 단호하게 '하로밤의 환락조차 불허하노라'란 의견을 냈다. 그러나 황신덕이란 여성은 '그 여성과 맛나보고'란 글로 유연한 입장을 보였다.

긔생 혹은 녀급 한테 아주 반하엿거든 즉 긔생에게 반하여 집안에 처자가 잇는 줄도 모르게 아주 아주 반하엿거든 그런 때야 할 수 업지요 인력으로 엇절 수 없는 사람을 갑싼 눈물로 돌닐 수가 잇겟습니까. 아조 대담하게 갈나저 버리지요 그것은 필연적으로 리혼문제에까지 끄을고 가서야 일이 해결될 줄 압니다. 그러치만 반하기는 반하엿스되 아즉 제정신이 남어 잇슬 때 다만 남편이 가비여운 연애의 감정을 가슴에 품고 괴로워할 때 그때에는 안해된 사람은 일이 아조 글너지기 전이니깐 전력을 다하여 그 사랑의 회복에 노력하여야지요.

기생이 가정파탄의 주범으로 지탄을 받을 때마다 기생을 철폐하자는 목소리도 함께 터져나왔다. '사회의 좀 기생조합에는 오육백 원의 기증이 잇스면서 기아동포를 위해서는 일원의 동정금도 내지 않는다'는 신문기사 내용도 힘을 실어주었다.[20]

1931년 월간 〈동광〉 12월호는 한청산이란 자의 '기생철폐론'을 실었다. 기생을 노예매매제의 유물이며 가정의 파괴자이자 국민원력의 소모자라고 질타한 그는 기생의 영업을 허가해주지 말자고 촉구했다. 남성들에게는 '기생을 뽀이코트하자'면서 반反기생동맹회를 조직해 성명서를 발표하자고 했다. 고지식한 이 남자는 남편을 기생에게 빼앗기지 않는 방법까지 알려주었다. 동부인 연회와 남녀교제를 장려하고, 대중소학의 남녀공학제를 해결책으로 제시하면서 조선의 현모양처들에게 '교제와 교양과 취미가 능히 기생을 능가하게 되어야 한다'고 답답한 소리를 늘어놓았다. 가정부인의 타입에서 사교부인의 타입으로 체질을 변형하라고 조언하는가 하면 가정에 '섹스압필'을 주어라, 가정을 오락화하라, 가정을 음악화하라, 가정을 사교화하라면서 '기생 타도 만세'란 구호로 글을 마무리했다.

기생 반대 운동은 기생의 존재를 법적으로 인정하는 공창제 폐지 운동과 자연스럽게 이어졌다. 종교단체들은 강연회와 서명운동을 벌였고 신문과 잡지 등도 폐창론을 견지했다.[21]

그러나 기생제도는 해방될 때까지 사라지지 않았다. 주도권을 쥔 남정네들은 어쩌면 기생제도를 폐지할 필요성을 전혀 느끼지 않았을지도 모른다. 월간 〈개벽〉 1924년 6월호에 실린 '경성의 화류계'란 기사를 보면 그런 추측이 가능하다. 옛날 기생에 비해 요즘 기생의 수준이 떨어진다는 푸념을 늘어놓고 있으니 말이다.

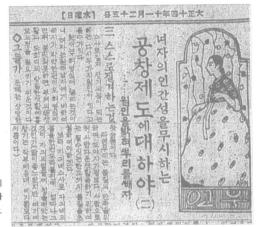

기생반대운동이 산발적으로 벌어지면서 창기의 존재를 법적으로 인정하는 공창제 폐지 움직임이 일곤 했다. 신문들은 이를 비중 있게 보도했다.

석일의 기생은 귀족적이나 금일의 기생은 평민적이다. 석일의 기생은 비록 천업을 할지라도 예의와 염치를 상尚하더니 금일의 기생은 단히 금전을 숭배한다. 금전만 주는 이상에는 예의도 염치도 다 불원한다. 소위 매창불매음이라는 전래의 말은 (……) 없어지게 되었다. 순연히 상품화하였다. 비열한 수심가 난봉가는 잘할지언정 고상한 시조가사는 별로 알지 못하고 장고통 꽹가리채는 잘 만질지언정 거문고 가야금은 줄도 고를 줄 아는 자가 적다. 압로강부시 이소부시 등의 반벙어리 일본노래는 들을 수 있어도 석일 성천의 부용 개성의 황지 평양의 노화와 같은 이의 시를 볼 수없다 (……) 전일의 소위 기생재상이라던 평은 변하여 기생 비상砒霜 기생 고생이 되게 되었다. 이것은 시대의 관계도 물론 있지만은 어찌 기생의 타락이라 말하지 아니할까.

1 한청산, '기생철폐론', 월간 〈동광〉, 1931년 12월, p.56.

2 정선영, 〈일제하 조선 내 공창제 도입과 매매춘〉, 한국외국어대 대학원 석사논문, 1999년, p.20.

3 세종실록 권166. p.19右.

4 송연옥, 〈대한 제국기의 '기생 단속령' '창기 단속령' : 일제 식민화와 공창제 도입의 준비 과정〉, 《한국사론》, 서울대 국사학과, 1998년 12월, p.253.

5 송연옥, 위의 논문, p.264.

6 정선영, 위의 논문

7 강정숙, 〈대한제국 일제초기 서울의 매춘업과 공창 제도의 도입〉, 《서울학 연구》, 서울시립 대 서울학연구소, 1998년 12월, p.225~226.

8 〈대한매일신보〉, 1909년 3월 13일.

9 강정숙, 위의 논문, p.204.

10 조풍연, 《서울 잡학 사전》, 정동출판사, 1989년, p.406.

11 정선영, 위의 논문, p.36.

12 월간 〈삼천리〉, 1936년 4월, p.154.

13 임종국, 《한국인의 생활과 풍속 상》, 아세아문화사, 1995년.

14 〈동아일보〉, 1929년 7월3일.

15 정선영, 위의 논문, p.32.

16 김선월, '고도의 절대 명기', 월간 〈삼천리〉, 1934년 7월, p.185~186.

17 강정숙, 위의 논문, p.204.

18 낭낭공자, '명기영화사', 월간 〈삼천리〉, 1936년 6월, p.495.

19 임종국, 위의 책, p.228~230.

20 〈동아일보〉, 1924년 12월 23일.

21 정선영, 위의 논문, p.39.

◉ 고무신 ◉

강철은 부서질지언정
별표 고무는 찢어지지 아니한다

❋ ❋ ❋

엄마가 사 주실 때 / 값 싸다고 사 주시고 / 아빠가 사 주실 땐 / 질기
다고 사 주신다.

값싸고 질긴 것은 / 잘 아시면서도 / 운동화 신고 싶어하는 / 내 마음
은 조금도 몰라 주신다.

　1975년 9월 27일자 〈소년한국일보〉에는 경북 봉화군 재산국민학
교 6학년 임현실 양의 동시 〈고무신〉에 얽힌 사연이 실렸다. 열세 살
소녀의 애틋한 마음을 담은 시는 서울 동대문경찰서 이기진 경장의
마음을 건드렸다. 고무신에 얽힌 남모르는 추억이 있었는지 이 경장
은 운동화 100켤레를 재산국민학교에 보내주었다.

고무신 업체는 내구성을 자랑
하기 위해 강철보다 강하다고
광고했다. 경쟁 상대인 짚신의
코를 납작하게 만드는 데는 더
할 나위 없이 좋은 문구였다.

임 양에겐 찬밥 대접을 받았지만 고무신은 운동화가 결코 넘볼 수
없는 역사를 지닌 근대의 상품이다.

대륙고무가 제조한 고무화의 출매함이 이왕 전하께서 어용하심에 황
감함을 비롯하야 각 궁가의 용명하심을 몽하며 우 여관女官 각위의 사
용을 수하며……

〈동아일보〉1922년 9월에 자주 실린 대륙고무공업주식회사의 광
고 문구다. 국왕이 고무화를 신었는지 100% 확신할 순 없지만 고무
로 만든 신발은 당시엔 최신식 고급 상품이었으니 궁궐에서 사용했
을 가능성은 높아 보인다.

만월표 고무신도 '이강 전하가 손수 고르셔 신고 계시는' 신발이
라고 광고했으니 말이다. 역시 선뜻 신뢰하기 힘든 광고지만 만월표
고무신이 구체적으로 '이강 전하' 즉 고종의 둘째 왕자요, 순종의 아
우였던 의친왕을 꼭 집어 거론한 데는 또 다른 이유가 있었을 듯하

거북선표 고무신은 광고에서 바닥을 드러냈다. 미끄럼을 방지했다는 것을 강조하기 위한 것이었다. 임진왜란 때 일본 수군을 쳐부순 이순신을 떠올리게 함으로써 매출을 올려 보려고 했던 것은 아니었을까?

다. 반일의식이 강했던 이강 전하를 내세움으로써 일제에 대한 국민들의 저항심을 국산 신발 판매에 연계시키려고 했을 것이라는 게 이규태의 추론이다.[1]

강철은 부서질지언정 별표고무는 찢어지지 아니한다.
고무신이 질기다 함도 별표고무를 말함이오 고무신의 모양 조키도 별표고무가 표준이오 고무신의 갑만 키도 고등품인 별표고무…….

콩으로 메주를 쑨대도 못 믿을 게 광고 문구라지만 별표 고무신은 정도가 지나쳐 강철보다 내구성이 강하다고 큰소리를 쳤다. 모자 쓴 남정네를 모델로 삼은 인장표 고무신도 견고하기가 강철보다 낫다고 과장 광고를 냈다. 허황된 광고를 소비자들이 어떻게 받아들였을까 궁금하기만 하다.

거북선표 고무신은 이례적으로 바닥을 드러냈다. 물결 무늬로 바닥을 처리해 미끄럼을 방지했다는 걸 강조한 것이다. '물결 바닥과 거북선표를 쥬의하시요'라고 한 걸 보면 바닷물결을 헤쳐가는 거북선에 고무신을 비유하고 싶었던 건 아니었을까. 거북선표 고무신은 네 가지 특징을 내세워 소비자들을 유혹했다.

일년 사용 보증, 버선에 뭇지 안는 것, 뒤축이 달치 안는 것, 가벼워 신기 편한 것.

실제로 버선에 검댕이 묻지 않도록 고무 처리를 했다면 선풍적인 인기를 끌었을 테지만 '뒤축이 달치' 않는다고 과장한 걸로 봐서 곧이곧대로 믿어줄 것은 아니었다.

고무신들이 하나같이 내구성을 강조한 것은 막강한 경쟁 상대인 짚신을 공략하기 위해서였다. 볏짚으로 만든 짚신은 너무도 잘 닳았다. 한 사람이 일년에 70켤레를 신었다는 통계가 있는 걸 보면 내구성이 형편없었다.[2] 게다가 바닥은 울퉁불퉁해서 편치 않았고 비만 오면 스펀지처럼 물기를 빨아들여 축축한 데다 쇠망치처럼 무거워졌다.

반면 고무신은 여러 장점을 가지고 있었다. 종이나 마麻로 만든 미투리와 견주어도 가격 경쟁력이 있었다.[3] 비가 와도 나막신으로 갈아 신을 필요가 없었다. 겉모양도 특수층이나 신던 갖신, 비단신과 비슷한 데다 가볍고 착용감까지 좋았다.

짚신은 '국민 신발'이었다. 고무신이 조선 땅에 상륙한 후에도 짚신은 오랫동안 서민들의 발을 감싸주었다. 짚신을 지게에 지고 목에 건 장사꾼들의 모습이 왠지 처량해 보인다.

　한반도에 처음 들어올 때만 해도 고무신은 구두 형태였으나 이병두란 사람 덕분에 현재와 같은 모습으로 바뀌었다. 평양에 있는 일본인 잡화상 '내덕內德 상점'에서 사환으로 일하던 이병두는 일제 고무 단화가 가죽 단화와 함께 개화 청년들에게 인기가 있다는 것을 알게됐다.[4] 당시 고무 단화는 호모화라 하여 바닥창만 고무이고 그 외에는 가죽이나 베로 만든 것이었다.

　일본 제조사에서 직접 고무신을 주문해다가 행상으로 쏠쏠하게 재미를 본 이병두는 내친 김에 고무신 점포를 차렸고 끝내 고무신 공장을 설립했다. 일본으로 건너가 거래 공장에서 수 개월 동안 제조 공정과 고무 배합기술을 배워온 것이다.

　고무 단화가 서민에게는 별로 환영받지 못하자 이병두는 고무신의 모형을 조선인의 기호에 맞도록 바꿔봤다. 남자 고무신은 짚신을 본 뜨고, 여자 고무신은 코신을 본떴다. 폭이 좁고 굽이 높으며 발등을 덮는 외래의 고무 구두를 폭은 넓히고 굽은 낮추되 발등을 개방시켜 '조선식 고무신'으로 탈바꿈시켰다. 대박이었다.

고무신이 인기를 끌자 고무신 공장도 급증했다.[5] 1921년에 2개이던 공장은 1933년에는 72개로 늘었다. 생산고도 1920년에는 4,000원이던 것이 1935년에는 984만 5,000원으로 무려 2,461배나 뛰었다. 고무 제품의 95% 이상이 고무신이었다.[6]

반도고무공업사, 조선고무공업소, 서울고무공업소 등 고무신 공장이 우후죽순 격으로 늘어났지만 대표주자는 대륙고무공업주식회사였다. 영어를 잘해 농군의 아들에서 일약 미국 주재 대리공사가 됐고 법무대신까지 지낸 이하영이 설립한 이 회사는 자본금 규모가 2만~8만 원 수준이던 여느 공장과 달리 공칭자본 50만 원에, 불입자본 12만 5,000원을 동원한 대기업이었다.[7]

일제 강점기 내내 신문에 광고를 냈던 대륙고무는 '사賜 이왕전하李王殿下 어총용御寵用' '아我 조선朝鮮 고무화의 원조'라는 카피를 일관되게 내걸었다. 고급 관료와 일제의 작위를 받은 친일 인사들을 경영진으로 둔 대륙고무는 다른 회사들이 자금난과 원료난으로 어려웠던 전시체제에도 꿋꿋이 살아남아 광고 공세를 폈다.[8]

업계의 대표주자다 보니 상표도용 분쟁도 심심찮게 일어났다. 1925년 9월 22일자 〈조선일보〉에는 커다란 사죄광고가 실리기도 했다.

귀 회사에서 제조하는 대륙고무화의 신용이 고한 것을 선망하여 졸자 등이 귀 회사의 등록상표와 유사한 즉 전기 모조상표를 조각하야 차

고무신 업계의 대표주자였던 대륙고무는 순종의 아우였던 이강을 모델로 설정해 광고 공세를 폈다.

를 야공장에서 제조하는 고무화에 압날하야 판매한 사에 대하여 (……) 참회하야 귀회사에 화해를 간원한 바 차를 관용하시와 고소를 취하하여 주신 것은 생등의 종신불망할 바로소이다…….

고무신 수요가 급증하던 1920년대에 들어서면서 양화점도 속속 늘어났다. 한국 양화계의 간판인 박덕유 양화점을 비롯해 세창, 청년, 원창 등 제법 규모가 큰 양화점들이 광고로 신문을 도배했다. 한 개의 지면에 3~4개의 양화점 광고가 실리기도 했다.

박덕유 양화점은 트레이드 마크로 검정 양복 차림의 신사를 고집스럽게 내세웠다. 굵은 서체와 검정색 그림은 아무 때나 신문을 들춰도 눈에 쉽게 띄었다. 거의 매일 신문에 광고를 낸 박덕유 양화점은 'Fine Style? Yes! Quality? Yes!' 란 영어 문구까지 동원해 유행의 표

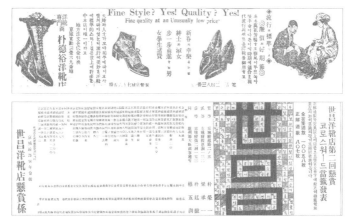

고무신이 도입되던 시기를 전후해 양화점도 속속 등장했다. 영어 문구를 동원해 눈길을 끈 박덕유 양화점, 낱말 퍼즐로 업체 이름을 알린 세창 양화점의 광고 기법은 당시로서는 세련된 것이었다.

준임을 자처했다. 광고 카피는 현란했다. '차차 만화방창하고 춘풍이 무르녹아 꽃웃음이 다른 이때 시기에 적합한 현대유행의 새로운 양화를 어용하고' 어쩌구 하면서 시를 썼다.

　세창양화점의 기세도 만만한 게 아니었다. 낱말 퍼즐의 네모형 답안에 세창이란 상호를 돋을새김처럼 보이게 한 기법도 그렇거니와 양장 차림의 서양 여성 사진을 과감하게 키운 광고는 눈길을 끌 만했다. 세창은 할인행사를 알리면서도 소비자들에게 굽신거리지 않았다.

　염가 판매라는 공허한 어투로 세간을 미혹하지 않고, 물가의 시세에 의하여 변동된 가격을 솔선 발표하여 일호도 은휘하지 않으며 고객본위주의 특색이며 각종의 최신유행화 정묘견실하게 제조하야 금번에 한하여 원가 특히 일원을 감하겠사오니 더욱 애호하심을.

두루마기 차림의 한 남자가 세풍양화점 앞
에 서 있는 모습. 판매와 생산을 한 곳에서
해치운 당시의 양화점 풍경.

　이들 양화점은 견고, 미려, 경편, 견실, 경쾌, 우아 등 온갖 미사여
구를 갖다붙였다. 구두만 하나 신으면 세상이 모두 제 것이라도 될
것 같은 분위기였다. 아닌 게 아니라 '세계 개조' 운운하는 가소로운
문구까지 등장했다.

　광고에는 부츠에 단화, 편상화 등 종류도 다양한 구두들이 등장했
다. 원창양화점은 소가죽 쓴다는 것을 어떻게든지 알려보려고 소 그림
을 광고에 실었다. 소의 몸통에 잘 빠진 구두 한 켤레를 그려넣은 그림
이 그것이다. 마치 고기 부위를 표시하는 정육점 그림처럼 보인다.

　이들 양화점 구두는 12~13원에서 20여 원이나 하는 것도 있을 만
큼 비쌌다. 광신양화점의 광고가 '아! 부럽도다 시원한 청풍 부는 곳
에 산뜻한 양화 신고 활발히 걸어가는 저 청년의 보조'라고 쓴 것은
당시 서민들의 심정을 대변한 것이었다.

양화점 구두를 선망한다고 해서 서민들이 고무신 정도는 마음 놓고 신었을 것이라고 생각하면 곤란하다. 김유정의 단편소설 〈금따는 콩밭〉을 보자.

양근댁은 금정 덕택에 남편이 사다준 흰 고무신을 신고 나릿나릿 걷는 것이 무척 부러웠다. 저도 얼른 금이나 펑펑 쏟아지면 고무신도 신고 얼굴에 분도 바르고 하리라.

초콜릿 빛깔을 탈색한 흰 고무신이 나오자 여성들은 뜨거운 반응을 보였다. 정비석이 1937년 〈조선일보〉에 발표한 단편소설 〈성황당〉에 묘사된 흰 고무신은 요즘의 발리나 페라가모 같은 명품 구두 못지않은 귀중품이었다.

순이는 밤새도록 자지 않고 신만 신었다 벗었다 하였다. 신코가 뾰족한 것도 신기스럽거니와 휘어잡으면 한 옴큼 되었다가도 손을 놓으면 팔딱 제모양대로 돌아지는 것이 퍽은 재미스럽다. 순이는 버선 위에도 신어보고 맨발에도 신어보았다. 그는 참말 별안간에 하늘에 올라간 것만치나 기뻤다. 이런 신은 아무리 돈 많은 사람이라도 함부로 신을 것이 못 되어 보였다. 아랫마을에도 흰 고무신 신은 여편네라고는 구장댁 한 사람뿐인 것만 보아도 알 것이라고 순이는 등잔을 끄고 그만 자리라고 자리에 누웠다가도 다시 불을 켜고는 고무신을 어루만져 본다.

1937년이면 도시민을 비롯해 학생들은 거의 대부분 고무신을 신

양화점 구두는 고무신과 비교할 수 없을 정도로 비싼 고급 물건이었다. 벼 두 섬을 팔아야 한 켤레를 살 수 있는 양화를 신은 여성은, 용맹스럽다고 할 만했다.

을 수 있었지만 시골에선 여인네 가슴을 콩닥거리게 한 물건이었다.

고무신이 잘 나간다고 해서 고무신 노동자들까지 좋은 대접을 받은 것은 아니었다. 1930년대에 유행한 신민요 '고무공장 큰아기'는 고무신 공장 노동자의 생활을 잘 은유하고 있다.[9]

> 이른 새벽 작행차 고동소리에 / 고무공장 큰 아기 벤또밥 싼다 / 하루 종일 쭈그리고 신발 붙여갈제 / 큰 아기 젖가슴이 자주 뛴다오 / 얼굴 예쁜 색시라야 신 잘 준다고 / 감독 앞에 헤죽헤죽 아양이 밑천 / 고무 공장 큰 아기 세루 치마는 / 감독나리 사다주신 선물이라나 / 치마 속에 벤또끼고 공장 나서면 / 동천에 반짝반짝 별이 마중해.[10]

고무 공장엔 여성 노동자가 남성 노동자의 2.7배나 됐는데 그들의 노동 조건은 끔찍한 수준이었다. 월간 〈신동아〉 1932년 6월호에 실린 '레뷰화한 근대생활—도회가 낳은 근작 7경'은 무슨 지옥도를 그려놓은 것 같다.

고무신은 인기 상품이었지만 고무신 공장은 인기 직장이 아니었다. 임금도 낮았고 작업 환경도 끔찍했다. 고무신 공장이 많았던 평양에선 고무 공장 노동자들의 파업이 심심찮게 벌어졌다. 평양의 유명한 누정樓亭인 을밀대의 지붕 위에서 시위를 벌이는 여성 노동자의 모습이 처연하다.

문을 열고 들어서자마자 고무 찌는 냄새가 코를 찌른다. 가마문이 열리자 130도나 뜨거운 열기 속에서 쩌진 검고 흰 고무신들이 지독한 냄새를 피우며 쏟아진다. 그 옆에서 온종일 이 냄새를 맡으며 휘발유를 온몸에 발라가며 꽃같은 여공들은 일을 하고 있다. (……) 롤러를 잡고 고무신 바닥을 눌리는 그의 얼굴은 힘이 몹시 드는지 금시에 붉어지며 팔에 힘줄이 굵어진다. 여자신은 만들기가 좀 힘이 덜 들어도 남자 고무신은 만들기가 퍽 힘이 든다고 한다. 옆에서는 어린애들이 젖을 달라고 보챈다.

공장시설 못지않게 고약한 것은 노무관리였다. 1930년 평양고무

공장 노동자들의 총파업 보고서는 당시 상황을 이렇게 보고했다.[11]

…… 고무공장 큰 아기들은 발목이 시게 번 돈으로 감독놈에게 고기근이나 분탕근을 사다 주어야 했고 빨래까지 해주어야 했었다. 그렇게 하지 않고 만일 감독놈의 눈에 거슬리게 되는 날이면 의례히 공장을 쫓겨나야 했고 쫓겨나지 않는다 해도 일감(도급)을 얻을 수가 없었다.

욕설과 구타를 견디는 것도 힘든 일이었지만 '불량품 배상제도' 만큼은 아니었다. 사업주 가운데는 간악하게도 불량품이 나올 경우 다른 정품 한 켤레분의 임금을 지불하지 않는 이도 있었던 것이다. 나중에는 누진제까지 적용돼 벌금으로 그날의 임금 전부를 날리는 노동자도 있었다.[12]

열악한 시설에 장시간 노동을 했지만 임금은 '좁쌀죽조차 변변히 끓이지 못하는' 수준이었다. 고무 부문 노동자의 연평균 임금은 1931년 당시 152원 44전으로 월평균 12원 70전 정도였다. 최저생계비에도 못 미치는 조악한 수준이었다.[13]

상처는 곪으면 터지는 법. 1930년 5월, 평양 지역 고무공장들이 불황에 농번기와 비수요기까지 겹치자 조업단축과 함께 임금을 삭감했다. 참다 못한 1,800여 명의 노동자들이 8월 총파업에 들어갔다. 서울과 함께 고무공업을 대표한 평양 지방의 고무공장에서 단행된 파업만도 1930년부터 1934년까지 무려 열여덟 차례나 될 만큼 상황은 열악했다.[14]

고무화의 원료된 고무의 현재 가격은 산지에 재한 생산제한에 의하야

고무는 전량 수입했기 때문에 산지의 사정에 따라 가격이 수시로 바뀌었다. 고무신 업체들은 도리없이 가격 변동 요인이 있을 때면 고객들에게 그 내용을 신문광고로 알렸다.

작년 9월 가격에 비하야 정히 삼배의 폭등됨으로써 (······) 2할 5분를 더 밧습니다.

조선호모동업회가 〈매일신보〉 1923년 2월 18일자에 낸 광고 '고무화 가격개정'에서 보듯 고무는 전량 수입됐다. 그 바람에 산지나 1차 가공지의 사정에 따라 가격이 들쭉날쭉했다. 이 광고의 내용도 산지 가격이 세 배나 뛰어올라 어쩔 수 없이 고무신 가격을 인상하게 됐으니 양해해달라는 것이었다.

1937년 중일전쟁이 터지자 고무 산업은 하향곡선을 그렸다. 고무 수입이 중단되면서 고무신 값은 전년의 세 배로 올랐고 그나마 돈을 주고도 살 수 없는 품귀현상이 벌어졌다.

1940년 말부터는 일부 지방에서 고무신 배급제가 실시됐다. 한 사람이 일년에 한 켤레의 신발을 사서 신을 수 있도록 '일족一足 구입권'을 발행한 것이다. 한 달에 한 번[15] 고무신이 배급될 때마다 반원들은 제비를 뽑아 신발을 샀다. 태평양전쟁이 벌어지면서 원료난은 더 심각해져 고무신은 쌀 한 말과 교환될 만큼 귀하신 몸이 되었다.

조선총독부가 재빨리 짚신을 장려한 것은 이때였다. 총독부 농림국에서는 농민들에게 고무신 대신 짚신을 삼아 신도록 했다. 학무국에서도 전국 각급 학교에 짚신을 신도록 지시했다. 국민학교에서는 앞다투어 '전교생 짚신 신기 운동'을 벌이기도 했다.[16] 시장에서는 짚신과 나막신이 전에 없이 활발히 거래되었다. 한 켤레에 50~70전이나 돼도 불티가 났고, 물건이 없어 못 팔 정도였다. 짚신은 그 후로도 해방이 될 때까지 대량으로 생산 유통되었다.

광복 직후만 해도 고무신은 신발 점유율 85%를 차지하는 '국민 신발'이었다. 1960~1970년대 선거 유세장의 어른들에겐 돈봉투처럼 통했고, 모래밭의 어린이들에겐 장갑차나 기차로 변신하는 전천후 장난감이었다. 고무신은 다 찢어진 몸이 되어서도 끝까지 주인을 섬겼다. 강냉이나 엿가락과 교환돼 주인의 입을 즐겁게 했다.

20년 전만 해도 물가 조사에 끼는 필수 품목이었던 고무신은 이제 산사의 스님 차지가 되었다. 스님들이 출가하면서 그동안 신던 신발을 벗고 새 고무신을 신게 되면서 무소유의 상징이 된 것이다. 그래도 절집에서는 누구 것인지 표시하기 위해 고무신 코에 꽃, 별, 무늬, 부호, 추상문자를 새기는 모양이다. 어느 절에서는 튀는 스님이 '나이키' 디자인을 도용했다고 한다. 그러자 한술 더 떠 어떤 스님이 '조선 나이키'라는 짝퉁 브랜드를 당당히 내걸었다는 이야기가 생각난다. 산사의 정적을 깨뜨렸을 스님들의 웃음소리가 들리는 듯하다.

미 주

1 이규태, '고무신 공장', 〈조선일보〉, 1996년 2월 22일.

2 문소정, 〈일제하 한국농민가족에 관한 연구-1920~30년대 빈농층을 중심으로〉, 서울대 대학원 박사논문, 1991년, p.161.

3 박승돈, '한국고무공업50년 소사', 〈고무기술협회지〉, 한국고무공업기술협회, 1970년 6월, p.9.

4 조기준, 《한국의 민족기업》, 한국일보사, 1975년, p.190.

5 박미성, 〈일제하 여성 노동운동에 관한 일 연구, 1920~1930년대 기혼여성 고무노동자를 중심으로〉, 효성여대 대학원 석사논문, 1992년, p.6.

6 서형실, 〈식민지시대 여성 노동운동에 관한 연구 : 1930년 전반기 고무제품 제조업과 제사업을 중심으로〉, 이화여대 대학원 석사논문, 1990년, p.38.

7 고승제, '한국고무공업의 전개와 대륙고무공업회사의 지위', 월간 〈상의〉, 대한상공회의소, 1973년 7월, p.36~40.

8 박미성, 위의 논문, p.11.

9 이규태, 위의 기사.

10 서형실, 위의 논문, p.75.

11 서형실, 위의 논문, p.55. 재인용.

12 박미성, 위의 논문, p.19.

13 서형실, 위의 논문, p.32~p.34.

14 서형실, 위의 논문, p.19.
   박명수, 〈일제 식민지 하의 한국노동운동사〉, 건국대 대학원 석사논문, 1984년, p.76.

15 허영란, '전시체제기(1937~1945) 생활필수품 통제 연구', 《국사관 논총 제88집》, 국사편찬위원회, 2000년 3월, p.318.

16 〈동아일보〉, 1938년 9월11일.

◉ 성병약 ◉

화류병은 문명의 병이다

❊ ❊ ❊

인천부 사동 전(년)석현의 처 문의성은 멋해 전부터 매독을 올니어 고
통하든 중 인육을 먹으면 낫는다는 말을 듯고 금년 삼월십사일 오전
한시에 리보현을 식히어 한지면 리태원 공동묘디에 파무든 간동 일백
룩번디에 살든 김긔원이란 녀자의 시체(톄)를 파내이어 다리의 살을
베이어다가 시내 장사동 문룡운의 집에서 바다 먹고 그 보수로 돈 이
십오원을 주엇는데 매독은 낫지 아니하고 범죄는 발각되어 오래 동안
검사국에서 취조를 밧더니 근일 공판에 붓치어 세 명은 모다 문묘발
굴사체(톄) 방기 등 죄명으로 경성디방 법원에서 심리중이라더라.

'전설 따라 삼천리'의 한 토막 같은 이 끔찍한 사연은 〈동아일보〉
1922년 8월 20일자에 실린 실화다. 매독의 고통이 얼마나 자심했으

성병을 치료하려고 무덤 속 시신을 파먹는 엽기적 사건이 잇따르자 신문들이 그 사연을 소개했다.

면 무덤 속의 시체까지 파먹었을까 싶다가도 사람 목숨 하나 유지하는 일이 이리도 참혹한 것인가 곱씹게 된다.

이와 유사한 사건은 1925년 9월 23일자 신문에서도 찾아볼 수 있다. 수 년 전에 죽은 7~8세가량 되는 아이의 해골을 태워먹었다가 발각된 사건이 보도된 것이다. 아무리 미신이 판을 쳤기로서니 어떻게 썩은 시체까지 먹을 생각을 했을까? 이규태의 《버선발에 양구두》는 엽기적인 요법의 유래를 추적할 수 있는 실마리를 제공한다.

경중京中에 사람을 죽여 담膽을 빼는 자 심히 많았다. 더러는 잡혀 죄를 받은 자도 있었다. 이때 사람들 술 마시길 좋아하고 색을 즐겨 많이 음창陰瘡에 걸려 있었다. 한 의관이 말을 퍼뜨리길 사람의 담이 이 음창에 좋다 하였다. 그래서 이와 같은 끔찍한 변이 잇달은 것이다. 이전에 동활인서東活人署 보제원普濟院 홍제원弘濟院 그리고 종루鐘樓 등 앞에는 거지들이 극히 많던 것인데 사오 년래 한 사람도 보이지 않음은 바로 사람의 담이 소용되는 자들이 죽었기 때문이다. 거지들이 없어지자 이제 어린이를 꾀어 담을 떼었다. 그러기에 잃은 아이들이 꽤 많아졌다.

《명종실록》에서 인용한 이 대목은 극히 많았던 거지들이 보이지 않고 아이들까지 사라진 것이 음창을 고치려는 자들의 소행 때문이라고 단정했다. 무슨 근거로 사람의 담이 음창 치료에 좋다고 했는지 모르지만 남의 몸을 제 목숨 살리는 처방에 응용하는 폐습이 그때 이미 횡행했던 것이다.

매독은 중국唐에서 건너온 창병이라 해서 '당창'이라고 했다. 제중원은 당창에 효과 있다며 '남녀창병거근약'을 신문에 광고했다.

서양에서 오래 상용하는 신묘한 약이라 다른 해가 조금도 없고 당창만 치료하니 남녀가 믿으시고 창병이 잇는 사람은 속히 사서 쓰시오

'시체요법'이 등장할 만큼 성병이 한반도를 유린하자 제중원이 '남녀 챵병 거근약'을 들고 나왔다. 광고에 나오는 당창이란 말은 중국唐에서 건너온 창병瘡病이란 뜻으로 매독이 중국에서 건너왔다 해서 붙인 병명이다. 이 광고는 민간요법으로 통용되던 수은치료법을 경고하고 있다.

수은을 피우면 낫는다 하오나 구감이 대단하고 이가 빠지고 골격이

연하여져 종신토록 기운이 쇠락하오니 깊이 조심하시오

당시는 매독을 고치기 위해 수은과 비상을 섞어 피우다 일가족 전체가 사망하거나 수은 중독자가 되는 경우가 많았다. 얼마나 사고가 잦았던지 신문에도 관련 기사가 툭하면 실렸다. 수은요법 말고도 원시적인 민간요법은 여러 사람 잡았다. 〈동아일보〉 1924년 6월 18일자에 실린 기사를 보자.

진남포 신흥리에 사는 박상민이란 이는 외아들인데 두 달 전부터 임질로 신고하든 중 엇던 사람에게 콩버러지 '가레'를 먹으면 낫는다는 말을 듯고 가레를 잡어다 먹고 그만 중독이 되야 죽엇다

돌팔이 요법이 횡행했다고 해서 조선에 성병 치료법이 없었던 것은 아니다. 《산림경제山林經濟》는 성병의 증세와 처방을 이렇게 적어 놓았다.

음경陰莖에 창瘡이 나타나고 그것이 자흑색으로 변하면서 그 경을 침식한다. 석채石菜를 짓이겨 바른다. 가오동假梧桐을 울근 물에 담아 씻는다. 무를 갈아 발라도 좋고, 생송지生松脂를 녹혀 바른 다음 나뭇잎으로 싸아 둔다. 봉나무 부리의 가죽을 빤 물에 씻고 차전자車前子를 달인 다음 찌꺼기를 버리고 씻어도 좋다.

일제 강점기의 성병 보균자 수는 충분히 우려할 만한 것이었다. 한 의사는 '30세 내외의 남자로서 성병 없는 사람이 5할가량밖에 아니

된다'고 할 정도였다. 또 어느 병원은 '병자 100명에 12명 정도가 매독환자'라고 밝힐 만큼 심각한 수준이었다. 조선총독부 경찰국 위생과장 서구西龜는 화류병을 '문명의 병'이라면서 "조선의 장년자 중 50%가 성병에 걸렸으니 조선도 이제 문명국이 됐다."며 헛소리를 늘어놓았다.[1]

성병이 '국민병'으로 기세를 부리자 신문들도 경종을 울렸다. 〈동아일보〉 1921년 5월 15일자는 성병의 증상을 살벌하게 들려주면서 몸을 함부로 굴리면 패가망신할 수 있다고 경고했다.

근일 청년계의 현상을 보건대 일부 부랑청년의 유인을 받아 연극장 신정新町 기생집 술집 같은 불미한 곳에 다니면서 무서운 죄악에 빠져서 가산을 탕패하고 명예를 깨트릴 뿐 아니라 종말에는 흉악하고 무서운 화류병에 걸려 다시는 이 세상에 얼굴을 들지 못하고 누를 자손에게까지 끼치는 일이 허다하다. (……) 또 천행으로 법률상 죄악을 짓지 아니할지라도 육체가 매독과 임질 같은 무서운 병에 걸리는 것이니 세상이 다 아는 바와 가치 매독에 걸리면 삼년 안으로 전신에 종기가 나고 코가 떨어지며 그의 자손도 그 병이 유전되어 무죄한 처자에게 무한한 해독을 끼치어 가련한 어린 아이는 부모의 죄악으로 세상에 나면서 흉악한 병에 걸리는 것이며 임질은 매독같이 혹독하지는 아니하나 남자의 임질이 부인에게 옮으면 자궁병이 되어 생산하는 아이는 눈이 멀고 자기도 눈이 멀기 쉬우며 한번 들기만 하면 고칠 수도 없는 병이라.

매독의 공포를 불러일으키는 데 '코가 떨어진다'는 말보다 효과적

성병약 업체들은 매독으로 코가 떨어져나간 여성의 끔찍한 얼굴을 광고에 실어 공포 분위기를 조성했다.

인 게 있을까. 상상해보시라. 코가 떨어져나간 자신의 모습을. 광고
는 이 쇼킹한 이미지를 놓치지 않았다. 코가 떨어진 사람의 혐오스러
운 사진을 그대로 신문에 담은 것이다.

'또락구 상회 만선본부'는 화류병 치료약을 광고하면서 한쪽에는
아리따운 여성을, 다른 한쪽에는 매독으로 코가 함몰된 여성의 충격
적인 모습을 실었다. 광고는 '아무리 절대가인이라도 무서운 화류병에
걸리면 슬퍼진다'며 '추부醜婦로 변하여 울면서 쾌락 업고 재미 없는
일생을 보내게 된다'고 보균자들을 압박했다.

광고는 또 환자의 명예를 존중하는 마음으로 비밀을 지켜줄 뿐 아
니라 '비밀한 조회와 청구를 원하는 분들을 위해' 상회명을 쓰지 않
는 건 물론이고 다른 이름으로 보내줄 테니 안심하라고 생색을 냈다.
약효가 없으면 100원을 돌려준다는, 책임 못 질 카피까지 남발했다.

매독 환자는 여자보다 남자가 훨씬 많았지만 광고는 조작한 흔적
이 역력한 여성 사진을 내걸었다. 창기가 성병의 온상이라는 것을 은
연중 드러낸 것이다. 당시만 해도 신문광고에 얼굴을 내밀 수 있는
여성은 창기뿐이었다. 사실 창기 가운데는 성병 보균자가 많았다.

1906년 2월 6일, 몸 파는 창기 139명을 대상으로 국가가 처음 실시한 성병 검사에서도 47명이 병에 걸린 것으로 나타났다.[2] 1927년 경성부가 공창公娼을 검사했을 때 역시 45%가 매독환자였고 임질은 없는 자가 거의 없는 것으로 조사됐다.[3]

공개적으로 매춘이 이뤄지지 않았던 한반도에 창기 같은 직업적 매춘녀가 본격적으로 등장한 것은 개항 이후였다. 개항과 동시에 한반도로 건너온 일본인 독신 남성을 겨냥해 매춘 여성들이 들어오기 시작한 것이다. 1910년까지 조선에 들어온 일본 직업여성 8,157명 중 절반 정도인 4,093명이 예기, 창기, 작부 등 매춘과 관련된 여성이었다는 사실이 그것을 입증한다.[4]

청일전쟁으로 일본군 6,000명이 한성에 진주하면서 매춘업은 크게 확산됐다. 대규모 병력이 상주하게 되자 군을 상대하는 민수기업들이 늘었고 군과 기업의 독신남을 노리는 매춘업자들도 덩달아 증가했다. 대좌부(방을 일컫는 좌부를 빌려주는 대좌부貸座敷는 사창업 또는 매춘업을 뜻한다), 석대업, 특별요리점, 예·창기업 등 매음 관련업이 번창한 것이다.[5] 러일전쟁 때는 청일전쟁 때보다 육군 병력이 네 배가 넘었으니 매춘업의 확산 속도는 훨씬 빨랐을 터이다. 일본 거류민들은 1904년 그들이 거주하던 충무로 근처의 쌍림동에 7,000평의 땅을 매수해 신정 유곽 즉 공창을 만들었다.[6]

이렇게 성을 공개적으로 팔고 사는 분위기가 조성되자 조선의 남성 손님, 조선인 매춘 여성도 늘어갔다. 경시청 조사에 의하면 1909년 한성 내 밀매음녀의 수는 2,500여 명에 달했고[7] 1930년에는 조선인 창기가 4,885명으로, 1942년에는 일본인이 3,810명, 조선인이 7,942명으로 크게 증가했다.[8]

일본인들이 조선에 대거 입국하면서 성을 공개적으로 팔고 사는 유곽이 생겼다. 사진은 충무로 근처 쌍림동에 조성된 신정 유곽 풍경.

그렇다면 유교문화가 목을 조르던 조선에서 어떻게 몸 파는 창기의 숫자가 꾸준히 증가한 것일까. 결론부터 말하면 사회적 격변 때문이었다. 신분사회가 붕괴되고 일제의 경제적 수탈로 농촌을 떠나는 사람이 많아지면서 여성 유동인구는 크게 늘었다. 하지만 경제적으로 자립할 기회가 부족했던 여성들은 생계를 위해 매춘업에 흡수되어갔다. 어수룩한 여성을 속여 대처의 창가에 팔아버리는 일이 흔했고 아내와 딸까지 팔아 호구지책을 삼던 비정한 시절이었다.[9]

일제는 늘어나는 창기를 효율적으로 관리하는 한편 세수를 늘리기 위해 관에서 매춘을 인허하는 공창제를 서둘러 도입했다. 매춘업 관련세는 세입 예산의 1할을 차지할 만큼 큰 수입원이어서 일제로서는 군침을 흘릴 만했다.[10]

표면적으로는 사회풍기를 바로잡고 성병을 예방한다며 공창제를 도입했으나 성병은 갈수록 기승을 부렸다. 덩달아 성병약 광고가 연일 신문을 덮었다. 그중에서 눈길을 끄는 것은 '푸로다' 란 매독약을 대문짝만하게 실은 신성당 광고다. 〈조선일보〉 1935년 2월 15일자에 실린 전면광고는 성병에 관한 종합선물세트 같다.

앞에서 본 또락구 상회 광고를 표절한 푸로다는 코가 떨어져 나간 서양 여성의 사진을 갖다 싣고는 '신성당의 약효력은 유선형 초스피드 비행기 동양' 이라는 알쏭달쏭한 문구를 내세웠다.

이 뜻을 모르면 무식자다 락오자다 현대는 경쟁시대다 스피~드 시대 다 유선형 시대다.

21세기의 진짜 현대인도 이해하기 힘든 이 카피는 당시의 시대 정서를 반영한 것이었다. 교통수단이 급속도로 발달하면서 공기 저항을 덜 받는 유선형에 대한 관심이 높아지자 그 원리를 성병약 광고에 응용한 것이다. 푸로다가 매독균을 사각형에서 원형으로, 마지막에는 유선형으로 만들기 때문에 몸 밖으로 빠르게 빠져나간다는 괴상한 논리였다. 광고는 '매독이란 무엇인가' 란 논문이라도 쓰듯 매독의 발병 원인과 증상을 자세히 안내했다.

조선 구식말로 하면 당창 또는 창병이라고 하며 옛날부터 코가 떨어지고 남자는 신이 빠진다고 하는 병이다. 그러면 이 병은 대관절 왜걸리느냐 하면 매독균이라는 것이 있어서 대개 남녀 간에 교접할 때에 그 일방이 균을 가지고 잇스면 그 균이 전명하는 것이며 또 부모나 선조에 매독이 있어서 그것을 유전을 받는 수도 많다. 남녀간에 불결한 교접이 없었는데 자연히 생기는 것은 선조의 유전을 받은 것이다.

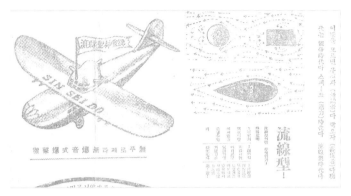

푸로다 광고는 '유선형'이란 말을 광고에 응용했다. 교통수단의 발달로 공기 저항을 덜 받는 유선형이 당시에는 유행어로 떠올랐다. 유선형의 원리를 응용해 성병약의 효과를 알린 것이다.

매독균이 7~8대 후손까지 유전될 수 있다며 겁을 준 광고는 임상 사례를 덧붙였다. 가랑이에 구멍이 뻥 뚫리고 전신에 종기가 난 머슴을 완전한 사람으로 만들었다느니, 얼굴이 만창이 되어 송진처럼 두덕이가 져서 소름이 끼치던 부인네가 말쑥한 미인이 되어 나타났다느니 하며 수다를 떨었다. 거기다 환자들이 보냈다는, 속 보이는 감사편지를 더덕더덕 붙여놓았다.

광고량이 많았던 '쓰라온 銀'은 월간 〈별건곤〉 광고에서 임병을 난치병이라고 규정했다. '임병에 특효약이 없다는 것은 유명한 전문대가가 다 가치 말하는 바이다'라고 단정하면서도 자기네 약을 사용하면 가정에서 손쉽게 전치全治시킬 수 있다며 모순된 주장을 폈다.

주사제로 널리 보급된 성병약 '606'은 효력이 없다는 경쟁사의 맹공 속에서도 해방 때까지 살아남았다. 〈동아일보〉 1928년 11월 3일자에 실린 606 광고는 내복약 발견을 알리면서 '가래톳 감창을 수술치 안코 치료한다'고 소개했다.

성제약 주식회사가 낸 광고의 화법은 직설적이다. '화류병 니야기'란 제목을 붙인 광고는 병신 되기 싫으면 이 약을 먹으라는 식이다.

세(상)에 화류병처럼 무서운 것은 업소이다. (……) 이 병으로 인하야 안색은 창백하게 되고 두뇌는 명석치 못하여 경증은 신경쇠약으로 중증은 병신이 되어 다시 활동할 수 없게 되나이다.

반면 임질약 '리베루', 매독 태독 치료제 '독소환'은 성병을 고쳐야 하는 당위성과 성병을 고칠 수 있다는 자신감을 심어준, 비교적 점잖은 광고였다.

일제는 공창제를 본격 시행하면서 일본인 유곽에서만 해오던 성병 검진을 조선인 창기와 기생 작부에게도 적용해나갔다. 그러자 창기들의 반발이 거셌다. 거주지, 영업 장소, 여행, 외박은 통제받을지언정 성병 검사만큼은 받아들이지 못하겠다는 게 이들의 입장이었다. 검사과정이 강압적인 데다 비인간적이었던 것이다.[11] 검사를 피해 지방으로 도주하는 이, 업소를 폐쇄하는 이, 아편을 먹고 자살하려는 이도 있었다. 이들이 적극적으로 저항할 수밖에 없었던 또 다른 까닭은 성병 환자로 판정되면 폐업해야 하고 폐업하면 생계를 이어갈 수 없기 때문이었다.[12]

매음녀의 성병 검사는 큰 효과를 보진 못한 듯하다. 전국 65개 건강진단소를 두고 촉탁의나 공의들이 성병을 검사했지만 경성 지역을 제외하고는 지지부진했다. 성병에 걸린 게 확인되어도 이들을 수용해 치료하거나 별도의 조치를 취할 기구와 방법이 없는 게 현실이었다.

창기를 상대하는 유객을 관리할 뾰족한 방법이 없는 것도 문제였다.[13]

1906년 2월 16일자 〈대한매일신보〉도 '검징무용檢懲無用'이라는 제목으로 매음녀 일방만을 단속하는 당국의 정책을 비판했다.[14] 매음하는 여성을 진단해도 손님에게 병이 있으면 금방 전염된다는 지적이었다. 매독 환자로 판명된 매음부가 병이 없다는 진단을 받았으니 검사 자체도 믿을 수 없었다.

화류병이 좀처럼 수그러들지 않자 총독부 경무국은 창기들에게 반강제적으로 살균제를 쓰게 했다. 경기도 위생과도 화류병 예방제인 '오스스메'라는 신종약을 개발해 유곽의 창기들에게 먼저 사용케 했다. 창기를 마루타 삼아 효능을 실험한 이 약은 효과가 있었는지 유곽에서 사용토록 하라는 방침을 내놓았다.

신문들은 성병에 대한 경계심을 주입시키기 위해 앞다퉈 외국 사례를 보도했다. 화류병을 전염시키면 징역 6월에 처하는 러시아, 화류병 남자의 결혼을 법으로 금지하도록 한 일본 부인회의 근황을 소개했다. 이광수의 아내인 여의사 허영숙도 때맞춰 비슷한 주장을 했다. 그는 '우리 사회의 폐해 중 일시가 급히 생각되고 가장 두렵게 아는 바는 화류병의 혼인'이라면서 "화류병 혼인에 대하여는 법률의 힘으로 일정한 제재를 주기를 요구합니다."라고 주장했다. 허영숙은 한 발 더 나아갔다. 의사가 화류병에 대해 보고하지 않으면 처벌해야 하며 화류병 환자로 보고된 사람은 상당한 기간 동안에는 결혼하지 못하도록 하자고 강조했다.

이렇듯 성병은 남성만의 고민거리는 아니었다. 성 접촉을 하는 상대 여성에게는 더한 고통이었다. 여성 자신의 몸을 황폐화시키는 것도 무섭지만 자손에게까지 병이 유전될 수 있기 때문이었다. 오죽했으면 '성병 환자에게 시집 안 가려면?'이란 기획물이 1936년 월간 〈신가정〉 9월호에 실렸겠는가.

의사를 포함해 사회 명사 20여 명을 상대로 설문조사를 한 이 기획 기사는 답변자 대부분이 의사여서 그랬는지 하나같이 의사 진단서를 결혼 전에 요구하라고 주문했다. 여의사 변석화는 '결혼의 행복을 위하여서나 민족 보건상 당연히 밟아야 할 순서'라며 의사의 진단을 받으라고 조언했다. 정순원이란 의사는 '좋은 신랑감을 구한다고 신분을 조사하면서 (……) 실상 중요한 성병의 유무를 알아보지 않았는 모양이다. 생각하면 이보다 더 아슬아슬하게 위험한 일은 없지요'라는 의견을 밝혔다.

성병의 온상으로 지목된 공창제를 없애자는 의견도 속속 나왔다. 성병 환자를 조사한 결과 창기들의 성병 보균율이 높았다는 사실은 공창제 폐지에 큰 힘을 실어주었다. 그러나 무시못할 수입원인 공창제를 하루아침에 없앨 의지가 조선총독부에는 아예 없었다.

해방이 됐다고 해서 성병이 일본인들과 함께 한반도에서 철수한 것은 아니었다. 해방 직후의 신문들은 남한에만 10만 명 이상의 성병 환자가 있다는 둥, 인구의 약 10% 이상이 매독에 걸렸다는 둥 일관성 없는 기사를 내놓았다. 1947년 9월 현재 서울시 보건위생국의 검진결과에 따르면 기생 여급 등 총 수진자의 43%가 성병 보균자로 판명됐으니 심각한 수준인 것만은 틀림없었다.

돌이켜보면 1980년대까지도 도시의 뒷골목 담장이나 전봇대에는 매독·임질을 치료해준다는 전단지가 붙어 있었다. 이 땅에 강제로 이식된 일본의 매춘 문화는 끈질기게도 살아남아 한반도 민중의 정신과 육체를 갉아먹은 셈이다.

미 주

1 정선영, 〈일제하 조선 내 공창제 도입과 매매춘〉, 한국외국어대 대학원 석사논문, 1999년, p.35. 재인용.

2 강정숙, 〈대한제국 일제초기 서울의 매춘업과 공창 제도의 도입〉, 《서울학 연구》, 서울시립대 서울학연구소, 1998년 12월, p.208.

3 정선영, 위의 논문, p.34. 재인용.

4 정선영, 위의 논문, p.12.

5 강정숙, 위의 논문, p.218~219.

6 강정숙, 위의 논문, p.220.

7 강정숙, 위의 논문, p.207.

8 송연옥, 〈대한 제국기의 '기생 단속령' '창기 단속령' : 일제 식민화와 공창제 도입의 준비 과정〉, 《한국사론》, 서울대학교 국사학과, 1998년, 12월, p.275.

9 강정숙, 위의 논문, p.201.

10 송연옥, 위의 논문, p.274

11 정선영, 위의 논문, p.17.

12 강정숙, 위의 논문, p.209.

13 강정숙, 위의 논문, p.210, 229.

14 정선영, 위의 논문, p.37. 재인용.

입신의 기초이며 출세의 자본이라

✺ ✺ ✺

독자 여러분께 드리는 퀴즈 하나. 아래 한자가 뜻하는 것은?

挨(애), 碑(비), 媤(시), 地(지), 依(의), 鴨符(압부), 芝(지)……

감이 오지 않는 분을 위해 힌트를 하나 드리면 이 한자들은 총 26자로 구성된 무엇의 일부다. 그래도 깜깜한 분들, 순서대로 이어서 빨리 읽어보시길. 애비시지의압부지……. 정답은 알파벳이다.

조선 후기 실학자 최한기의 《지구전요地球典要》(1857)는 알파벳 26자를 이렇게 한자로 음역해놓았다.[1] 영어에 관한 국내 최초의 기록으로 알려진 이 책은 서양 각국이 쓰는 알파벳을 신기한 놈을 만났다는 듯이 소개하고 있다.

글자수는 26개이나 서로 이어지고 서로 형성되어 그 변화가 무궁하다. 글자를 이어 쓰는 법이 있으니 2자모字母를 이어 한 낱말이 되나 3자모 혹은 9자모로도 되어 일정치 않다. (……) 26자모는 이를 흩어놓은 즉 무궁하고, 합하여놓은 즉 일정하여지나니 그 용법이 헤아릴 수 없이 많으나 삼척동자도 익히 배울 수 있다.[2]

영어의 편리성에 자못 감동한 듯한 이 기록을 조정에서 눈여겨봤더라면 한국의 근현대사는 달라졌을지도 모른다.

영어는 출세의 자본. 라디오 신문 잡지 지금에는 제군의 신변에 영어의 홍수다. 이것을 아지 못하면 현대 처세도 마음 안 노인다. 함을며 입신출세를 꿈꾸는 청소년 제군에게 잇서서는 영어는 제일 중요한 자본이다.

입신의 기초 춘春부터 영어를. 신문에 잡지에 또 상품에 영어가 드는 소화시대. 하何 직업에든 영어는 필요 부지하면 일생 손損이다.

이노우에 영어 통신강좌는 '영어를 무기로 하자'는 구호를 내세워 영어 학습을 부추겼다.

일제 강점기 신문에 실린 영어 통신강좌 광고는 이렇게 영어를 '출세의 자본' 또는 '입신의 기초'라고 강조했다. 영어를 모르면 치명상이라고 협박한 이 광고는 허황된 것만은 아니었다.

한인들의 영어 교육열은 대단하다. 새 언어를 조금만 알아도 어떤 고관 지위에 올라가는 기회가 된다고 생각한 것은 예전이나 오늘이나 마찬가지다. 당신은 왜 영어 공부를 하려 하느냐? 물어보면 언제나 변함없이 '벼슬을 하련다'고 대답할 것이다.[3]

배재학당을 설립한 선교사 아펜젤러Henry Gerhard Appenzeller(1858~1902)의 말처럼 영어는 구한말에 벼슬하는 데 가장 유리한 도구였다. 최초의 영어교육기관인 동문학과 최초의 근대식 학교 육영공원이 배출한 학생 가운데는 외교관을 비롯해 관직을 지낸 이들이 수두룩했다.[4]

권세 있는 가문 출신이 아니더라도 영어만 잘하면 벼슬길이 열리는 수도 있었다. 법무대신까지 오른 이하영은 영어를 '출세의 자본'으로 삼은 대표적 인물이다. 경주 농민의 아들인 그는 아버지를 따라

이주해간 부산에서 영국인 병원의 하우스보이로 들어가 영어를 익혔다. 일년이 될까말까 할 무렵 그는 일류로 쳐줄 만큼 영어를 잘해 1889년에는 서기관 신분으로 주미 서리공사에 임명됐다.[5]

영어가 이 땅에서 장구한 세월 동안 제1외국어로 대접받던 중국어를 제치고 벼슬 도구로 급부상한 데는 그럴 만한 이유가 있었다. 1882년(고종 19년) 2월 21일, 중국 톈진에서의 일이다. 조선과 미국의 외교 교섭에 개입했던 청나라 리훙장李鴻章이 영선사領選使 대표 김윤식에게 물었다. "귀국엔 서양어 해득자가 있습니까? 조약을 맺는 중요한 일에 오직 전역傳譯으로만 할 겁니까?"

"우리나라에는 전혀 서양어 하는 사람이 없소이다. 바라건대 서양어에 통하고 국제교섭에 능한 사람이 우리를 도와준다면 만번 다행스럽겠습니다."

자구 하나에 나라의 운명이 왔다갔다 하는 절체절명의 순간이었지만 김윤식은 도리 없이 중국인을 동원해 이중 통역을 했다. 그때 무슨 불이익을 얼마나 당했는지는 아무도 알 수 없었다.

조선의 처지에 동병상련을 느꼈는지 중국 측 담당자가 며칠 뒤 나타났다.

"어학은 5년 아니고는 공부할 수 없소이다. 귀국이 외국과 통상하면서 서양 글과 언어를 해득하는 자가 없다면 어떻게 정보를 교환하겠소이까? 중국도 처음 외국과 통상할 때 서양 글에 통하지 않아 속임당하고 해를 입은 경우가 아주 많았으니 귀국의 어학생 몇 명이라도 남겨두는 게 좋겠소이다."

그렇게 해서 영선사 학생 두 명이 중국에 남아 영어를 배웠다. 공식적으로 영어를 배운 최초의 한국인이 나온 것이다.[6]

1883년 도미 사절단 일행 8명 가운데 영어를 할 줄 아는 조선인은 한 명도 없었다(오른쪽). 사절단 일행이 아서 C.A. Arther 미국 대통령에게 큰절로 알현하는 모습이 생경하기만 하다.

영어를 못해 당한 국가적 망신은 머지않아 또다시 반복되었다. 한미수호조약 체결 이듬해인 1883년 미국 공사 푸트 Lucius H. Poot의 요청으로 조선 정부는 미국에 사절단으로 보빙사報聘使를 파견하게 됐다. 이때 한국인 여덟 명 외에 통역관 세 명이 대동했는데 모두 미국, 중국, 일본 사람들이었다.[7] 국제적 이해관계를 놓고 줄다리기를 하던 때에 이해 당사국 사람들에게 통역을 맡겼으니 고양이에게 생선을 맡긴 꼴이었다.

한미, 한영 수호조약이 잇따라 체결되면서 국가적으로 영어의 필요성은 점점 커졌다. "외국과 외교관계를 체결하고 있는 차제에 역관들이 중간에 있으나 귀머거리와 같으니 앞으로 외국어 교육에 힘써야 한다."[8]는 개화파 인물 유완수의 상소가 나온 것은 당연한 일이었다.

이러한 시대적 요청에 따라 1883년 8월에 최초의 영어 교육기관인 동문학이 설립되었다. 조선의 외교고문이던 독일인 묄렌도르프 Paul

설 립立은 스태안드Stand, 다러날 주走는 으런Run, 나아갈 진進은 아드빤스Advance 로 발음을 표기한 사전. 조선어 일본어 영어의 발음을 모두 기록해놓았다.

George von Mollendorff(1848~1901)가 정부의 허락을 얻어 세운 동문학에서는 국가에 필요한 통역관을 양성하기 위해 유력한 집안의 자제 30~40명을 학생으로 받았다. 학생들의 나이는 만 15세 이상이었는데 정승, 판서의 자제들이 끼어 있었다. 이들은 도포를 입고 담뱃대를 비스듬히 문 채 하인 두 명이 끄는 보교步轎를 타고 등하교했다. "에라 물럿거라." 하며 길을 트는 하인과 요강망태와 담배설합을 등에 진 하인들이 뒤를 따르는 모습은 그야말로 진풍경이었다.[9]

동문학에선 영국인 핼리팩스Halifax와 미국 유학을 다녀온 중국인 교사[10] 두 명이 통역자도 없이 영어와 산수를 원어로 가르쳤다. 〈한성순보〉는 당시 수업 분위기를 이렇게 전했다. '학생들은 매우 열심히 공부하여 노는 자가 하나도 없었으며 주야로 열심히 노력하여 도무지 게으른 자가 하나도 없었다.[11] 하루는 문장과 단어와 철자법을 가르치고 하루는 문장은 접어두고 단어만 가르쳤다.' 학생들은 영어 단어의 발음과 뜻을 한문으로 표기한 교재로 배웠다. 이미 한문을 배운 터라 문장구조가 한문과 유사한 영어를 비교적 빠르게 익혔다.

성적이 우수하면 주식과 부식, 땔감, 등촉, 서양종이, 연필 등을 지급해주고 벼슬길도 보장했으나 영어를 배우는 과정은 험난했다. 1회 졸업생으로 훗날 〈황성신문〉 사장을 지낸 남궁억(1863~1939)의 경우 ABC서학을 하는 천주학쟁이라며 친구에게 따돌림을 당했고 가족과도 절연하게 됐다.[12] '외국어 천재' 윤치호도 주일 영국공사관 직원에게 영어를 배우려고 할 때 주변에서 '영어를 배우는 것은 국금國禁을 범하는 것이니 절대로 안 될 일'이라는 충고를 들었다.[13]

동문학에 이어 최초의 근대식 왕립교육기관인 육영공원育英公阮이 설립된 것은 1886년 9월이었다. 이 학교는 자질이 우수한 미국인 교사 길모어, 벙커, 헐버트가 양반의 자제(좌원)와 관직에 있는 사람들(우원)을 상대로 하루 여섯 시간씩 영어로 수업했다. 학생들은 영어에 대한 아무런 지식이 없어 세 명의 통역을 중개로 알파벳부터 배웠다.[14] 이들은 10개월 만에 무려 3,000개의 단어를 익혔다. 요즘의 영어 교육 과정에서는 5~6년이 걸려야 습득할 수 있는 분량이었다. 방학 동안에도 5일마다 시험을 치를 만큼 학교에 거는 국가의 관심은 대단했다. 시험 결과에 따라 승지 벼슬까지 주었으니 학생들이 영어에 매진할 이유는 충분했다.[15]

문제는 이미 관직에 오른 학생들의 불성실한 태도였다. 영어에 대한 신기함이 줄어들자 대궐에 볼일이 있다느니 아프다느니 하면서 수업에 빠졌다.[16] 결국 육영공원은 관립 영어학교로 바뀌었고 총독부가 1911년에 폐지할 때까지 한성영어학교, 한성외국어학교로 이름을 바꿔가며 관직의 등용문 구실을 했다.

관립 학교 못지않게 영어 보급에 지대한 영향을 끼친 것은 기독교 계통의 학교였다. 선교사들은 선교활동이 금지된 상황에서 우회로를 택했다. 학생들의 수요가 넘치는 영어를 가르치기로 한 것이다.[17] 영어가 통하면 선교활동이 그만큼 쉬울 것이었다. 교과서는 자연스럽게 성경을 사용했다.

우리나라 초기 영어 교육에 크게 이바지한 사학은 단연 배재학당이다. 입신 출세하려는 학생들과 정부 관리들이 경향 각지에서 몰려들었다. 사진은 외국인 교사 2인을 고빙해 학생들을 모집하는 광고.

배재학당에서 9월13일(음력 8월 초9일)에 개학하였는데 학과를 다시 정하고 전과 같이 영문과 한문과 국문을 더욱 힘써 가르치려고 외국 교사 2인과 부교사 본국인 6인을 고빙하였사오니 이왕 다니는 학도 외에 새로이 입학하고자 하시는 이는 청원하시여 과정과 학당 규칙은 본 학당으로 와서 보시오. 배재학당 교장 아펜젤러.

배재학당이 1899년 9월 15일 〈독립신문〉에 게재한 광고에서 보듯 기독교 계통의 학교는 학생들을 끌어모으기 위해 출세의 수단인 영어를 미끼로 삼았다. 1885년 8월에 문을 열 당시 학생은 두 명에 불과했으나 머지않아 영어를 배우려는 정부 관리를 비롯해 경향 각지에서 젊은이들이 속속 입학했다. 처음에 영어, 만국지리, 한문 등을 가르친 배재학당은 점차 학교 꼴을 갖추어 보통과(4년)와 본과(3~5년)로 나누어 운영했다.[18] 선교학교의 본령을 되찾기 위해 1905년에는 영어 과목을 없앴는데 학생의 절반이 자퇴할 만큼 영어에 대한 학생들의 집착은 강했다.[19]

이화학당은 배재학당과 더불어 영어 교육을 주도한 학교였다. 첫 입학생은 왕비의 통역관이 되겠다며 찾아온 김씨 성을 가진 부인이었다.

　영어 교육에서 배재학당과 쌍벽을 이룬 사학은 이화학당이었다. '서양 도깨비'로 불렸던 선교사 스크랜튼M. F. Scranton 부인이 1886년 설립한 이화학당은 남녀구별이 심하던 시절이라 학생을 모집하기 어려웠다. 그 와중에 반갑게 찾아온 첫 학생이 있었으니 김부인이라는 어느 고관의 소실이었다. 김부인은 야심차게 왕후의 통역관이 되고 싶어 영어를 배우러 왔다고 했다. 3개월 만에 중도포기했지만 김부인으로 말미암아 이화학당은 영어학교로 출발한 셈이다.[20]

　학생이 없으니 일정한 학제와 교과과정이 있을 수 없었다. 어떤 학생에게는 영어만 가르치고 어떤 학생에게는 성경만 가르쳤는데 수업은 초보적인 수준의 영어로 진행했다. 초기 졸업생인 김롯세는 당시의 수업 풍경을 《이화 80년사》에서 이렇게 회고했다.

　　처음 학교에 들어오니까 소꿉질을 하게 하고 주기도문 또는 찬송가를 영어로 가르쳐주고 차츰 선생이 늘고 여러 가지 과목이 늘어갔으며 모든 것을 처음부터 통역도 쓰지 않고 선교사들이 대뜸 영어로 모두 가르쳐주었다.[21]

댕기 머리를 한 여학생과 쪽을 진 여학생이 칠판에 영어를 쓰고 있다. 당시 영어를 배울 수 있는 여성은 극소수였다.

영문법, 산술, 국문, 창가, 역사, 글씨쓰기 등 모든 수업은 영어로 진행했다. 대부분의 교사가 선교사였고 한국어가 능숙하지 못했기 때문이다. 통역 없이 원어로 수업이 이뤄지다 보니 손짓과 몸짓을 쓰는 판토마임이 벌어지곤 했다.[22] 생물 시간에는 푸줏간에서 피가 뚝뚝 흐르는 소머리와 염통을 구해다 설명했고 화학 시간에는 서양 사람 집에서 기구와 기계를 빌려와 가르쳤다. 영어 교육 효과가 클 수밖에 없었다.[23]

학교 밖에서도 영어에 대한 관심은 뜨거웠다. 1898년 7월 4일자 〈독립신문〉을 보면 학교 다닐 사정이 안 되는 사람들을 위해 외국인이 특별 영어 교습을 한다는 광고가 실렸다.

대한 사람들이 영어를 배우고저 하나 학교에는 다닐 수 없고 또 선생이 없어서 못 배우는 이가 많다. 하기로 영국 선비 하나이 특별히 밤이면 몇 시간씩 가르치려 하니 이 기회를 타서 종용히 영어를 공부하려는 사람들은 독립신문사로 와서 물으면 자세한 말을 알지어라.

영어 배우는 걸 드러내면 곤란했던 사람들이 많았던지 '종용히 영어를 공부하려는 사람들' 이란 구절을 박았다. 같은 해 8월 26일 〈독립신문〉에는 영어 수업을 시작한다는 광고가 다시 실렸다.

월전에 광고하였던 영어 가르치는 사람이 구월초 일일 오후 여덟시부터 아홉시까지 가르칠 터이니 영어 배우고저 하는 이는 독립신문사로 와서 물어보시요 교사의 월급은 다 선급이요 책은 교사에게 살 것이요 영어는 다만 며칠만 배워드려도 월급은 한달 세음으로 할 터이니 그리들 아시요.

수업료는 선급이라고 밝히면서 며칠만 배우고 그만둬도 수업료는 돌려주지 않는다고 했으니 당시 정서를 감안하면 야박한 사람이라고 욕을 먹었을지도 모르겠다.

영어 바람은 사회 곳곳으로 퍼졌다. 영어 할 줄 아는 국제화된 기생이 등장하는가 하면 영문 문패를 달고 부잣집 자제를 꾀어 도박영업을 하는 곳도 생겼다. 윤치호 같은 저명인사는 물론 지방의 군수들 가운데는 한문과 영문으로 찍은 명함을 사용하는 이들도 있었다.[24] 영문 명함의 유행은 〈독립신문〉 1899년 9월 2일자에 실린 광고를 봐도 알 수 있다.

본사에서 명함을 박는대 한문 글자와 국문 글자와 영문 글자를 준비하여 각기 소청대로 매우 정긴히 박아 들일 터이며 갑도 염하게 할터이오니 첨군자는 본사로 와서 주문하시요.

외국어가 출세를 보장하는 도구가 되자 영어를 비롯해 여러 서양 언어를 배우는 사람도 있었다. 아예 집안 식구들이 여러 나라 말을 나누어 배우는 집도 생겨났다.[25] 재수 좋은 사람은 감옥에서 영어를 배울 수도 있었다. 고종 황제

대한민국 초대 대통령인 '영어 도사' 이승만은 고종 황제 폐위 음모로 투옥된 상황에서 수감자를 상대로 영어 학교를 열었다. 사진 맨 왼쪽이 투옥 당시의 이승만이다.

폐위 음모로 투옥돼 있던 '영어 도사' 이승만 전 대통령이 어린이반과 성인반으로 나눠 옥중 영어학교를 열었던 것이다. 배재학당 본과에서 영어를 배운 이승만은 수감자들에게 영어를 가르쳤다. 뜻이 가상했던지 배재학당의 벙커 선생도 매일 왕래하면서 학습을 도왔다고 한다.[26]

영어 붐이 과잉 양상을 보이자 견제의 목소리도 나왔다. 제 나라 말도 잘 모르면서 외국어부터 배우려는 풍조를 질타하는 목소리가 나왔고 어학 위주의 교육으로 다른 학과목을 경시하는 폐습을 개탄하는 지적도 있었다. 그러나 부강의 방책으로 외국어를 배워야 한다는 견해는 그 모든 비판을 다 물리치고도 남았다.

영어의 위상은 한일합방이 이뤄지면서 엄청난 변화를 맞게 되었다. 4차에 걸친 조선교육령을 통해 조선총독부는 일본어 교육을 강화하는 한편 조선어와 영어 교육은 위축시켰다.[27] 고등보통학교의 교과과정에서 영어를 선택과목으로 축소하는가 하면 여자 고등보통학교와 전문학교에서는 영어를 아예 교과목으로 채택하지 않은 곳도 있었다. 특히 4차 교육령 시기(1943년 4월 1일~1945년 8월 15일)에는 영어를 적국어로 규정해 사용을 금지했다. 그러나 영어의 중요성을 완전히 무시할 수는 없었는지 대학 입학시험에 영어를 포함시키고 경성제국대학 등에 영문학과를 만들어 근근이 명맥을 유지했다.

일제 치하의 고등보통학교 영어 수업은 문법 중심으로 진행됐다. 원어민 교사들이 실용과 교양을 중시하던 합방 이전과는 달랐다. 수업은 대체로 독본과 영작문으로 구분했다. 영문학자 조성식은 당시 영어 교사의 소질이 매우 우수한 편이었다고 회고한 바 있으나[28] 교사의 영어 발음이 나빠 학생들이 시위를 벌인 사건이 보도된 것을 보면 수준 차가 컸던 모양이다.

극소수만 진학할 수 있었던 대학의 영어 교육은 상당히 높은 수준을 유지했던 것으로 보인다. 경성제대의 경우 예과에서는 3년 동안 외국어 교육에 역점을 두어 전공 공부의 토대를 만들어주었다. 영문과 강의실에는 학생이 아무리 많이 출석해도 다섯 명을 넘는 경우가 거의 없었다는 게 당시 경성제대 영문과에 다녔던 조성식의 설명이다. 조그마한 원탁이 놓인 5~6평 내외의 작은 방에서 빙 둘러 앉아 토론식으로 수업을 진행했으니 교육 내용의 밀도가 높지 않을 수 없었다.[29] 재미있는 것은 예과의 받아쓰기 시험이다. 카세트가 없어 교수가 시험장을 일일이 돌며 영어 문장을 읽어주면 학생들이 받아적었다.[30]

이화여자전문학교는 특히 영어영문학에 큰 비중을 두었다. 문과는 '잉글리쉬 디파트먼트'로 부를 만큼 영어 교육이 활발했다.[31] 학생들은 영문관에서 서구의 문화와 생활을 배웠고 영어로 연극과 타자를 했으며 영자신문도 직접 만들었다.

일제 강점기의 제도권 영어 교육은 위축되었지만 영어는 사회 곳곳에 파고들었다. 1917년 〈매일신보〉에 연재된 춘원 이광수의 〈무정〉은 영어의 위상이 어떠했는지 잘 보여준다.

그들은 영어를 처음 배우게 된 것이 자기네가 학식이 매우 높아진 표인 듯하여 일종 유쾌한 자랑을 깨달았다. 선형은 자기가 좋은 양복을 입고 새깃 꽂은 서양모자를 쓰고 미국에 가서 저와 같은 서양 처녀들과 영어로 자유롭게 이야기하는 모양을 상상하고 혼자 웃었다. 자기가 영어를 잘하게 되면 자기의 자격도 높아지고 남들도 자기를 지금보다 더 사랑하고 존경하리라 하였다.

경성학교 영어 교사인 주인공 이형식에게 여주인공 김선형과 그의 친구들이 영어를 배우면서 떠올리던 상념에서 보듯이 당시 젊은이들이 영어 배우기를 얼마나 선망했는지 짐작할 수 있다. 이 소설에는 미스터리, 베리굿, 엥게지멘트, 플라도홈 등 영어가 자주 등장한다. 대중이 보는 신문 소설에까지 영어가 자주 쓰이게 된 것이다.[32] 신문 광고에도 영어 표현은 자주 등장했고 잡지에서도 '모던어 점고' 란 코너가 생소한 외국어를 해설해주었다.

대대적으로 신문광고를 했던 영어 통신강좌는 이런 분위기에 편승한 것이었다. '국철서도 영어의 안내계가 생겼읍니다' '금야 영어 인푸레 시대' '올림픽을 앞두고 전국의 영어열은 비등하엿다' '뻐쓰의 차장까지도 영어를 배웁니다' '영어는 세계어일 뿐만 아니라 제2의 일본어 현 중학 이상에서는 가장 중요한 학과입니다' 등 온갖 카피를 갖다붙인 이 광고는 영어를 안 배우면 살아남지 못한다는 충격요법

'영어 인푸레 시대! 철도 안내원도 영어를 한다.' 영어 통신강좌는 아침 저녁으로 한 시간을 찢어서 입신의 무기를 얻으라고 광고했다.

을 구사했다.

항공 발달과 라디오로 말미암어 세계의 거리가 단축하야진 현대에 영어의 지식은 점점 현대인의 중요자격이 되얏다 온갖 관청회사대상점은 신인들에게 먼저 영어지식 유무를 뭇는다 제군이여 속히 본강좌로 와서 현대출세의 자본인 영어를 배우십시오 소학 졸업 정도의 자격만 잇스면 에이비씨로부터 중학 졸업의 실력을 엇기 근히 삼십오개월.

이 광고는 영어 발음을 녹음한 레코드까지 얹어주면서 부잣집 자제들을 유혹했다. 레코드를 돌려가며 영어 발음을 익히는 광경을 상

자칭 '국보國寶'였던 양주동은 영어를 독학하다가 '3인칭'
이라는 말의 뜻을 물어보기 위해 눈길 20리를 걸었다.

상해보시라.

영어가 보급되는 상황이었지만 누구나 마음 먹는다고 배울 수 있었던 것은 아니었다. 자칭 '대한민국 국보'였던 양주동(1903~1977) 박사의 영어 학습기를 들어보자. 양 박사는 와세다대학 영문학과를 다니기 전 《무사자통 영어문법無師自通英語文法》이란 책을 보며 영어를 독학했다. 이 책은 신문광고에까지 등장했는데 '독본, 회화만으로는 영어를 해하기 난하다 가장 그 첩경을 취하려면 문법을 지치 못하고는 득키 난하다'며 문법을 강조했다.

그 똑똑하다던 국보급 인물 양주동은 그러나 초보적인 영어책을 놓고 쩔쩔맸다. '3인칭 단수가 주어인 경우에는 동사 끝에 s를 붙이니라'란 설명에서 '3인칭'이란 말의 뜻을 도저히 이해할 수 없었던 것이다.

며칠 밤낮을 고민한 그는 어느 겨울 아침 눈길 20리를 걸어 보통학교의 젊은 일본인 교원에게 3인칭이 무슨 뜻인지를 물었다. 돌아온 답은 기껏해야 "내가 아닌 네가 아닌 그를 제3인칭이라 한다."는 거였다. 양주동은 뛸 듯이 기뻤지만 '일대의 한인 귀재'가 무식을 드러낸 것이 부끄럽기도 하고 분하기도 했다고 술회한 바 있다.[33]

영어책 제목에 무선생, 독학, 독습, 자통이란 말을 많이 붙인 것은 영어 배울 데가 그만큼 마땅찮았기 때문이었다. 이원익의《선생 업시 영어 배호는 법》과 정교의《영어독학》같은 영어입문서는 한일합방 전에 나온 책이었다. 그 뒤로도 윤태헌의《영문자통》《영문전자통》, 이기룡의《중등영문전》, 윤치호의《영어문법첩경》《실용영어문법》 등 다양한 영어책이 선보였다.

《독학 자재 영어연구》를 소개한 광고는 '영어 독학자의 절호기. 청년제군의 호득할 수 잇는 현대사회 성공의 비결'이라면서 '독학자에게는 가장 동정 깁흔 친절제일의 교사, 재학자에게는 가장 확실한 예습복습의 가정교사'임을 자처했다.

특히 윤치호의《실용영어문법》은 신문광고에 자주 등장했다. '투철한 해설과 참신한 도식'으로 꾸몄다는 이 책은 '윤치호 선생의 정사심구精思深究한 결과'라면서 '영문학 연구계에 일대 복음'이 될 것이라고 큰소리를 쳤다. 그럴 만한 것이 국내 최초의 영어 통역자였던 윤치호의 영어 실력은 미국 현지에서도 알아줄 정도였다. 일본과 중국에서 영어를 배운 뒤 미국 테네시주 내슈빌의 선학부 별과생으로 2년 간 수학한 윤치호는 논문을 완벽에 가까운 영어로 작성했다. 무미건조한 글을 쓰는 미국 학생에게 모범문장으로 제시될 정도였다.[34] 영어 잘 하는 이광수가 영어, 일어, 중국어, 프랑스어 등 4개 국어에 능통한 윤치호를 보고 어학에 특별한 천재가 있다고 기록하기까지 했다.

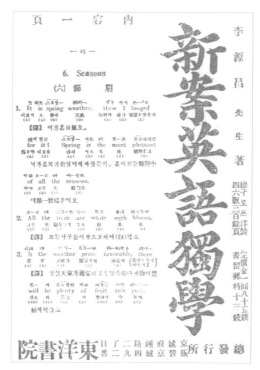

영어에 대한 관심이 높아지면서 국내 필진이 쓴 영어 학습서가 잇따라 출간됐다. 책의 본문 한 페이지를 찢어 놓은 듯한 《신안영어독학》 책 광고가 눈길을 끈다.

이원창의 《신안영어독학》은 책 한 페이지를 뚝 떼어놓은 것 같은 광고로 눈길을 모았다. 영어 본문 아래 위로 한글 발음과 해석 순서를 붙여놓았는데 국문과 알파벳만 읽을 줄 알면 누구나 영어를 배울 수 있다는 것을 강조한 셈이다.

처음 두 문장만 맛을 보자. 'It is spring weather. How I longed for it!'을 어순에 따라 직역하면 '이것이 춘의 천기오. 여하如何게 여余가 이것을 위하야 절망하엿든지'가 된다는 설명을 붙였다. 이와 함께 고풍스러운 번역을 달았다. '이것 봄 일기오. 내가 봄되기를 엇더캐 바랏든지.'

영어가 널리 퍼져나가다 보니 항간에는 영어에 얽힌 우스개도 떠돌았다. 서울에서 유학하고 돌아온 자제들을 환영하는 잔치에서는 이런 일도 있었다. 부모가 꼬부랑 상투를 가리키며 영어로는 어떻게 말하냐고 하자 한 학생이 서양에는 상투가 없으니 말도 없다고 답했다. 그 학생이 재떨이마저 모른다고 하자 곁에 있던 학생이 능청을 떨었다. 액센트를 높여 잿털리라고 영어식으로 읽은 것이다. 어른들이 "조선말과 얼마 다르지 않구나." 하자 그 학생이 순발력을 발휘했다. "조선은 4,000년 역사를 가진 나라고 서양은 2,000년 역사를 가진 나라니까 조선말이 영어로 된 게 많습니다." 콩글리쉬 축에도 끼지 못하는 이런 영어가 당시에는 많았다. 비샤아루(빗자루) 시왝꽉기(새끼) 담부잇대(담뱃대)가 그런 것들이다.[35]

영어는 태평양전쟁과 함께 천덕꾸러기가 되고 말았다. 예컨대 영어로 쓴 간판을 폐지하자는 기사가 〈매일신보〉에 나왔다. '영어도 절대 배격'이라는 굵은 제목을 붙인 이 기사는 대전에 있는 '배영排英 동지회'라는 우스꽝스러운 조직에서 결의한 내용을 대서특필한 것이다.

영어 배척은 여러 분야에서 이뤄져 고유명사까지도 바꿔놓았다. 잡지 〈킹〉은 〈후지富士〉로, 〈선데이 마이니치〉는 〈주간 마이니치〉로, 브리지스톤 다이아는 니혼 다이아로, 시티즌 시계는 다이닛퐁 시계로 개명했다.[36] 야구 용어를 일본어화하는가 하면 교회에서 구미식 교파 이름도 쓰지 말라고 압박했다.

영어를 배우는 것 자체도 시련이었다. 영문학자 조성식은 수필집 《영어와 더불어》에서 경성제국대학 영문학과에 다니던 당시의 분위기를 이렇게 회고하고 있다.

일제말 태평양 전쟁이 한창일 무렵 우리 영문과 학생들은 콧대를 세우지 못하고 기를 펼 겨를이 없었다. 영어는 적성어라는 낙인이 찍혀 이것을 공부하는 학생들까지도 반요시찰인적인 대우를 감수하지 않을 수 없었다. 도대체 지금 영어를 배워 무엇을 하겠느냐는 핀잔을 받기가 일쑤였고 무엇을 전공하느냐는 질문이 떨어질 때마다 얼굴을 붉히고 송구스러운 마음을 금할 길이 없었다.[57]

조선이 근대라는 시험대에 올라서는 순간부터 사람들에게 스트레스를 던져주었던 영어는 100년이 지난 21세기에도 여전히 한국인들의 가장 큰 골칫거리로 남아 있다.

'이것을 아지 못하면 현대 처세도 마음 안 노인다. 함을며 입신출세를 꿈꾸는 청소년 제군에게 잇서서는 영어는 제일 중요한 자본이다'라고 선언한 통신강좌 광고는 지금도, 앞으로도 한동안 유효하리라.

미 주

1 박부강, 〈한국의 영어교육사 연구(1883~1945)〉, 서울대 대학원 석사 논문, 1974년, p.16.

2 박부강, 위의 논문, p.16~17. 재인용

3 박부강, 위의 논문, p.47~48. 재인용 / 백낙준, 한국개신교사, p.136.

4 김윤경, 〈한국영어교육의 사적 연구〉, 국민대 대학원 박사논문, 1997년, p.31~32.

5 고승제, '한국고무공업의 전개와 대륙고무공회사의 지위', 월간 〈상의〉, 대한상공회의소, 1973년 7월, p.37~38.

6 박성래, 〈한국 근대의 서양어 통역사—1885년까지〉, 《역사문화연구》, 2002년 6월, 한국외국어대 역사문화연구소, p.170~171.

7 박성래, 위의 논문, p.167.

8 박부강, 위의 논문, p.34. 재인용.

9 김명배, '개화기의 영어', 월간 〈영어〉, 월간영어사, 1980년 4월, p.85~86.

10 박부강, 위의 논문, p.36. 재인용

11 박부강, 위의 논문, p.36~37. 재인용

12 김명배, '개화기의 영어', 월간 〈영어〉, 1980년 4월, p.86.

13 김명배, '개화기의 영어', 월간 〈영어〉, 1980년 3월, p.93.

14 김명배, '개화기의 영어', 월간 〈영어〉, 1980년 6월, p.105.

15 박부강, 위의 논문, p.44.

16 김명배, '개화기의 영어', 월간 〈영어〉, 1980년 6월, p.106.

17 박부강, 위의 논문, p. 47.

18 김윤희, 〈구한말의 영어교육〉, 한국외국어대 대학원 석사논문, 1986년, p.56.

19 김윤희, 위의 논문, p.67. 재인용.

20 박부강, 위의 논문, p.53.

21 김윤희, 위의 논문, p.64. 재인용

22 이규태, 《오로지 교육만이 살 길이다》, 조선일보사, 2001년, p.99.

23 김명배, '개화기의 영어', 월간 〈영어〉, 1980년 8월, p.111.

24 김명배, '개화기의 영어', 월간 〈영어〉, 1980년 8월, p.110~116.

25 김명배, '개화기의 영어', 월간 〈영어〉, 1980년 9월, p.109.

26 김명배, '개화기의 영어', 월간 〈영어〉, 1980년 8월, p.112~113.

27 홍아영, 〈한국 영어교육에 대한 사적 고찰〉, 성균관대 대학원 석사논문, 2001년, p.23~30.

28 조성식, 《영어와 더불어 제2권 학창시절》, 신아사 , 1992년, p.13.

29 조성식, 위의 책, p.28.

30 조성식, 《영어와 더불어 제1권 망향기》, 신아사 ,1992년, p.76.

31 김윤희, 위의 논문, p.38.

32 박부강, 위의 논문, p.87.

33 김명배, '개화기의 영어', 월간 〈영어〉, 1980년 6월, p.60~62.

34 김명배, '개화기의 영어', 월간 〈영어〉, 1980년 3월, p.100.

35 김명배, '개화기의 영어', 월간 〈영어〉, 1980년 8월, p.111.

36 양태호, 〈창씨개명의 사상적 배경〉, 《창씨개명》, 학민사, p.139.

37 조성식, 《영어와 더불어 제2권 학창시절》, 신아사 ,1992년, p.337.

◉ 아지노모도 ◉

끄내라, 끄내! 밥상 드러온다

✵ ✵ ✵

언제나 먹을 준비를 하고 있고 닥치는 대로 무엇이든지 달려들어 먹
되 결코 그만 먹겠다는 소리는 하지 않는다. (……) 많은 노동자들은
할 수만 있으면 서너 사람 몫도 거뜬히 먹어 치운다. 어떤 사람은 아
홉 또는 열 사람 몫까지 먹어도 끄떡없다고 한다. (……) 복숭아나 참
외를 내면 가장 절제하는 사람들도 스물이나 스물다섯 개쯤은 껍질도
안 벗기고 눈 깜짝할 사이에 먹어치워 버린다.[1]

구한말 프랑스 선교사 샤를 달레Charles Dallet(1829~1878)의 눈에
비친 조선 사람들의 식사 풍경이다. 엽기적인 음식 퍼포먼스라도 보
고 쓴 것처럼 묘사가 호들갑스럽다. 그의 눈에 조선 사람들은 많이
먹는 걸 명예로 여기는 것처럼 보였다. 조금이라도 더 먹기 위해 식

조선인들의 식탐은 유별난 것이었다. 구한말 조선에 온 서구인들은 약속이라도 한 듯 조선인들의 대식 습관을 소개했다. 개다리소반에 차려놓은 밥주발이 유난히 커 보인다.

사 중에는 이야기도 하지 않는다고 본 것이다.

조선에 우호적이었던 이 선교사의 기록이 사실 무근한 거 아니냐고 따질 수는 없는 노릇이다. 당시 한국을 찾은 외국인들은 약속이라도 한 것처럼 조선 사람들의 식탐을 기록해놓았기 때문이다. 샤를 달레가 표현한 것처럼 배가 터져도 좋을 만큼 음식이 많았으면 좋았을 시절이었다.

일제 강점기에도 조선 사람들의 밥상 사정은 형편없었다. 오히려 더 나빠졌다. 쌀에 보리나 조를 섞어 먹는 집은 그래도 괜찮은 편이었다. 콩깻묵을 솥 밑에 깔고 그 위에 보리를 얹어 지은 대두밥이나 수수밥을 먹는 집이 많았다. 감자나 참외로 끼니를 대신하는 집도 적잖았다.[2]

1920년대를 배경으로 한 최학송의 소설 〈탈출기〉는 당시 사정을 눈물 나도록 고발했다.

한빈은 이틀이나 굶고 일자리를 찾다가 집으로 들어가니 부엌 앞에
앉았던 아내가(아내는 이때 아이를 배어 배가 남산만하였다) 무엇을 먹다
가 깜짝 놀란다. 그리고 손에 쥐었던 것을 얼른 아궁지에 집어넣었다.
아궁지를 뒤지었다. 싸늘하게 식은 재를 막대기로 뒤져내 온 것이 눈
에 띄었다. 나는 그것을 집었다. 귤 껍질이다. 거기는 베먹은 잇자욱
이 났다.

들풀과 나무뿌리로 죽을 쑤어 위장을 속이던 그 시절. 믿고 싶지
않지만 〈동아일보〉는 1927년 6월 8일자에 흙을 파먹은 극빈층의 생
활을 보도했다.

경기도 양평군 양동면 계정리는 빈한한 농촌으로 춘궁을 당하여 초근
목피까지 먹어버리고 먹을 것이 없어서 뒷산에서 나는 흰 진흙白粘土
를 파서 거기다 좁쌀가루를 넣어 떡을 만들어 먹었다.

일제의 식량수탈로 조선 인민들의 배가 등에 달라붙던 시기에 감
히 조선의 식탁을 넘본 것이 화학조미료 '아지노모도'다. 요즘도 우
리 입맛을 지배하고 있는 미원 류의 원조가 바로 아지노모도다.
처음 이 흰색 가루가 등장했을 때 사람들은 반신반의했다. 소금은
맛이 짜기라도 하지만 밍밍하기만 한 가루가 음식 맛을 바꾸리라고
는 믿기 어려웠다. 도쿄대 이학부 교수 이케다 박사가 다시마에서 글
루타민산이란 성분을 처음 추출해냈을 때도 사정은 비슷했다. 이케

가양루녑

味の素
아지노모도

조선의 빈약한 식탁을 노린 화학 조미료 아지노모도는 삽화 형식의 광고를 다양하게 변주해 독자들의 눈길을 사로잡았다.

다 박사는 "이젠 다시마나 멸치로 국물을 우려낼 필요가 없다."며 자신의 발명품을 상품화하자고 권했지만 일본 업체들은 고개만 저었다.[3] 아지노모도 사장 사부로스케 2세를 만나지 않았더라면 세계인의 입맛을 바꿔놓은 조미료는 빛을 보지 못했을 수도 있었던 것이다.

아지노모도는 1909년 5월 조선과 처음 인연을 맺었다. 일본 〈아사히신문〉에 아지노모도 광고가 실리자 조선의 어느 가게에서 맨 먼저 맥주 세 상자분을 주문한 것이다. 아지노모도 본점은 조선에서 온 첫 주문에 어찌나 감격했던지 전 사원에게 10전짜리 카레라이스를 시켜 주었다.[4]

아지노모도는 '모든 음식을 맛있게 한다'는 패기만만한 카피를 내세우며 조선의 소비자에게 다가갔다. 아지노모도는 '양념가루'란 키워드를 내세워 조선에 거주하는 일본인과 조선인 소비자를 유혹했다.

맛조고 먹기 조코 살찐다
이 하숙옥이면 됫다 (……) 아지노모도를 쓰는 집일세
살림살이의 기본
근대여성은 모다 애용자.

광고는 음식 만드는 주부뿐 아니라 요리와 무관해 보이는 남성과 노인, 꼬마들까지 주인공으로 등장시켰다. 영리하게도 조미료의 화학적 성분을 구구하게 설명하기보다는 세련된 만화체 그림과 간단명료한 카피를 동원했다. 카피라이터가 누구인지 궁금할 만큼 빼어난 솜씨다.

아지노모도는 양념 값을 적게 들이고도 제맛을 내야 하는 음식점부터 공략해 들어갔다. 그 전략은 광고에도 그대로 반영됐다.

아지노모도를 처서 요리를 한 뒤로난 손님은 만아지고 고기갑 약념갑슨 적어젓스니 주판이 슨다. 성공이다 성공.
아지노모도로 맛잇게 하는 음식점은 일시도 쉳이지 안이하고 주문이 살도하고 언제나 손님 련락부절 합니다.

특히 국물을 많이 만들어야 하는 음식점은 아지노모도의 중요한 타깃이었다. 면의 중심지답게 국수 전문식당이 많았던 평양은 공략대상 1호였다. 아지노모도 사의 사사社史는 평양의 국수집을 이렇게 기록했다. '소뼈를 우려서 국물을 만들고, 거기에 면을 넣은 다음 편육을 곁들이는 국수는 한 그릇만 먹어도 배가 부를 정도였다. 싸면서 맛이 좋아 어느 집이건 손님들로 북적거렸다.' 아지노모도는 이들 국

'아지노모도'는 국물을 많이 만들어야 하는 음식점부터 공략했다. 국숫집이 많았던 평양이 첫 타깃이었다.

숫집을 공략하기 위해 뚜껑에 한글로 아지노모도를 새긴 법랑 그릇을 만들어 돌리는가 하면 경품으로 아지노모도를 담은 금색 깡통을 나눠주기도 했다.

우리 시골국수 맛과는 맛이 싼판이라우 무엇을 치나우 아 아 아 아지노모도를 첫 쑤리요-.

'국수 카피' 덕분인지, 국물 맛을 내는 데 효과가 컸는지 평양의 국숫집들을 석권한 아지노모도는 인천, 원산의 국숫집들도 줄줄이 단골 고객으로 만들었다. 조선 팔도의 국숫집은 속된 말로 아지노모도가 꽉 잡은 셈이다. 냉면을 다섯 그릇째 먹었다는 내용의 광고가 나온 걸 보면 냉면집도 예외는 아니었던 것 같다. 아지노모도 사사는 또 '시장이나 길거리 음식점에서 만들어내는 설농탕에 아지노모도를 넣었다'고 기록하고 있다.

문제는 일반 가정의 아녀자들을 어떻게 공략하느냐였다. 조미료라고는 고추장, 된장, 간장, 소금, 기름이 전부라고 생각하는 여성들의 선입견을 바꾸는 것도 어려운 일인 데다가 그런 전통 조미료마저 풍족하지 않은 처지였기 때문이다. 강경애의 단편소설 〈소금〉에서 보듯 당시엔 소금도 귀한 조미료였다.

소금 한 말에 이원 이십전! 농강에서는 단번에 한 말을 사보지 못한다. 그러니 한근 두근 극상 많이 산대야 사오근에 지나지 못한다. 그러므로 장 같은 것도 단번에 담그지를 못하고 소금 생기는 대로 담그다가도 어떤 때는 메주만 썩여서 장이라고 먹곤 하였다.

먹고 살기 위해 소금을 밀수하는 여성의 삶을 다룬 이 소설에서는 소금이 모자라 장도 싱거웠고 당연히 온갖 찬이 싱거워 끼니 때마다 남편의 얼굴부터 살피는 여성의 처지를 이렇게 보여주었다. 그 와중에 참기름을 판매한다는 광고가 신문에 등장하기도 했으나 일반 가정에서 구해 먹기는 값이 녹녹찮았다. 한 되斗짜리가 12월 50전이나 했다.

아지노모도는 도리 없이 《사계의 조선요리》(1934)라는 책을 펴내 한국 음식에 아지노모도가 잘 어울린다는 것을 알려나갔다. 한편으로 조선의 재래식 조미료에 도전장을 던졌다. 조선 사람들의 원초적인 입맛까지 바꿔보려는 야욕을 드러낸 것이다.

댁의 간장맛은 어떠하십니까? 간장 맛이 없거나 맛이 변하섯거든 아지노모도를 처서 맛을 마치십시오 일년 잡스실 간장을 그대로 두어서야 됩니까.
간장 고초장은 매일 갓치 돌보시는 동시에 아지노모도를 처서 맛을

양념 광고는 흔치 않았다. 병 하나만 소박하게 그려 광고한 참기름은 값이 만만찮아 서민들 몫이 될 수 없었다.

마처두서야 합니다.

김치국물, 모든 김치국물에는 아지노모도를 쳐서 맛을 맞어서 부으십시오 김치맛이 히한하지오.

상품 홍보를 위해 맨투맨식 판촉활동에도 착수했다. 아지노모도의 직원들은 이른바 세일즈 프로모션 팀을 구성해 장날마다 전국 방방곡곡을 발로 뛰었다. 붉은 색과 흰 색 옷을 입은 사원 서너 명, 현지에서 고용한 기수 서너 명, 나팔수와 북치는 사람 너덧 명으로 구성된 판촉팀은 10여 개의 깃발을 들고 거리를 돌면서 축음기로 유행가를 틀었다. 일행 중에는 반드시 마술사 한 명을 투입했고 변사도 붙였다.

훗날 아지노모도 본사 사장이 되는 와타나베 분조渡邊文藏는 갓 25세에 한반도 지역 전체의 영업 총 책임자로 임명돼 이 팀을 이끌었다. 아침 8시쯤 시골 여관방을 나와 가난한 시골 거리를 돌아다니면

아지노모도는 화학 조미료란 특이한 신제품을 알리기 위해 가두 판매를 벌였다. 장날마다 거리 공연단을 구성해 음악을 들려주고 마술을 펼쳐 보이기도 했다. 사진은 거리의 악단.

서 전단 다발과 샘플을 든 채 현장을 누볐다. 그는 "떠들썩하고 또 어딘지 애처로운 광고악대의 음악 소리가 지나간다. 사람이 모이면 우선 마술을 보인다. 그후 노래를 부르거나 춤을 추거나 하는데 아무 오락도 없는 곳이고 또 시대가 시대이니만큼 그래도 좋다고 즐거워했다."고 회고했다.[5] 공연을 하면서 견본병(2전), 시용병(5전), 10전짜리 병을 함께 팔았으니 옛날 약장수들 영업과 비슷한 판매방식이었다.

아지노모도의 선전활동은 그야말로 다양했다. 광고에서 보듯 경복궁 경회루에서 열린 박람회장에 아지노모도라고 쓴 등불 스무 개를 밝혀놓는가 하면 기생 문예봉이 요리하는 그림을 넣은 일력과 무용가 최승희를 모델로 한 미인 포스터도 배포했다. 일본에서와 마찬가지로 법랑 철판으로 만든 간판과 대형 건물 옥상에 네온사인도 설치했다.[6]

다양한 판촉활동 덕분일까? 아지노모도는 1922년에 이미 남한 일대와 서북지역을 맡은 아즈마야 상점에서 연 12만 원, 서울을 비롯해

아지노모도 광고는 현대인의 시각으로 봐도 전혀 손색이 없는 탁월한 작품이었다. 기발한 상황 묘사, 재치 넘치는 카피가 신문 보는 재미를 배가시켰다.

아지노모도의 홍보 방식은 다채로웠다. 대규모 행사장에 아지노모도 글자가 새겨진 등불을 켜는가 하면 당대 톱 스타의 모습을 담은 포스터나 달력을 동원했다.

중부와 북부 지역을 맡은 츠지모토 상점에서 연 15만 원의 매출을 올렸다. 1933년엔 거의 조선 전역에 판매망을 갖출 만큼 승승장구했다.[7] 사부로스케 사장의 학교 동기였던 조선총독 야마나시 한조山梨半造의 후광이 음양으로 영향을 미쳤으리라는 것은 미뤄 짐작할 수 있는 일이다.

점점 성해가는 애용에 충분한 봉사를 기하기 위하야 이번에 사무소를 신축 이전하엿습니다. 청컨대 배구의 용명을!

1934년 조선사무소 명의로 경성에 4층짜리 건물을 신축한 아지노모도는 탐욕적으로 해외시장을 개척한 결과 1930년 당시 이미 자본금 1,000만 엔을 넘는 일류 회사로 성장했다. 웅장한 현대식 빌딩 그림과 '만국공통'으로 맛을 낸다는 문구를 넣은 광고는 아지노모도가 세계 기업으로 성장했다는 자신감을 표현한 것이었다.

아지노모도는 한때 뜻밖의 복병에 시달리기도 했다. 아지노모도의 원료가 뱀이라는 소문이 퍼진 것이다. 뱀의 뼈를 갈아서 만들었다는 해괴한 소문을 걷어내느라 광고량은 더욱 늘어났다. 1936년에는 유사식품인 '아사히아지旭味'가 도전장을 내밀었다.[8] '국산 화학의 왕좌' '순결정조미료'란 문구를 내세운 아사히아지는 '일본 질소가 수억 원의 거자와 탁절한 정밀과학공업의 정수를 다하야 정제한 세계적 우수 신 조미료'라고 선전했다. 그러나 '질소 회사에서 만든 조미료'란 상품 이미지가 소비자에겐 거슬린 데다 판매망을 탄탄하게 구축해놓은 아지노모도와 경쟁하기에는 역부족이었다.[9]

비슷한 시기에 '마루낀 장유'란 왜간장도 신문광고에 등장했다. 전시체제를 반영하듯 폭격기를 띄운 광고는 '밥상을 직힌다'는 카피를 뽑았다.

맛이라든지 냄새라든지 빛깔이라든지 정말로 마루낀보다 우수한 간장은 없다고 찬양하는 소리가 전국의 주방으로부터 들려옵니다.

천하의 아지노모도도 전쟁 앞에서는 위축되지 않을 수 없었다. 온갖 물자가 부족한 상황이다보니 금색 깡통의 출고를 미루는 일이 생기기도 했다.[10]

이것만은 긴축시대에도 업지 못할 것이다. 일상의 음식을 맛잇게 하

아지노모도의 아성에 도전한 유사 식품 '아사히아지'의 광고. 본사에서 질소를 만들어서 그런지 제품 이미지는 그리 좋지 않았다.

고 찬용이 적게됩니다.

새해에는 만흔복을 바드셧다니 감사하오며 세계덕 됴미료 아지노모도로 모든 음식을 맛잇게 요리하야 더한 층의 일가 단락을 누리옵소서.

전쟁이 길어지면서 하루가 다르게 아지노모도의 판매는 감소했다. 일본, 조선 다 마찬가지였다.

곧이어 해방은 됐지만 조선 사람들의 혀까지 아지노모도에서 해방된 것은 아니었다. 아지노모도에 입맛을 들인 부유층은 줄기차게 밀수된 아지노모도를 찾았다. 밀수되는 양이 워낙 적었고 값도 비싸 서민들은 사먹을 엄두를 내지 못했다. 1950년대 초만 해도 아지노모도를 반찬에 뿌리고, 왜간장에 밥을 비벼먹는 것은 상당한 미식으로 여겨질 정도였다.

5·16 쿠데타 후 군사정부가 밀수를 5대 사회악으로 단속하면서 인기 밀수품이었던 아지노모도는 한반도 땅에서 사라져갔다. 당시 미원에서 일했던 한 관계자는 "아지노모도의 밀수입이 철저히 봉쇄되자 유일한 경쟁상대였던 미원의 수요가 급격히 늘어났다."며 "당시만 해도 일제 아지노모도의 인기는 대단했다."고 회고한 바 있다.[11]

국산 인공조미료 산업이 미원과 미풍의 대결 구도를 거치면서 인공조미료의 1인당 연간 소비량은 크게 늘어났다. 1990년에는 하루 사용량 3.8g으로 세계 1위를 차지했으니[12] 아지노모도가 뿌린 씨앗의 위력 혹은 폐해는 그만큼 강하고 무서운 것이었다.

미주

1 정혜경·안정혜, 《서울의 음식문화》, 서울학연구소, 1996년, p.102.

2 강인희, 《한국 식생활 변천사》, 식생활개선범국민운동본부, 1988년, p.223.

3 이케다 마사지로, 윤순식 옮김, 《기업혁명》, 한국능률협회, 1982년, p.236.

4 《아지노모도 연혁사》, p.432.

5 이케다 마사지로, 위의 책, p.264~265.

6 《아지노모도 연혁사》, p.439.

7 《아지노모도 사사 Ⅰ》, p.229.

8 이케다 마사지로, 위의 책, p.260.

9 《아지노모도 연혁사》, p.432.

10 《아지노모도 연혁사》, p.432.

11 〈국민일보〉, 1992년 11월2일.

12 〈한겨레신문〉, 1995년 12월 22일.

◉ 과자 ◉

포켓트에 너흘 수 있는
호화로운 식탁

✵ ✵ ✵

에널기의 근원.

일제 침략기에 초콜릿은 과자가 아니었다. 에너지의 근원 즉 첨단
영양제였다. '고가인 자양 강장제보다도 간이하고 염가인 영양 식
료'가 바로 초콜릿이었다.

일본 최고 제과업체 모리나가는 1928년 12월 18일자 〈동아일보〉
에 밀크 초콜릿을 광고하면서 열량부터 내세웠다. '계란 우유의 3배
인 2,160칼로리.' 광고는 한 걸음 더 나아가 초콜릿을 '포켓트에 너
흘 수 잇는 호화로운 식탁'이라고 하면서 기름진 한 접시의 요리 그
림을 차려놓았다.

'미각과 영양이 조화된 근대 식량!'이란 표현으로도 성에 안 찼는

일제 강점기에 초콜릿은 영양제처럼 광고했다. 먹을 게 부족했던 시대에 걸맞게 열량을 내세우는가 하면 건강미, 혈색미를 좋게 해준다는 식이었다.

지 초콜릿이 외투처럼 한기寒氣를 정복해준다는 광고도 나왔다. '혈행血行을 선善히 하고 원기를 왕성히 하는 풍부한 열량의 원천'이라며 무슨 보약처럼 규정한 것이다.

'건강미, 혈색미, 음성미를 창조하는' 초콜릿이건만 함부로 먹으면 안 된다는 신문 기사가 나와 찬물을 끼얹기도 했다.

쪼코레뜨 종류의 과자는 매우 자극이 심해서 이것을 아이에게 많이 먹이면 노를 자극하여 코피가 납니다. 그러고 종말에는 중독을 일으킴으로 이것을 먹는 습관을 길러주지 말 것입니다.[1]

초콜릿을 명약처럼 부풀린 광고도 재미있지만 코피가 날 수도 있으니 많이 먹이지 말라는 기사도 생뚱맞기는 마찬가지다.

초콜릿은 밸런타인데이가 없던 그 시절에 이미 사랑을 낚는 미끼로 쓰였다.

초코레―트 선물 한 상자에 사랑이라고 생각하는 분이 만습니다. 초코레트는 한 개 두 개 작고 밧고 십흔 것입니다. 여기에 초코레―트에 위험성이 잇습니다. 쓸데 없는 말 갓지만 이 점의 초코레―트는 모―단적 과자! 첨단을 것는 과자이니까요. 밧는 사람은 십분 주의하시요.[2]

'사랑을 마추어내는 법'이란 글에서 보듯 초콜릿은 첨단을 걷는 모단modern적 과자였지만 한번 맛을 들이면 자꾸 받고 싶어지므로 주의하라고 충고한 것이다. 초콜릿은 여염집 여인네뿐 아니라 궁중 여인에게도 잘 통했던가보다. 러시아 공사 부인이 명성황후明成皇后(1851~1895)에게 진상한 양과자 중에는 '저고령당貯古齡糖' 즉 초콜릿도 들어 있었다고 한다.[3] 이토 히로부미伊藤博文(1841~1909)도 왕궁을 드나들 때마다 임금을 에워싼 상궁들을 회유하려고 저고령당을 비롯해 양과자, 왜과자를 선물했다니 여성의 마음을 녹이는 데 요긴했던 것 같다.

양과자는 궁중에서 먼저 인기를 끌었다. 고종은 특히 아관파천 후 단 과자를 즐겼다. 러시아 외교사절이 캔디를, 일본인들이 과자(센베이)를 갖다바쳐 '북당남과北糖南菓'가 나라 망친다는 말이 돌 정도였다.

궁중 밖에서도 양과자를 맛본 이들이 있었다. 가톨릭 신도들이었다. 개항 이전 조선에 들어온 가톨릭 선교사들은 본국에 편지를 보내 오븐을 보내달라고 했다.[4] 혼배성사 의식용으로 면병(밀떡)을 만들기

구한말 광혜원을 운영한 선교의사 알렌 부처는 각종 서양 과자와 빵을 만들어 조선 사람들에게 나눠 주었다. 하나님을 믿으면 풍요롭게 살 수 있다는 것을 보여주기 위해서였다.

위해서였다. 면병을 만들 때 양과자도 함께 만들었을 것이라는 점은 쉽게 유추할 수 있다.

광혜원을 운영한 선교 의사 알렌Horace N. Allen(1858~1932)도 조그만 식료품상을 연상케 할 만큼 각종 음식물을 쌓아놓고는 과자와 빵을 만들어 돌렸다. 예수 믿으면 하나님이 복을 주시어 가난을 면하고 풍요롭게 살 수 있다는 것을 보여주기 위해 선교 방법의 하나로 먹을 것을 과시한 것이다.[5]

초록은 동색 아니랄까봐 캐러멜 광고도 초콜릿 광고와 마찬가지로 '이것이다 건강의 비결은'이라며 건강 타령을 늘어놓았다.

마라손의 왕국 조선의 건아 손기정 남승용 양형은 우리의 무상의 영예! 마라손을 제패햇습니다. 우리들도 자양의 과자 모리나가 카라멜을 먹고 무럭무럭 자라나 선배의 뒤를 이어 오는 날의 오림픽에는 우

손기정 선수가 베를린 올림픽 마라톤
에서 우승하자 캐러멜 업체가 덩달아
날뛰었다. 세계를 제패한 마라토너를
닮기 위해서는 자양의 과자인 캐러멜
을 먹어야 한다는 광고를 낸 것이다.

리들의 힘으로 이 자랑 이 영광을 영원히 직힙시다.

캐러멜 광고는 손기정 선수의 베를린 올림픽 마라톤 우승을 건강
컨셉에 적용했다. 세계를 제패한 마라토너를 닮기 위해서는 자양의
과자인 캐러멜을 먹자는 얘기다. 말끝마다 건강, 자양을 늘어놓던 캐
러멜 광고는 '너무 심했나' 싶었던지 '약이 아닌 건강과자'라며 한
발 물러서기도 했다.
캐러멜 광고는 여러 가지 상황에 맞게 변주됐다. 소풍 가는 어린이
와 데이트 족을 겨냥한 광고가 번갈아 나왔다.

종달 종달 종달 종달 종달새 운다 캬라멜 손에 들고 원족갑시다.
꼿 아레 질겁게 이약이하는 곳에는 반듯이 캬라멜의 깁붐이 잇다.

초콜릿과 함께 캐러멜도 여성을 유혹하는 데 쓸 만한 소품이었다.
이태준의 소설 《딸 삼형제》에서 사장이란 작자가 정매라는 처녀에게
골프를 가르쳐주면서 건넨 것이 바로 캐러멜과 초콜릿이었다.

초콜릿과 캐러멜은 자양제란 이름을 얻었지만 타깃 고객은 소풍 가는 어린이와 데이트 하는 젊은이들이었다.

막강 파워 모리나가란 골리앗에게 맞짱을 청한 다윗이 있었으니
그 이름 '불노초 카라멜' 이다. 모리나가의 건강 컨셉에 맞불을 놓으
려 했던지 이 캐러멜에는 불노초란 이름을 붙였다. 불노초 광고는 달
밤에 도령과 소녀가 뭔가를 주고받는 고전적인 데이트 장면을 그려
넣었다.

금년 상원에도 부름과 갓치 영양 과자 불노초 카라멜도 잇지 마시고
환영하십시요.

캐러멜을 정월 대보름에 깨뜨리는 호두, 밤, 땅콩 같은 견과류에 견
준 것이다. 소박하기 그지없는 불노초 카라멜이 거대기업 모리나가의
공세를 얼마나 버텨냈는지는 알 길이 없다.

보통 과자를 잡숫듯이 잡수어 버리지 말고 일매를 될 수 잇는 대로 오
래도록 씹으시오.

껌은 목으로 넘기지 않는 별난 과자였다. 1920년대 중반만 해도 광고가 '사용법'을 설명해야 할 만큼 껌은 신기한 먹을 거리였다. 껌은 자양제처럼 광고된 초콜릿이나 캐러멜보다 용도가 훨씬 다양했다. 껌은 소화제의 뺨부터 후려갈겼다. 껌을 씹으면 '소화가 비상히 양良하게' 된다면서 '과식한 시時에 10분간쯤 씹으시면 위의 중고重苦함이 업서짐니다.'라고 한 것이다. 끊임없이 타액이 나와 갈증을 막아주고 아이들의 치아를 청결하게 할 뿐 아

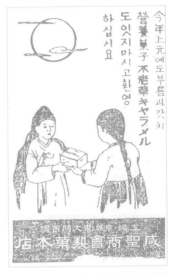

일제 캐러멜의 대공세 속에서 '불노초'란 이름을 붙인 국산 캐러멜이 토속적인 광고를 내놓았다. 정월 대보름에 먹는 호두, 밤, 땅콩과 함께 먹으면 좋다는 내용이었다.

니라 단 것을 먹고 싶은 욕망을 잠재워주는 게 껌이라고 광고했다.

1934년 5월 18일자 〈매일신보〉 광고를 보면 껌이 얼마나 위대한 기호품이었는지 확인할 수 있다. 흡연한 후, 댄스할 때, 성악가가 노래하기 전에, 식사 후에, 사무실에서, 양치질 대신에, 운동할 때에 리글리 츄잉검을 씹으면 '구중口中을 쾌연히 하며 피로를 휴休한다'는 광고가 실린 것이다.

껌 종류는 '쥬시 후루도' '스피야민도' '피케' 등 세 종류였다. 같은 회사 제품인데도 표기법은 쓸 때마다 달라 '쥬시-풀트는 비상히 감甘하고 그리고 향기조흔 풍미를 조와하시는 분에게' 맞으며 '스피야민트는 경輕한 박하의 미味를 조와하시는 분 때문에 맨긴 것'이고 '피케는 아이들이 좋아한다'는 설명을 붙였다. 껌값은 초기에는 다

'씹는 과자' 껌은 다용도 주전부리였다. 광고는 흡연할 때, 댄스할 때, 성악가가 노래하기 전에, 식사 후에, 운동할 때에 씹으면 좋다고 자랑했다.

섯 개 들이가 10전이었으나 1920년대 중후반 5전으로 인하됐다. '단지 5전으로 1일 충분'이란 광고는 그때 나왔다.

껌은 초콜릿처럼 생명을 위협할 수도 있다는 기사가 나왔다. 〈조선일보〉는 1931년 8월 15일자에 아이들 간식을 소개하면서 '껌은 더욱이 주지 말 것'이라며 윽박질렀다.

> 왜냐 하면 달콤한 맛에 깨물다가 얼핏하면 목구멍으로 넘어가기가 쉬워서 대단히 위험합니다. 그리하야 고민하게 되고 심하면 생명이 위험합니다.

껌이 목구멍으로 넘어가면 갑자기 톱니바퀴로 변하기나 할 것처럼 호들갑을 떨고 있다.

과자 광고에는 건빵도 등장했다. 학생복을 입은 소년이 별사탕과 건빵을 먹는 모습을 그려넣은 광고는 '국민의 휴대식'이란 타이틀을 건빵에 붙여주었다. 군에서 식량 대용으로 먹던 건빵이 전시체제이던 1930년대 말에는 시중에서 유통되기 시작한 것이다.

전시체제로 접어들면서 먹을 거리가
부족해지자 군인들의 비상식량인 건
빵이 시중에 판매되었다.

휴대식 벤도이라는 것은 휴대하기에 경량하고 굽든지 끄리는 필요가
업고 맛이 잇스며 영양가가 만흔 것을 중대조건으로 한다. 건빵은 군
대의 휴대식인이만큼 이 조건을 완비하얏고 또 눈과 입을 즐기게 하
는 금미당이 들어잇다.

당시 과자는 신문광고에 소개된 공장 생산품만 있었던 것은 아니
다. 개항 후 일본의 가내 수공업식 소규모 과자업체들이 잇따라 들어
오면서 일본 과자들이 선보였다. 일본인들이 몰려살던 진고개 일대
를 중심으로 알사탕과 과자류가 판매되기 시작했다.[6] '꿀보다 더 단
진고개 사탕'이라는 유행어가 나왔고 모찌떡, 밤과자, 센베이, 요깡,
카스테라 같은 과자가 인기를 끌었다.[7]

과자업자는 더디나마 꾸준히 늘었다. 일본인들의 빵 과자점 수는
1912년만 해도 네 개에 불과했으나 1926년에는 119개, 1943년에는
511개로 늘어났다.[8] 1920년대 중반 이후에는 조선인 가운데도 간단
한 과자류를 만들거나 도소매를 하는 이들이 생겨났다. 이들은 집에
서 만든 알사탕이나 건과자, 시장에서 도매로 구입해온 과자를 칸칸

개항과 함께 일본인 과자점이 조선에 들어왔다. 일본인이 모여 사는 지역에서는 대형 과자점들이 모찌떡, 밤과자, 센베이, 요깡, 카스테라 등을 팔았다.

이 막은 손수레에 담고 다니면서 시내의 식품점이나 구멍가게에 넘겼다.[9]

특히 조선인이 운영한 최초의 제과점 '삼덕당'은 1930년을 전후해 현미빵을 팔아 유명해졌다. 현미빵은 밤거리에서 고학생들이 처량한 목소리로 팔고다녔는데 그들의 비밀결사가 들통나 판매금지됐다. 그 바람에 삼덕당도 자취를 감추고 말았다는 후일담이 전해진다.[10]

조악한 수준이던 조선인들의 제과기술은 아이로니컬하게도 전쟁을 계기로 발전했다. 제과기술을 가르쳐주지 않던 일본인들이 징집당해 군에 끌려가게 되자 업소를 유지하기 위해 마지못해 조선인에게 기술을 전수시켰던 것이다.[11]

과자는 집에서 만들어 먹는 경우가 없지 않았던지 〈동아일보〉는 1925년 3~4월 과자 제조법을 시리즈로 소개했다. '보통 하기 쉽고 맛이 괜찮은 과자는 될 수만 있으면 집에서 만드는 것이 좋습니다'라면서 비스킷, 조부모전병과자, 애란愛蘭 과자, 로서아露西亞 과자, 팥넣은 만주 등의 제조법을 자세히 다뤘다. 그러나, 하루 세 끼 해결하

신문은 생활면에 과자 만드는 법을 연재하기도 했다. 이름조차 처음 들어보는 동서양 과자들이었다. 그러나 버터, 우유, 레몬 기름, 베이킹 파우더 같은 재료를 구할 수 있는 집은 많지 않았다.

는 것만으로도 허리가 휠 만큼 고단하던 그 시절, 버터, 우유, 베이킹 파우더, 굴, 레몬 기름 등 귀한 재료를 감당할 수 있었던 가정이 얼마나 됐을까.

1 〈동아일보〉, 1929년 12월 15일.

2 '사랑을 맞추어내는 법', 월간 〈신여성〉, 1931년 6월, p.62~64.

3 이규태, 《한국인의 밥상문화 2》, 신원문화사, 2000년, p.32.

4 조승환, 《한국 빵 과자문화사》, 대한제과협회, 2003년, p.42.

5 조승환, 위의 책, p.48.

6 이규태, 《버선발에 양구두》, 기린원, 1988년, p.203.

7 조승환, 위의 책, p.82~83.

8 조승환, 위의 책, p.63.

9 조승환, 위의 책, p.83.

10 조승환, 위의 책, p.68.

11 조승환, 위의 책, p.76.

◉ 산아제한 ◉

'가정화합의 벗'
삭구를 아시나요?

❀ ❀ ❀

산産하라 식殖하라.

광고 문구치고는 대단히 버르장머리가 없다. 개 돼지가 보라고 광
고하는 게 아닌데 '새끼를 낳아라, 번식하라'고 명령을 한다. 존댓말
을 써도 봐줄까 말까 한데 무슨 배짱일까?

뒤쪽 광고를 한번 뜯어보자. 첫 줄에 '우수 민족은 필必히! 영쯎히!'
라는 말이 있다. 잘 나가는 민족은 다 그런다는 거다. 그러면서 동맹
을 맺은 일본, 독일, 이탈리아 3국의 국시를 제시했다. 이탈리아는 다
산의 장려를 국시로 삼고 자식 없는 사람에겐 과세한다, 독일은 인구
증식을 국책으로 삼고 결혼비용을 대여한다, 일본은 민족 번영상 산
아제한은 금물로 여긴다고 부연설명하고 있다.

일제는 식민지에서 병력을 충원하기 위해 산아제한을 금지시켰다. 발육부전치료제를 파는
신요법연구소도 자식을 많이 낳으라는 문구로 광고를 꾸몄다.

이 광고에서 말하는 우수 민족은 제2차 세계대전을 일으킨 동맹국
들이다. 군국주의 나라란 이렇게 국민을, 머릿수로 따지는 개 돼지
같은 존재로 보는 법이다. 유사시에는 전쟁터에 끌고 갈 병력 그 이
상도 그 이하도 아닌 것이다.

가당찮은 것은 이 광고가 국시를 널리 알려야 하는 국정홍보처 같
은 데서 낸 게 아니란 점이다. 발육부전 치료법을 소개하는 책자 《남
자 생O기 欠?》를 알리기 위해 '신요법연구소'라는 요상한 업체가 낸
것이다. '성은 인생의 전부이다'라고 주장하는 '후로이도'(프로이트)
씨를 신봉하는 이 업체는 '자식들 쑥쑥 많이 낳아라, 산아제한 하지
말라'는 국시를 날렵하게 광고에 써먹었다.

광고에서 절대금물이라고 못박은 산아제한은 1920년대 들어서면
서 조선 사회를 달군 이슈였다.

사실 쓸 데 없는 자식복만 많이 타고나서 가난한 살림에 어린 것들만
올망졸망 늘어놓게 되는 것은 결단코 양편을 위하여 이롭고 행복되는
일이 아닙니다. (……) 한 집안의 주장되는 사람이 직업이 없어서 혹은

평균 6명의 자식을 둔 조선의 가정은 빈곤에 시달려야했다. 신문들은 산아를 조절해 가난에서 벗어나자고 촉구했다.

직업이 있다더라도 가난에 쫓기어서 하루 세끼를 잘 먹지 못하며 게 딱지만한 방 한 칸에서 다섯 식구 여섯 식구가 발을 쭉 뻗지도 못하고 지내는 사람에게 연년생으로 해해마다 감자만큼씩한 어린 새끼들만 생기는 것은 실로 무에라고 말할 수 없이 민망한 일입니다. 이 구석에 서는 저희들끼리 꼬집고 할키고 하다가 빽하고 울고 저 구석에서는 갓난애가 배가 고프다고 응애응애 하고 울고 똥걸레와 오줌걸레가 사 방에 흐트러진 속에서 여편네는 영양부족으로 누렇게 뜬 얼굴을 해가 지고 어린 것들한테 쪼들리다가 사내의 얼굴이 보이면 바가지를 긁기 시작하야 처음에는 말다툼이 나중에는 큰 싸움이 되고 말아서 급기야 요강이 엎질러지며 주먹이 여편네의 얼굴로 왔다갔다 하며 여편네의 울면서 포악하는 소리 어린 것들의 쌍나팔 부는 소리 눈물콧물……

〈중외일보〉 1925년 6월 7일자 1면 머리기사가 잘 보여주듯 다산多 産 때문에 '생지옥'이 되어버린 한반도의 일반 가정은 산아제한을 안

할 수 없는 처지였다. 1910~1940년 사이에 경제활동 가능 인구의 24.3%만 고용 기회를 얻은 상태에서 한 여성이 평균 6명의 자식을 낳다 보니 가정경제는 피폐할 대로 피폐했다.[1] 그러다 보니 군입을 덜기 위해 낙태, 기아棄兒, 영아 살해까지 자행되곤 했다.

빈곤과 실업이 한데 엉겨 가정이 엉망이 된 데다 인구는 수보다 질이 중요하다는 우생학적 인식이 퍼지면서 산아제한에 대한 관심은 커져만 갔다.[2] 신문과 잡지들은 산아제한을 해야 하는 이유를 지속적으로 알려나갔다. 경제적 빈곤을 완화하고, 자녀 모두를 충실하게 양육하고, 열등한 자녀를 낳지 않고, 모체를 건강하게 하고, 출산과 육아 부담을 덜어 여성들이 능력을 발휘하도록 아이를 덜 낳자는 게 요지였다.[3]

언론들은 산아제한과 관련된 정보를 수시로 실어날랐다. '산아제한'이라는 제목 아래 갖가지 성의학 상식을 소개하는가 하면 임신에 도움이 되거나 방해가 되는 음식물도 알려주었다. 현미는 백미보다 임신력을 왕성케 한다든지 인산과 유황분이 많은 음식이 다산에 큰 관계가 있다는 식이었다.

산아제한에 관한 설문조사도 벌어졌다. 월간 〈삼천리〉 1933년 4월호는 '심경 타진'이라는 제목으로 서울의 여자고등보통학교 학생들에게 산아제한을 어떻게 생각하냐고 물었다. 설문 대상자들은 이른바 배운 사람들이었으나 120명 중 반수 이상은 질문의 뜻조차 모른다고 답했다. 나머지 38명의 처녀들만이 뜻을 알고는 얼굴을 붉히며 머리를 숙였다.

그들 중에는 똑 소리 나는 의견을 내놓은 이도 없지 않았다. '건강한 자녀를 적게 나아서 전력을 다하야 길느는 것이 인생의 할 바 임무'라거나 '경제상으로 말하드래도 적게 낫는다는 것은 퍽이나 좋은 방책'이라고 답했다. '자녀에게 책임 잇는 교육을 식힐 수 잇을 정도에서 자녀를 낳아야 하겠다'는 대답도 나왔다. 피임을 하다보면 풍기가 문란해지니 '여자로서는 단연 반대할 일'이라는 대답도 없지 않았으나 소수 의견이었다.

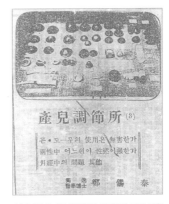

산아제한에 대한 관심이 높아지면서 콘돔 사용에 대한 논란도 불거져 나왔다. 잡지는 콘돔 사용법을 소개하기도 했다. 조그만 구멍이 있다는 걸로 봐서 콘돔의 질은 형편없었던 것 같다.

산아제한과 동의어처럼 여겨졌던 피임법도 소개됐는데 콘돔 사용법이 유독 시선을 당긴다. 월간 〈삼천리〉 1931년 5월호가 실은 문답식 기사를 보자. '곤도-무를 쓴다면 암만하여도 여자들은 부족하여 하는 모양일 뿐더러 그것이 건강상에 해롭지 않겠습니까?' 질문에 응큼한 속내가 담겨 있음에도 답변은 진지하고 풍성했다.

곤도-무 즉 보통 세상에서 말하는 삭크로 말하면 그것은 고무로 만든 것입니다. 옛날 이야기를 들으면 궁궐 안이나 큰 명문거족에서는 아주 엷은 염주로 만들어 썼든 일이 있다는데 그때에 비교하면 고무로 만든 오늘 것이 대단히 이상적이라 할 것이외다. 그러나 생각하여 보시지요. 남성의 정액이 여성측에 가지 못하고 다시 말하면 부인들이 늘 필요로 하는 남성의 분비물이 이 곤도-무 때문에 흡입되지 못하니까 생리적으로 보아서 해로울 것은 정한 일입니다. 그밖에 곤도-무를 현미경으로 자세히 검사하여 보면 대개 썩 조흔 것이 아니면 (한 개에 오륙십전 가는) 거기에는 조고만한 구멍들이 무수히 있습니다. 그러기에 임질균 매독균이 들기 쉽지요. 그렇다고 썩 두터운 고무로 된 것을 사용하면 남녀 양성의 감각을 살감시키는 터이니까 그럴 수도 없는 일이지요.

답변대로라면 '조고만한 구멍이 무수히 있는' 콘돔은 성병 걸리기에 딱 좋았을 것이고 '썩 두터운 고무로 된' 콘돔은 '여자들이 부족'해할 수밖에 없었을 것이다. 마취제를 바른 요즘의 최첨단 콘돔과는 비교도 할 수 없다는 얘기다.

품질은 시원찮았어도 콘돔 광고는 끊이지 않고 신문에 등장했다. 대명천지한 21세기에도 신문광고에 나오기 힘든 품목이 성 문화가 꽤나 보수적이었던 그 시절에 실린 것이다. 콘돔은 '곤도-무'란 이름보다는 삭구란 이름으로 광고했는데 '방독 미감(매독을 방지하고 느낌이 좋다)' '가정화합지우(가정화합의 벗)' 라는 카피를 내걸었다.

제품 설명은 아무리 봐도 이상야릇하다. 성기와 성교란 직접적인 표현은 OO란 표기로 얼버무리면서 '전부가 신축 구합 찰나의 감흥을 도웁고 타품은 모사할 수 없는 이상적 우량품', '남자 O부의 短한 분 小한 분 혹은 부인의 쾌미차핍시에 사용하시면 가장 여자의 OO할 진품', '유쾌의 감을 환기하고 특히 쾌미가 소한 부인이 환영할 절호품' 이라고 소개했다.

삭구는 남성용만 있었던 것은 아니다. '자궁삭구' 란 물건은 월경 때, 병독의 감염을 예방할 때 쓸 만한 위생적 양품이라고 소개했다. 또 '자궁보온기' 는 '자궁을 온케하고 OO를 감함으로 독신부인의 히스데리 우울증을 치함' 이라고 성능을 밝혔다.

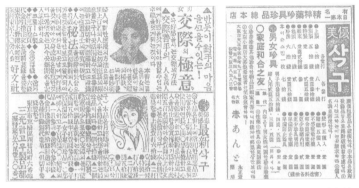
콘돔은 삭구란 이름으로 신문광고에 등장했다. 유곽에서 처음 사용한 탓인지 콘돔은 쾌락의 도구로 여겨졌다.

삭구 광고는 간혹 아리따운 여성 얼굴을 그려넣기도 했지만 대개
는 아무런 이미지 없이 종류별 상품 가격만 빼곡하게 적어놓았다. 삭
구의 가격은 제법 비쌌다. 세 개들이 상품이 1원이었고 외국에서 건
너온 고가품은 3원 50전이나 받았으니 성능은 둘째치고 일반인들이
사서 쓰기에 부담이 되었을 것이다.[4]

신문의 한 귀퉁이에 처박힌 삭구 광고는 회사 이름이 아니라 개인
이름으로 물건을 보내주겠다며 주문자를 배려했다. 콘돔은 내놓고
광고하기도, 여보란 듯이 사용하기도 불편한 물건이었기 때문이다.
그도 그럴 것이 삭구는 피임기구보다는 성병 예방기구로 인식됐다.
일찍이 1909년 고시마공업이 '하트미인'이란 상표로 일본에서 처음
출시했을 때부터 삭구는 유곽 거리 요시하라吉原에서 먼저 알려지기
시작했다.[5]

삭구가 성병 예방기구처럼 비쳐진 데는 군수품으로 납품된 까닭도
있을 터이다. 군인들에게 삭구는 두 달에 한 개꼴로 지급되었다. 분
실하거나 모자라면 위안소에서 사서 쓰기도 했다.[6] 삭구는 전장에서

식민통치를 위해 인적 자원을 안정적으로 확보하려 했던 일제는 보건의료체제를 도입했다. 그 결과 조선의 인구증가율은 유례가 없을 정도로 높아졌다. 사진은 예방접종을 하는 사람들 모습.

는 달렸던지 위안부 여성들이 비누로 씻어서 햇볕에 말린 다음 하얀 가루로 된 소독제를 뿌려 다시 사용하곤 했다.[7]

산아제한론은 마주보고 달리는 폭주 기관차처럼 일제의 인구정책과 정면충돌했다. 일제는 조선을 합병할 때부터 다산을 적극 옹호했다. 식민통치를 유지하기 위해 생산 현장과 전쟁터에서 필요한 인적 자원을 안정적으로 확보하려고 했던 것이다. 일제가 서구식 보건의료제도를 도입한 것도 그런 이유에서였다. 다산 못지않은 다사多死 풍토를 해결함으로써 사망률은 낮추되 출생률은 높여나가고자 했다.[8] 그 결과 1910년 이전만 해도 연평균 0.2~0.3%를 유지하던 인구증가율은 2%선으로 뛰었다. 인구의 자연증가 속도는 7~10배 빨라졌다. 한국 역사상 유례가 없는 속도였다.[9]

일제는 다산과 곧바로 이어지는 아들 선호 풍조는 뜯어 말리지 않았다. 아들 선호가 다산을 부추겼기 때문이다. 실제로 칠거지악 정서에서 완전히 벗어나지 못한 여성들은 아들을 얻을 때까지, 가능한 한 많은 아들을 얻기 위해서 애를 썼다. 아들만 낳을 수 있다면 여성들은 살인적인 배꼽 찜질도 마다하지 않았다. 푸른 소금과 사향 가루를 밀가루에 반죽하여 오목한 배꼽에 담아 쑥찜질을 해도 거뜬히 견뎌 냈다.[10]

아들 선호 전통이 얼마나 강했는지는 조상들이 열거해놓은 '아들 잘 낳을 여성상'에서 엿볼 수 있다. 그 조건이라는 게 생명보험 약관보다 복잡한데 여기서는 맛만 보여드리겠다.

눈매가 길고 이마는 편편하다, 살갗에 광택이 나고 살내가 향긋하다, 피부색이 형광 같거나 물빛 같다, 엉덩이가 크게 퍼지고 배가 크다, 젖꼭지는 검고 단단하다, 손이 춘필 같다, 얼굴 형상이 거위나 벼룩처럼 모나다, 어깨가 둥글고 등이 두텁다. 콧등이 솟고 봉눈이다……[11]

거위나 벼룩 같은 얼굴 형상과 춘필 같은 손이 어떻게 생긴 건지 모르겠지만 이쯤 되면 최첨단 정밀기계보다 더 복잡한 조건을 갖춰야 아들을 낳을 수 있을 것 같다. 아들 잘 낳는 조건이 있었으니 아들 못 낳는 관상을 연구하지 않았을 리 없다. 재미 삼아 한번 음미해 보시기 바란다.

노랑 머리, 빨강 머리, 이마가 튀어나오고 오목하게 꺼진 얼굴, 넓은 얼굴에 작은 입, 찡그리면 도장무늬 나는 이마, 깊고 꺼진 눈, 성근 눈썹, 거칠고 뻣센 머리, 뒤집힌 귀, 꺼진 콧날, 처진 어깨, 옥처럼 하얀

이빨, 포성을 내는 음성, 너무 가는 허리, 허약한 엉덩이, 흑백이 분명치 않은 눈동자, 백태가 끼는 혀, 꼭지가 하얀 젖, 엷은 살갗, 작고 얕은 배꼽, 차가운 살갗, 솜처럼 연한 촉감, 기름처럼 매끄러운 살갗…….[12]

아들 낳는 성교 기술도 마땅히 전수되었는데 유치하기 짝이 없었다. 여자의 자궁에는 좌우에 두 개의 구멍이 있는데 왼쪽 구멍에 남정男精이 들어가도록 하라는 것이다. 그러자면 성교 후 여자는 왼쪽 발을 움직여서는 안 되고 반듯이 왼쪽으로 누워 남정이 왼쪽 구멍으로 흘러들게 했다나. 서울 지역에서 채집한 아들 낳는 성교법도 웃기긴 마찬가지다. 늘 빨간 속옷을 입어라, 월경 마지막 날 알몸으로 성교하라, 그렇게 해도 안 되면 유아의 오줌을 받아 요 밑에 넣어두고 그 위에서 잠을 자라. 비결이랍시고 내놓은 것이 이런 수준이었다.[13]

병적인 아들 선호 경향은 광고주, 구체적으로 말해서 부인병약 업체들이 100% 활용했다. 일제시대 최대 광고주 중 하나였던 화평당 약방은 태양조경환이란 부인병 약을 사흘돌이로 광고하면서 아들 타령을 부추겼다.

'부인네 일생의 정말 행복은 어떠한 것이라고 생각들 하십니까' 란 질문을 던진 광고는 '반지의 여인' 과 아들 안고 있는 여인을 나란히 배치해놓고는 '이 중에 어느 편이 정말로 행복 있는 부인이오니까' 라고 거듭 물었다.

부인네 한 몸으로만 본다 하더래도 금비녀 금귀이개 모두 다 그만 두고 조박이의 금줄 금옥판 (……) 그것은 모두 어떠한 호사이며 금시계

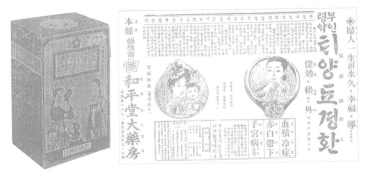

부인병 약을 생산한 화평당은 아들 선호 풍조를 이용해 광고를 디자인했다. 보물을 가진 여인과 아들을 안은 여인 중 누가 행복하겠냐고 묻고 있다. 아들 선호는 다산으로 이어지는 결과를 낳았다.

금반지 기타의 모든 것이 모다 어떠한 사치이오니까. 그것으로 보면 그 집의 치장과 그 집의 호강이 말할 것 없이 알 것이외다. 그러나 그러한 호사호강은 이 세상에서 행복이라 할 수 없으니 무엇으로써 정말 행복이라고 하겠습니까. 이것은 만금으로도 능히 바꾸지 못할 귀한 아들이라고 하겠습니다.

금은보화 아무리 많아도 아들 하나만 못하다는 메시지였다. 그러니 부인영약을 먹고 '부인네 일생의 영구한 행복을 인도'하라고 촉구한 것이다.

태양조경환은 약을 먹은 뒤 아들을 낳았다는, 북간도에서 날아온 감사편지를 통째로 광고에 싣는가 하면 '이강李堈 공비 전하께옵서 이를 사서 시복하시는 광영을 내리셨다'며 조선 기업의 단골 광고모델인 왕족 이강을 내세우기도 했다.

사람이 남녀의 구별이 있는 이상에 남녀가 합하여 성교가 있고 성교의 결과로 산아가 있게 되는 인성으로서의 본연한 일이다. 그런 것을 인위적으로 태중에 있는 아이를 떨어트린다든지 자궁의 기능을 죽인다 하는 것은 확실히 죄악이다. 그것은 사람이 사람을 떠나서 사람이 아닌 기계 노릇을 하고자 하는 것이라 말할 수 있는 것이다.

일제 당국의 반발을 산 산아제한은 또 다른 막강한 세력의 견제를 받았다. 종교계였다. 산아제한이 자연 능력을 악용하는 비자연적, 비윤리적 행위며 따라서 자연과 천주가 엄금하는 것이라고 주장하고 나선 것이다.[14] 실력양성을 위해 인구를 증식시켜야 한다는 목소리도 나왔다. 현상윤이라는 사람은 '인구가 늘면 곳 나라의 힘이 느는 것이오, 인구가 줄면 곳 나라의 힘이 그만치 주는 것이니 나라에는 사람이 주재오. 사람에는 수효가 제일임은 현대생활의 특징'이라고 목에 힘을 주었다.[15]

일제는 당연히 '인구증가가 곧 국가 번영과 사회발전의 원동력이 될 것'이라는 주장에 손을 들어주었다. 1912년 이미 조선형사령을 통해 낙태죄를 규정하면서 여성 스스로의 인위적인 산아제한을 억제했던 게 일제였다.[16] 1929년 12월 28일자 〈매일신보〉 사설을 통해 산아제한론을 '그대로 추종하며 복종하려 함은 극히 무모한 바이고 심히 위험한 바'라고 못박았다. 1930년 12월에는 '유해피임기구취체법'을 공포하면서 산아제한 운동을 탄압하기 시작했다. 조선에서 공개적으로 피임 지식을 보급하거나 상담소를 설립하는 것을 법적으로 막은 셈이다.[17]

앞의 설문에서 여학생이 지적한 것처럼 산아제한이 풍기를 문란케 한다는 견해도 불거져나왔다.[18] 자녀가 많다는 구실로 육적 쾌락의 만족만 추구하고 거기 부수되는 책임을 회피하고자 악행을 감행한다는 비판이 그것이었다. 일제 정책이라면 두 발 벗고 나서서 지원했던 이광수도 피임법이 일반에 보급되면 성적 관계가 혼란해지면서 풍기가 문란해질 것이라고 경고했다. 삭구를 미혼자들이 사용하는 것에 대한 우려가 나온 것도 같은 이유에서였다.

중일전쟁(1937)의 발발로 본격적인 전시체제에 돌입하면서 인구의 중요성은 더욱 커졌다. 산아제한을 금지하고 암묵적으로 다산을 장려하던 일제는 노골적으로 출산을 장려하기 시작했다. 식민지 인적 자원에 관한 업무를 담당할 기관으로 우생국까지 신설했다.[19]

출산 장려를 위해 총독부 후생국은 미혼남녀의 결혼을 더욱 강력하게 권장했다. 결혼상담소를 설치했고 애국반은 미혼남녀에게 배우자를 알선했다. 일제는 또 결혼 전에 건강진단서를 교환할 것을 권했다.[20] 일제가 원한 것은 건강한 인적 자원이었기 때문이다. 신문은 결혼 상대 여성으로 다산형 혹은 어린애 잘 낳을 인물이 적합하다고 보도했다. 또한 '남자는 건전 제일, 여자는 다산형을', '시국이 요구하는 새아씨감 어린애 잘 나흘 인물'이란 제목을 천역덕스럽게 뽑았다. 학교에서는 여학생들에게 아이 낳는 법을 알려주었다. 물론 '아이가 아프면 어떻게 하는가' 같은 실질적인 양육 지식도 가르쳤다. 체조 시간을 늘린 것도 여학생의 체력증진을 통해 장차 건강한 식민지인을 낳게 하기 위해서였다.[21]

이런 분위기를 타고 골수 호르몬 약 '네오 부루도제정'은 '튼튼한 어린애를 낳는 비결'을 광고해댔다. 어린이 영양제를 만드는 제약업체들은 신문광고를 통해 '어린이를 보호하라' '애아愛兒를 수호하라'는 구호를 외쳐댔다. 1930년대 말에 우량아 선발대회가 대대적으

일제 말기에는 우량아 선발 대회가 자주 열렸다. 튼튼한 아기가 병참반도 건설에 유익하다는 취지에서였다. 신문은 전면에 우량아 사진을 게재하기도 했다.

로 펼쳐진 것도 국가 시책을 따르기 위한 것이었다. 제1회 조선우량유아표창회를 다룬 〈매일신보〉기사는 '건강조선을 자랑하는 유아들의 씩씩한 자태'라는 제목과 함께 튼튼한 아이 30여 명의 사진을 실으면서 '병참반도 건설에 위대한 시사'라는 소제목을 붙였다.[22]

자식을 낳을 수 없는 독신주의를 국책에 위반된다고 비난하던 일제는 1941년부터는 다자 가정을 표창하면서 '낳아라 불려라 국가를위하여'라는 슬로건을 전면에 내걸었다.[23] 5인 이상의 자녀를 둔 가정에는 산의產衣 또는 금일봉을 주고 출생신고를 제출하는 사람에게는 순면을 배급한다고 발표했다.[24] 물자가 부족해진 전쟁 말기에는 모체 보호와 갓난 아이의 모유 보급에 지장이 없도록 산모에게 식량을 증배한다는 말이 나왔으나 이래저래 지켜질 수 없는 공약空約이었다.

1 소현숙, 〈일제 식민지 시기 조선의 출산통제 담론의 연구〉, 한양대 대학원 석사논문, 1999
   년, p.4~6.

2 소현숙, 위의 논문, p.10.

3 안태윤, 〈일제하 모성에 관한 연구 : 전시체제하 모성의 식민화를 중심으로〉, 성신여대 대학
   원 박사논문, 2001년, p.64.

4 소현숙, 위의 논문, p.23.

5 강정숙, 〈일본군 '위안부' 제도와 기업의 역할 : 삿쿠(콘돔)를 중심으로〉, 《역비논단》, 2002
   년 가을, p.278.

6 강정숙, 위의 논문, p.277.

7 강정숙, 위의 논문, p.272.

8 안태윤, 위의 논문, p.151.

9 소현숙, 위의 논문, p.5.

10 차재호, 정범모, 이성진, 《한국인의 남아존중사상》, 한국행동과학연구소, 1975년, p.60.

11 차재호 외, 위의 책, p.58.

12 차재호 외, 위의 책, p.58.

13 차재호 외, 위의 책, p.59.

14 남상희, 〈산아제한은 인류의 자멸〉, 《가톨릭 청년》, 1934년 2월, p.200.

15 소현숙, 위의 논문, p.9.

16 안태윤, 위의 논문, p.6.

17 소현숙, 위의 논문, p.23. 재인용

18 소현숙, 위의 논문, p.26.

19 안태윤, 위의 논문, p.102~107,

20 안태윤, 위의 논문, p.84.

21 안태윤, 위의 논문, p.111.

22 〈매일신보〉, 1943년 5월 9일.

23 안태윤, 위의 논문, p.137.

24 안태윤, 위의 논문, p.103.

◉ 전쟁 ◉

캬라멜도 싸우고 있다

❁ ❁ ❁

딱 벗티자!

적옥赤玉 포도주는 짤막한 문구로 총체적 버티기에 들어간 1940년대 일제의 처지를 정확하게 잡아채고 있다. 1937년 중일전쟁 이래 동남아시아, 남태평양 지역으로 전선이 계속 확대되면서 전쟁이 장기전에 돌입하자 일본은 별 수 없이 버티기 작전에 돌입했던 것이다. 버티기의 제1법칙은 아무래도 절약이었고 그것은 곧 국가적 모토가 됐다.

일매의 휴지라도 허탈 없이 할 일. 전연 쓸 데 없다는 물건이라도 더 한 번 사용하야 살릴 연구를 할 것입니다.

전시체제로 접어들면서 신문광고에서는 비행기가 날고 포탄이 터졌다. 물자가 갈수록 부족해지자 포도주, 비누 등 소비재 광고주들은 눈치가 보였던지 절약을 모토로 내걸었다. 소비를 부르짖어야 할 광고의 운명을 거스른 것이다.

포도주와 아무 상관도 없는 휴지 타령을 늘어놓은 이 광고는 사치품 주제에 '당신의 힘으로' 탄환도 탱크도 비행기도 만들 수 있으니 허리띠를 조이라는, 씨도 안 먹힐 소리를 했다. 화왕비누도 같은 맥락에서 '전시하의 마음 단속 단 한 개의 비누라도' 절약하자는 구호를 내밀었다. '광고 맞나' 싶게 '될 수 잇는 대로 절약하야 소중히 써주십시요'라고 한 것은 비누가 배급 물자로 통제됐기 때문이었다.

총독부는 조선을 병참기지로 만들어나가기 위해 황국신민화, 내선일체, 정신총동원, 대동아공영 등 요란한 개념을 들이대면서 물적, 인적 자원을 쓸어가려고 안간힘을 썼다. 총독부 기관지인 〈매일신보〉는 기사는 물론 광고까지도 이 같은 전시 이데올로기를 전파하는 스피커로 활용했다.

광고 중에서 화약 냄새를 가장 진하게 풍긴 것은 단연 약품 광고였다. 질병과 싸우는 약품은 전쟁 컨셉과 잘 맞아떨어졌다.

횡폭 적군의 응징은 폭탄으로 하지만은 설사 복통의 폭격은 헤루푸로, 그리고 폭격한 후에는 뱃속을 명랑화하고 장위腸胃 기능을 강화한다.

약품 광고들은 자주 전쟁 컨셉을 도입했다. 질병과 싸우는 약품을, 대동아공영을 위해 싸우는 황군皇軍에 비유했다.

위장약 '헤루푸'는 신문 양면을 펼친 광고에 총검을 든 군인과 전투기를 그려넣고는 설사 복통을 폭격하라고 꼬드겼다. 병을 적으로 간주한 약품 '담심'은 전장의 병사를 모델로 설정해 '병적病敵 격멸 일억 전투 배치'를 외쳤다. 감기, 복통, 임질은 치료의 대상이 아니라 섬멸의 대상이었던 것이다. 위장약 '전공환'과 '전승환'처럼 이름에 노골적으로 전쟁이란 말을 집어넣은 약이 나오던 때였다.

어린이용 상품의 광고라고 해서 총성이 들리지 않은 것은 아니었다. 위장영양제 '와가모도'는 총, 칼, 일본기를 든 소년들을 내세워 '애기들을 추위에 지지 안는 건강체로' 키우자고 했다. 제과업체 모리나가 역시 '캬라멜도 싸우고 있다!'는 희한한 문구를 사용하면서 적극적으로 전쟁 컨셉을 활용했다. 탱크가 돌진하고 비행기가 날아다니는 광고에서는 살벌한 카피가 총알처럼 튀어나왔다.

아기의 성장을 방해하는 조악한 과자, 영양이 적은 과자, 불결한 과자, 묵은 과자는 캬라멜의 적입니다! 적군을 격멸하여서 아기의 영양을 지켜줍시다.

신문은 일본군의 전과戰果를 설명하기 위해 세계지
도를 펼쳐 놓고는 점령지를 상세하게 보도했다. 광
고는 어린이들이 먹는 영양제를 포탄처럼 표현하기
도 했다.

아이들이 먹는 과자에까지 화약 연기가 자욱했던 것은 당시 교육 정책을 고려할 때 자연스러운 것이었다. 일제는 1938년 제3차 조선 교육령을 개정하면서 '충량한 황국신민의 양성'을 교육 목표로 내세웠다.[1] 교실의 게시판과 복도의 벽면에는 전시 상황을 보여주는 게시물들이 덕지덕지 붙었다. 시국에 관한 기사와 사진은 물론이고 황군장병의 편지, 황군장병의 무용담, 일본군 점령지도, 각종 비행기와 전함 총기 사진, 심지어 폭탄 모형까지 진열했다.[2] '북괴'와 아군의 무기를 비교한 게시물이 나붙었던 1970년대 학교 풍경과 비슷했다.

학교는 전쟁에 동원할 자원을 길러내기 위해 집단적인 체력훈련과 군사훈련을 일상적으로 해나가는 공간이기도 했다. 저학년에겐 군가를 부르게 했고 고학년에겐 집총교련이나 황국신민 체조를 시켰다.[3] 학생들이 보내는 위문 편지와 위문대는 곧잘 광고에도 등장했다.

나라를 위하야 훌융한 활동을 하고 부상을 당한 병정들을 마음 속으로부터 위로합시다. 아 모리나가의 갸라메루와 쵸코레-도로 원기 백배 애국투입함에 진군이다.

독일, 이탈리아, 일본 등 제2차 세계대전 동맹 3국의 국기를 나란히 게재한 인단은 '진격하는 전선의 위문에 긴장한 총후의 건강에'라는 구호를 붙여 위문대에 은단을 반드시 넣어보내자고 독려했다.

전장 못지않게 중요한 것은 후방(총후)이었다. 총후의 뒷받침 없이 전쟁에서 승리할 수 없다는 논리를 차용한 광고가 나온 것이다. 보혈강장제 삼용정은 '건신건국은 총후의 사명'이라고 외쳤고 위장약 '도모싼'과 비타민제 '리연 비타민'은 각각 '건전한 위장으로 증산

하자' '전시하 보건에 긴요한 비타민을 먹자'고 호소했다. 후방에서 건강을 유지해야 전쟁에서 승리할 수 있다는 메시지였다. 제일생명보험상호회사는 '저축은 총후의 탄환'이라는 단순 명료한 카피로 여느 광고를 제압했다.

근대전은 총력전입니다 무력전일뿐 아니라 경제전입니다 일억일심 근검 저축으로 전비의 재원인 공채의 소화에 충당하지 안흐면 안됩니다 근검저축의 사자를 우리 총후 일억이 실행하느냐 안하느냐가 경제전 성부의 분기점입니다.

전시戰時에 후방을 짓누른 것은 '위문'이라는 말이었다. 일제는 툭하면 위문 행사를 마련해 사람들을 동원했고, 광고주는 위문품으로 보내자며 자사 상품의 구매를 촉구했다.

징병제를 찬미하는 기사와 광고도 속속 등장했다. 〈매일신보〉 1942년 9월 13일자는 다른 나라를 위해 목숨을 바쳐야 하는 징병제를 환영하는 반도 민중을 어떻게 찾아냈는지 해괴한 기사를 실었다.

국가의 중책을 분담하는 영예의 징병제 실시를 앞두고 조선 내는 물론이요 내지 만주 등에 있는 반도 민중의 감격과 환희는 그 절정에 달하여 일사보국할 결의를 굳게 하고 있는 중이거니와 이번 내지의 군 바겐이세사끼시에 사는 반도동포 24명으로부터 보낸 감격한 헌금이 총독부에 도착되어 관계자들을 감격식히고 잇다.[4]

정미소, 양조장, 병원처럼 일제의 비호를 받았음직한 업체와 업종도 '축 징병제 실시'란 이름 아래 연합광고를 냈다. 제 민족을 죽음의 구렁텅이로 몰아넣는 징병제 실시를 축하하겠다고 한 것이다.

징병제 실시에 앞서 일제는 준비작업으로 일본어 보급에 박차를 가했다. 1944년으로 예정되어 있던 징병제를 성공적으로 진행하기 위해 일제는 '국어전해 상용운동'을 1942년부터 전개했다.[5] 때맞춰 국어 즉 일본어를 반드시 상용하자는 광고도 등장했다.

국어 잘하는 비결로 대성공 속수 국어독본대호평 국어상용!

징병 대상 연령층 가운데 일본어를 해득할 수 있는 사람이 25% 정도밖에 안 되자[6] 〈매일신보〉는 무슨 외국어 학습지처럼 일본어로 기사를 실었다. 또 일본어를 교수용어로 채택한 일제는 학생들의 조선어 사용을 여러 가지 방법으로 통제해나갔다. 학생들에게 국어상용 카드를 지급하고는 실수로 조선어를 사용하면 카드를 빼앗았다. 학과가 끝날 무렵 갖고 있는 카드의 수를 검사해 벌금을 내게 하거나 체벌을 가했던 것이다. 또 일본어만 사용하는 학생에게는 국어상 배지를 달아주었다.[7]

전시 상황은 거의 모든 분야의 광고에 반영됐는데 정신개조용으로 딱 좋은 영화와 음반도 예외일 순 없었다. 〈사랑의 맹세〉〈해전〉〈군복〉 등 전쟁을 소재로 한 영화 광고가 끊임없이 실렸다. 최고의 공연장이었던 부민관에서는 '국방과학 영화와 합창의 밤'이란 무료 이벤트를 열어 전쟁 분위기를 주도했다. 이 자리에선 〈잠수함의 부침원리〉〈독일의 기계화부대〉 등 전쟁과 관련된 과학 영화와 〈기갑군비

의 가〉〈흥아행진곡〉〈국민총력가〉〈국민진군가〉 등 전쟁 이데올로
기를 담은 노래를 소개했다. 콜럼비아 사는 '음반계의 총력반이다!
반도 2,400만의 합창반이다!' 란 제목으로 '군사우편' 이란 음반을 내
놓기도 했다.

전쟁이란 광풍 속에 휩싸이다보니 광고주들은 종전을 몇 달 앞둔
상황에서도 승리를 독려하는 광고를 수시로 게재했다.

정신감투 담당한 직장을 끝까지 직혀서 생산사명을 완수!
멸사봉공 승리할 때까지는 각직장에서 일절 멸사봉공하야 복구증산
에 힘씁시다.
도망하는 자는 패한다.
전국의 요청 필승의 방책은 국력의 일절을 모다 속히 전력화하야 결
전장에 투입함에 잇다.
일억 신풍혼으로 성전 완수에.

그러나 광고주들의 기대는 일제의 패망으로 물거품이 되었다.

미 주

1 김기흥, 〈일제하 전시총동원체제기(1938~45) '황민화' 교육 연구 : 학교교육의 교육활동을
   중심으로〉, 연세대 대학원 석사논문, 2000년, p.47.

2 김기흥, 위의 논문, p.43.

3 김기흥, 위의 논문, p.43.

4 〈매일신보〉, 1942년 9월13일.

5 최유리, '일제 말기 내선일체론과 전시동원체제', 월간 〈순국〉, 순국선열유족회, 1998년 10
   월, p.57.

6 최유리, 위의 논문, p. 58.

7 김정우, 〈일제하 초등교육과 근대적 주체의 형성에 관한 연구 : 1920~40년대 보통학교 교육
   을 중심으로〉, 연세대 대학원 석사논문, 2000년, p.92~93.

'

● 창씨개명 ●

나의 조선 이름은
촌티가 나서……

✿ ✿ ✿

'견분창위犬糞倉衛'

일본말로 읽으면 '이누·쿠소구라에'다. 그 뜻이 가히 엽기적이다. '개 같은 놈 똥이나 먹어라'다.[1] 이름을 듣는 사람도 괴롭겠지만 부르는 사람 역시 곤혹스럽긴 마찬가지였을 것이다. 식사 때마다 '견분창위야! 밥 먹자'란 말을 어떻게 하겠는가. 농담 같지만 일제의 창씨개명 정책에 따라 이렇게 이름을 지었다가 일본 경찰에게 곤욕을 치른 사람도 있었다고 하니 믿어야 할지 말아야 할지 모르겠다.

1940년, 그러니까 해방을 불과 5년 앞두고 시행된 창씨개명 정책은 한반도에서 거대한 블랙코미디를 연출했다. 전병하田炳夏란 어느 농부의 사례를 보자. 전田씨 성을 가진 이 농부는 성을 '전농田農'으로, 이름은 병하丙下로 바꿨다. 성과 이름을 일본 발음으로 부르니

'덴노 헤이카'가 됐다.[2] 일본인들이 경외해 마지않는 '천황 폐하'를 일컫는 말이 된 것이다. 농부의 위트에 일본 관헌들 머리에서 김 좀 났을 터이다.

개성 송도중학교 교사였던 이영철이란 사람은 창씨를 아예 '가나다加那多'로 했다.[3] 어깃장을 놓느라고 훈민정음을 들이댄 것인데 이 일로 옥고를 치렀다고 한다. 그깟 일로 쫀쫀하게 감옥까지 보내냐고 할 수 있겠지만 당시 사정이 그렇지 않았다. 조선총독 미나미南次郎가 건수 좀 올려보겠다고 강력하게 밀어부친 것이 창씨개명이기 때문이다. 미나미는 내선일체內鮮一體, 즉 '일본과 조선은 하나'라는 슬로건을 현실에 적용하기 위해 창씨개명을 시행했다.

나는 내선일체라는 것이 아주 어려운 것이라고는 생각하고 있지 않다. 왜냐하면 우리나라와 같이 정의에 입각한 통치는 세계 각국에 유례가 없는 숭고한 도의적 통치이기 때문이다. (……) 내선일체는 상호 간에 손을 잡는다든가 형形이 융합한다든가 하는 그런 미지근한 것이 아니다. 손을 잡은 사람은 떨어지면 또 별개가 되고 물도 무리하게 흔들어 섞으면 융합된 모습이지만 그것으로는 안된다 (……) 내선은 융합이 아니며 악수도 아니며 심신 모두가 정말로 일체가 되지 않으면 안된다.[4]

미나미는 이렇게 내선일체론을 설파하면서 "내선 간의 차별을 없애자는 반도인의 절실한 요망에 의해 창씨를 한다."고 선언했다.[5]

창씨개명創氏改名은! 일본성명학관에. 아직 개명의 수속이 미제未濟인

창씨개명이 시행되자 일본성명학관은 좋은 일본식 이름을 지어주겠다며 신문에 광고했다. 좋은 창씨로 자손에게 복을 주라고 촉구한 것이다.

분은 일각一刻도 빨니!"

1940년 8월 초 '일본성명학관'은 결승선을 앞둔 경주마에 채찍을 가하겠다는 듯이 신문에 창씨개명을 부추기는 광고를 냈다. 2월 11일부터 8월 10일까지 6개월 동안 시행키로 한 창씨개명의 마감시한이 임박한 시점이었다.

광고는 1억 동포가 기다리던 창씨가 실시되었다면서 '좋은 창씨는 자손까지도 혜택을 입게 된다'고 독자들을 꼬셨다. 주소지가 도쿄인 일본성명학관은 엽서로 주문을 받았다. 1인당 선명료選名料를 1원 50전으로 제시한 광고는 막판 떨이라도 하려는지 '요금은 아모 데도 업는 특별할인'을 강조했다.

'반도인이 절실히 요망한다'는 창씨개명이 시작된 첫날 조선총독부 기관지 〈경성일보〉는 분위기를 띄웠다.

> 마침내 11일 기원 가절佳節인 오늘 2천3백만 반도동포에게 있어서는
> 황국 2천6백년의 흥륭을 받드는 가일인 동시에 학수고대해온 창씨의
> 날이다. 이미 만반의 준비를 갖추고 오늘을 학수고대하고 있던 사람
> 들은 각자 숙고하고 숙고한 끝에 결정한 새로운 씨를 떳떳하게 밝히
> 는 바이다.[6]

조선인이 원해서, 조선인을 위해서 시행한다던 창씨 신청은 첫날
48건에 그쳤다. 조선인들이 학처럼 고개를 길게 뽑은 채 기다려왔다
는 정책의 결과치고는 너무도 썰렁한 것이었다. 2월 말까지 창씨계
를 낸 호수는 전체의 0.36%, 5월 20일까지도 7.6%에 불과했다.[7]

실적이 기대한 것보다 턱없이 낮게 나오자 일제는 몸이 달아 그 이
유를 캐들어갔다. 첫째 좋은 이름을 짓기 위해 작명료를 내는 것으로
봐서 심사숙고하고 있다. 둘째 종중宗中 일문의 협의 결과를 기다리
고 있다. 셋째 1인당 창씨 수수료 50전(훗날 호당 50전으로 인하)은 부
담스러운 액수다.[8] 현실을 무시한 제 논에 물대기식 분석이었다.

창씨개명은 일제의 입맛대로 시행될 정책은 결코 아니었다. 툭하
면 "내가 성을 갈고 죽겠다."고 하는 조선인들에게 씨를 새로 만들라
는 것은 "너 죽어."라는 말처럼 들릴 수 있었다.

아닌 게 아니라 자결로 창씨에 반대하는 사람이 생겨났다. 전남 곡
성군에 살던 유건영이란 사람은 창씨개명에 대한 항의서를 미나미
총독과 중추원에 보낸 뒤 "성까지 왜놈을 따르지 않으면 못 사는 세
상에서는 살기 싫다."며 비장한 유서를 남긴 채 목숨을 끊었다.

슬프다. 유건영은 천년의 고족이다. 일찌기 나라가 망할 때에 죽지 못하고 30년 간의 욕을 당해올 때에 그들의 패륜과 난륜 귀로써 듣지 못하고 눈으로써 보지 못하겠더니 이제 혈족의 성까지 빼앗으려 한다. 동성동본이 서로 통혼하고 이성을 양자로 삼고 서양자가 제 성을 버리고 계집의 성을 따르게 되어, 이는 금수의 도를 5천년 문화민족에게 강요하는 것이다. 나 건영은 짐승이 되어 살기보다는 차라리 깨끗한 죽음을 택하노라.[9]

전북 고창군의 설진영이라는 이도 돌을 안고 우물에 뛰어들었다. 창씨를 하지 않으면 학교에서 자녀를 퇴학시키겠다고 위협하자 아이에게만 창씨를 해준 뒤 죽음으로 조상에 사죄한 것이다.[10] 전국 각지의 묘지에서 통곡하는 모습이 자주 목격된 것도 같은 이유에서였다.[11] 이름 석자를 지키기 위해 목숨까지 버리는 시대였던 것이다.

창씨개명이 달팽이 달리기처럼 더디게 진행되자 미나미 총독은 '굴러온 돌' 주제에 신경질을 부렸다. "조선 안에서 총독의 명령을 듣지 않는 자는 일본 영토 밖으로 나가서 살라."고 한 것이다.[12] 그러면서 본보기로 윤치호尹致昊, 장면玉岡勉 등 지도층 인사들을 불러 창씨를 강요했다.[13]

미나미 총독과 여러 차례 면담한 친일파 윤치호는 자신의 일기에서 다섯 차례나 창씨개명에 관한 소회를 밝혔다. 창씨개명을 원칙적으로 반대했던 그는 "조선의 거의 모든 가장이 창씨개명 문제로 애간장을 태우고 있다."고 안타까워하면서도 "차마 우리 아이들 이름이 블랙리스트에 오르게 만들 수는 없다."며 창씨개명을 결정했다.[14]

친일파 중에도 마지못해 창씨개명에 응한 사람이 있지만 대놓고 찬성한 이들도 많았다. '근대문학의 아버지' 이광수는 '창씨의 아버지'마저 되고 싶었던지 가야마 미츠로香山光郎로 창씨개명을 한 뒤 1940년 1월 5일자 〈매일신보〉에 거창한 '선씨고심담'을 기고했다.

> 지금으로부터 2,600년 전 진무천황께옵서 어즉위御卽位를 하신 곳이 가시와라인데 이곳에 있는 산이 향구산(香久山, 가구야마)입니다. 뜻 깊은 이 산 이름을 씨로 삼아 향산香山이라 한 것인데 그 밑에다 광수光洙의 광자를 붙이고 수자는 내지식의 랑郎으로 고치어 향산광랑香山光郎이라고 한 것입니다.[15]

그는 1940년 2월 20일자 〈매일신보〉에 실은 또 다른 칼럼 '창씨와 나'에서 대입 논술고사의 모범답안으로 삼아도 좋을 만큼 '논리정연'하게 창씨의 동기와 배경을 밝혔다.

> 내가 향산香山이라는 씨를 창설하고 광랑光郎이라는 일본식 이름으로 고친 동기는 황공하고도 위대하신 천황의 이름과 읽는 법이 같은 씨명을 가지려고 한 데서부터다. 나는 깊이 깊이 나의 자손과 조선 민족의 장래를 생각한 끝에 이렇게 하는 것이 당연하다는 굳은 신념에 도달했기 때문이다. 나는 천황의 신민臣民이다. 나의 자손도 천황의 신민으로서 살 것이다. 이광수라는 씨명일지라도 천황의 신민이 되지 않는 것은 아니다. 그러나 향산광랑이 보다 천황의 신민으로서 어울린다고 나는 믿기 때문이다……

내선일체를 조선인에게 허락해주어서 기뻐죽겠다는 둥, 일본식 이름을 가지면 실생활이 편리해질 거라는 둥, 일본식 씨를 창설한 자가 적으면 불행할 거라는 둥 온갖 요설을 늘어놓았던 것이다.

내부대신을 지낸 '을사 5적' 송병준은 이광수처럼 말장난은 치지 않았다. 일본 홋카이도에서 인삼 장사를 할 때부터 노다 헤이지로란 이름을 쓴 그는 "(나에게) 조선 풍속 습관이 어울리지 않고 나의 조선 이름은 촌티가 난다."고 떠벌렸다.[16] 동양연료회사 김계조 사장 같은 이는 자신의 이름은 물론 사원 500여 명의 이름에 모두 중촌中村이란 씨를 설정해 일제를 감동시켰다.

친일파들은 '창씨개명 상담'이란 신종 업종의 모델이 되기도 했다. 조선중앙창씨명상담소가 〈매일신보〉 1940년 3월 14일자에 실은 광고는 창씨에 찬성한 고위층 인사의 이름과 직위를 함께 열거해 손님을 유혹했다.

'일류성남'이란 삼류 같은 이름을 상담자로 내세운 조선중앙창씨 명상담소는 고액을 상담료로 받았다. 이름에 큰 의미를 부여하는 조선 사람들의 정서를 알고 비싼 값을 불렀던 것일까. 이미 지은 씨를 감정하는 데만 2원을 받은 상담소는 창씨 비용으로 자그마치 10원을 받았다. 당시 쌀 한 가마가 22원 정도였으니 창씨하는 데 쌀 반 가마 값을 치러야 했던 것이다. 앞에서 살펴본 일본성명학관이 선명료로 1원 50전을 받은 것과 비교하면 무려 5~6배를 더 부른 것이다. 처음 생긴 업종이다보니 가격 책정에 서툴렀을 테고 결과적으로 동포에게 바가지를 씌운 꼴이 됐다.

일제의 고민은 먼저 설치는 친일파가 아니라 일반 민중을 어떻게 독려하는가였다. 도리 없이 일제는 국민정신총동원조선연맹의 하부 조직인 애국반을 통해 가가호호 창씨를 독려하는가 하면 창씨 선전지도층 명사들 가운데는 본의 아니게 창씨개명의 모델 노릇을 한 이들도 있었다. 창씨를 해주는 작명소가 이들의 일본식 이름을 광고에 써먹은 것이다.

팸플릿을 25만 부나 찍어 각 관청과 학교에 배포했다. 또 창씨 상담소를 개설하고 강연회, 좌담회도 수시로 열었다. 할 수 있는 방법은 모두 동원했다.[17]

그래도 씨가 먹히지 않았던지 일제는 창씨하지 않은 사람에게 치졸한 방식으로 불이익을 주었다. 자녀의 입학과 진학을 막는 건 물론이고 총독부 관계기관에서는 직원으로 채용하지도 않았다. 심지어 멀쩡하게 일하는 사람을 파면하는 경우도 있었다. 비국민 또는 불령선인으로 몰아 사찰과 미행을 했고 노무 징용 우선 대상자로 분류했다. 식량과 물자보급 대상에서도 제외했다.

어린 학생들의 가슴을 멍들게 하는 짓도 서슴지 않았다. 창씨하지 않은 국민학생의 머리에 먹으로 X표를 해서 돌려보냈고, 제멋대로 창씨를 해서 불러놓고는 학생이 대답하지 않자 구타하는 사례도 있었다.[18]

이쯤에서 따져봐야 할 것은 창씨와 개명이 도대체 무엇이냐는 것이다. 창씨개명은 온 나라를 발칵 뒤집어놓았지만 당시 신문조차 그 내용을 제대로 파악하지 못했다. 창씨개명을 적극적으로 도왔던 친

창씨개명 참여 실적이 저조하자 일제는 온갖 수단을 동원해 사람들을 압박해 나갔다. 각종 조직을 동원해 창씨개명을 독려했다. 사진은 서울 남대문 역 앞에서 창씨개명을 한 노인들을 대상으로 공짜 여행을 보내 주는 광경.

일단체 녹기綠旗연맹조차 "이 씨氏제도를 정확히 이해한 자가 적어 찬성하는 자는 오해하여 찬성하고, 불복하는 자 역시 오해하여 반대한다."고[19] 한탄했을 정도다.

그렇다면 창씨의 씨氏는 무엇일까? 일본의 씨는 같은 호적에 속해 있는 친족집단, 즉 가家를 일컫는 말이다. 예를 들어 하시모토 히로코란 여성이 야마다 타로우와 결혼하면 야마다 가에 들어오게 되면서 씨가 바뀌어 야마다 히로코가 된다.[20] 양자가 들어올 때도 사정은 마찬가지다. 따라서 같은 호적에 오른 사람들은 모두 같은 씨를 갖게된다. 일본의 씨는 혈연보다는 같은 호적에 들어 함께 사는 사람을 아우르는 개념이다. 성姓과 구별하지 않고 쓰는 조선의 씨와는 다른 것이다.

결국 창씨의 골자는, 호주와 가족 전원에게 부여되는 가家의 명칭

즉 일본식 씨가 조선에 없으므로 새로 창설하라는 것이었다. 원래 있던 성을 없애거나 바꾸는 게 아니었다. 호적부에는 본래의 성과 본관을 따로 기재하게 했던 것이다.[21]

호적에 성과 본관을 기록하게 했으니 그나마 다행이라고 생각하면 착각이다. 일제는 쥐 입장을 생각해주는 사려 깊은 고양이가 결코 아니었다. 입만 뻥끗하면 내선일체를 운운하던 일제였지만 속으로는 일본인과 조선인이 아무런 구별 없이 하나가 되는 것은 원치 않았다.[22]

결론적으로 창씨개명은 조선의 관습법상의 성보다 법적 구속력이 강한 일본의 성문법상의 씨를 법률명에 적용함으로써 조선인의 호칭 질서를 일본적인 씨명으로 바꿔버리려 했던 것이다.[23]

그렇다고 일제가 단순히 호칭 질서를 바꾸기 위해 골치 아프게 난리굿을 벌인 건 절대 아니었다. 훗날 도입하게 될 징병제의 근거자료를 확보하고자 창씨개명을 시행했던 것이다. 실제로 1942년, 조선에 징병제가 도입됐을 때 창씨개명으로 얻은 자료는 조선인들을 전쟁터로 보내는 데 큰 역할을 했다.[24]

일제는 이미 메이지유신(1853~1877) 때 일본 본토에서 창씨개명을 통해 징병제의 근거자료를 확보한 바 있었다. 1875년까지만 해도 인구의 95%가 성을 갖고 있지 않던 일본은 포고령을 통해 성을 짓게 했다. 그 바람에 어떤 어촌에서는 물고기 이름을, 어느 농촌에서는 야채 이름을 모든 주민들이 갖기도 했다.[25]

창씨는 했으나 이름名이 여전히 조선식으로 남아 있는 이들에게 일본식으로 이름을 바꾸도록 한 것이 개명이다. 총독부는 '모처럼 내지인식으로 씨를 만들었어도 명이 본래대로라면 대나무에 나무를 붙여놓은 격'이라며 '당연히 이름도 내지인식으로 변경해야 한다'고 독려했다.[26] 창씨와 달리 개명은 법적 강제조항은 아니었지만 조선인들이 일본풍으로 씨명을 변경하도록 유도하기 위해 법적 장치를 고안해낸 것이다.[27]

정책 내용을 정확하게 알지 못했으니 창씨개명을 '제대로' 하는 것은 쉽지 않은 일이었다. 일본성명학관은 그 틈을 파고들어 창씨개명 가이드북을 내놓고는 수시로 광고를 해댔다.

절대한 성명개운법에 의하야 일가의 행복 번영을 바라는 사람은 오라 인생 일대의 길흉운세를 좌우하는 성명을 선정하려면 신중히 연구한 후 개명 또는 명명할 것.

일본성명학계의 제일인자인 증전유언增田儒彦이 다년 간 연구 끝에 출간했다는 이 책은 '천天 지地 인人 3권에 성명 역학의 비법을 초심자도 용이히 이해 응용할 수 있도록 했다'고 강조했다.

친일단체인 녹기연맹도 창씨개명의 입문서로 《누구나 알 수 있는 씨 해설》을 출간했는데 날개 돋친 듯이 팔렸다. 창씨 정책이 실시된 지 한 달 만에 무려 19판을 찍을 정도였다.[28]

창씨 안내서가 출간됐지만 조선인들은 자기 나름의 창씨 방식을 찾아냈다. 대부분은 한 자짜리 성을 두 자로 바꾸는 것이었다. 원래의 성을 새로운 씨 속에 넣거나 아니면 본관을 넣는 방식이었다. 민족의식과 종친의식을 없애려 한 창씨개명 정책이 오히려 본관을 씨에 넣는, 종친의식이 강화된 일본식 씨를 갖게 한 것이다.[29]

창씨는 친족회의나 직장 등에서 무리하게 이루어졌는데 그 유형이

작명소 광고 외에도 창씨개명 입문서를 소개하는 광고가 등장했다.

천차만별이었다. 대표적인 유형 몇 가지를 살펴보자.

- 원성을 나타낸 것: 김金-金山 金海, 이李-李家 박朴-朴原 등.
- 본관을 그대로 사용한 것: 풍천 임任-豊川, 우봉 이李-牛峰, 평산
  신申-平山 등.
- 본관에서 한 자를 취하거나 본관의 옛 지명을 쓴 것: 풍양 조趙-豊
  田 단양 우禹-丹山.
- 시조始祖의 이름에서 글자를 따거나 시조에 얽힌 전설 혹은 선조의
  이름, 호, 고사에서 취한 것: 裵-武本(시조 무열공에서) 밀양 박朴-
  新井(시조인 박혁거세가 우물에서 태어났다는 전설).[30]

물론 순일본식으로 바꾸거나 이름에 자신의 포부와 각오를 담은 경
우도 많았다. 한국 최초의 산문시 〈불놀이〉를 썼고 〈조선일보〉와 〈동

아일보〉의 편집국장을 지낸 친일파 주요한은 일본의 조국 정신인 팔
굉일우八紘一宇를 따다가 송촌굉일松村紘一로 지었다. 영문학자 최재
서는 '돌밭을 갈아 만든다'는 뜻의 석전경조石田耕造를, 한국 최초의
서사시 〈국경의 밤〉을 쓴 파인 김동환은 '태백산의 푸른 소나무'란 뜻
으로 백산청수白山靑樹를 썼다.[31]

창씨에는 금기사항도 있었다. 조선인은 역대 일본 황제의 휘諱와 명
名을 씨 또는 명으로 사용하지 못하게 했다. 명치, 유인이라는 씨명이
그것이다. 궁호, 왕공족의 칭호 · 신사명, 역사상 유명한 현관현신의
씨도 못 쓰게 했다.[32] 이를 모르고 어느 학생이 일본 황족 약송궁若松宮
의 약송을 씨로 하고 천황 유인裕仁의 인을 취해 약송인若松仁으로 창
씨개명했다가 불경죄로 체포되기도 했다.[33]

원래 성을 그대로 유지한 경우도 있었다. 조선 왕가는 성이 없는
일본 황실의 황족 대우를 받아 창씨하지 않았다. 친일파 거두였던 한
상용(중추원 고문), 박흥식(화신백화점 사장), 박춘금(대의사), 김대익(경
북도지사) 윤덕영(귀족원 의원) 등은 원래 이름을 유지했다. 창씨를 강
제로 이행하지 않는다는 것을 보여주기 위한 시범 케이스였다.[34]

총독부의 닦달로 법정 기간 동안 창씨한 호수는 322만 693호로 전
체(400만 8,925호)의 80.3%에 달했다. 그러나 '새로운 씨를 계출하지
않을 때에는 호주의 성을 씨로 한다'는 조항에 따라 원래의 성을 씨로
삼았기 때문에 결과적으로는 100% 창씨가 됐다.[35] 호주의 성이 김인
가家는 신고를 하지 않더라도 그 가족 성원 전원의 씨가 김이 된 것이
다. 호주의 아내 이름이 이 아무녀였으면 김 아무개가 됐다는 얘기다.

창씨개명은 씨를 만들고 이름을 바꾸는, 겉으로 보기엔 간단한 정

책 같지만 한민족의 혼을 뿌리째 뽑기 위해 일제가 강요한 무서운 정책이었다. 그 독성은 끈질기게 살아남아 21세기 대한민국을 뒤흔들었다. 미쓰 구니오重光國雄와 다카키 마사오高木正雄로 각각 창씨개명한 선친들의 전력 때문에 열린우리당 의장이었던 신기남 의원이 의장직을 내놓았고, 한나라당 박근혜 대표가 또다시 고통을 받았다. 국민들은 그들의 부친이 일본군 헌병과 장교로 복무한 전력보다는 일본식 이름이 풍기는 이질감에 더 충격을 받았다. 한 시대의 광기가 빚은 악몽은 이리도 질기고 섬뜩한 것이었다.

최근 들어 부모의 성을 함께 사용하는 사람이 늘고 있다. 이름을 붙이면 4자짜리 성명이 되는데 왠지 섬뜩한 느낌이 들곤 한다. 아마도 일본 이름 같은 냄새가 풍기기 때문이리라. 자라 보고 놀란 가슴 솥뚜껑 보고 놀라는 격이다.

1 김동호, '일제하의 창씨개명', 《친일파 그 인간과 논리》, 학민사, 1991년, p.300.

2 김동호, 위의 책, p.300.

3 정주수, 《창씨개명 연구》, 동문, 2003년, p.122.

4 최유리, 〈일제말기 식민지 지배정책 연구〉, 《한국근현대사연구》, 한울, 1998년 12월, p.28~
  29. 재인용.

5 김동호, 위의 책, p.290.

6 미야다 세츠코, '창씨개명의 실시과정', 《창씨개명》, 학민사, 1994년, p.70. 재인용.

7 미야다 세츠코, 위의 책, p.71.

8 홍일표, 〈일본의 식민지 '동화정책'에 관한 연구-창씨개명 정책을 중심으로〉, 서울대 대학
  원 석사논문, 1999년, p.76.

9 양태호, '창씨개명의 사상적 배경', 《창씨개명》, 학민사, 1994년, p.116. 재인용.

10 양태호, 위의 책, p.116~117. 재인용.

11 김동호, 위의 책, p.293.

12 김동호, 위의 책, p.292.

13 김동호, 위의 책, p.292.

14 윤치호, 《윤치호 일기 1916~1943 : 한 지식인의 내면세계를 통해 본 식민지 시기》, 역사비
  평사, 2001년, p.452~465.

15 정운현, 《창씨개명》, 학민사, 1991년, p.305.

16 이규태, 《오로지 교육만이 살 길이다》, 조선일보사, 2001년, p.38.

17 김동호, 위의 책, p. 292.

18 김동호, 위의 책, p.295.

19 장미화, 〈일제 말기 황민화 정책과 창씨개명〉, 서강대 대학원 석사논문, 1999년, p.39.

20 장미화, 위의 논문, p.40

21 장미화, 위의 논문, p.42.

22 장미화, 위의 논문, p.42.

23 장미화, 위의 논문, p.50.

24 김동호, 위의 책, p.287.

25 장미화, 위의 논문, p.54.

26 홍일표, 위의 논문, p.74. 재인용.

27 김영달, '창씨개명의 제도', 《창씨개명》, 학민사, 1991년, p.65~67.

28 양태호, 위의 책, p.129~130.

29 장미화, 위의 논문, p.67.

30 김동호, 위의 책, p.300.

31 김동호, 위의 책, p.298.

32 김동호, 위의 책, p.289.

33 김동호, 위의 책, p.300.

34 김동호, 위의 책, p.299.

35 홍일표, 위의 논문, p.91. 재인용.

좌쌕린씨의 눈물과 웃음,
거리의 등불은 빛난다

✽ ✽ ✽

"자아, 어서 오십쇼. 재미있고 신기한 활동사진이 나왔습니다. 활동사
진을 보시면 2전씩 거저 드립니다."

1900년대초 서울 구리개(현재 을지로입구) 영미연초회사 벽돌창고 앞.
사내 한 명이 길거리에서 목에 힘줄을 세웠다. 그러나 행인들은 힐끔
쳐다보곤 제 갈 길을 갔다. 활동사진이란 게 뭔지도 몰랐거니와 행인
들에게 아무런 이유도 없이 2전을 주는 세상이 아니었다.

"여보시오, 활동사진이란 게 대체 뭐요?"

고양이처럼 호기심을 드러내는 이라도 나타나면 사내의 목소리에 생
기가 돌았다.

"사진이 움직이는 겁니다요."

"거, 말이 되는 소릴 하쇼."

"백문이 불여일견 아닙니까. 일단 한번 보십시오. 밑져야 본전이라는데 2전까지 드리니까요."

안종화 감독이 집필한 《한국영화측면사》의 첫 대목을 재구성한 내용이다. 궐련 담배를 팔던 영미연초회사는 담배 홍보를 위해 이렇게 활동사진을 무료로 상영했다. 영화 보여주는 걸로는 부족했던지 관객에게 돈까지 쥐여주었다. 효과는 100점 만점이었다. 며칠 지나지 않아 연초회사 창고는 사람들로 복작거렸다.

수요가 늘면 가격은 오르는 법이다. 2전씩 거저 주면서 무료로 활동사진을 보여주던 이 업체는 재빠르게 광고문을 바꾸었다.[1]

내일부터 관람을 희망하시는 분은 본사 제품의 연초 공갑 한 갑씩을 지참하여 주시기를 바라나이다.

무료 상영회가 인기를 끌자 담배회사가 요구하는 빈 담뱃갑은 금세 열 갑으로 늘어났다. 담뱃갑을 열 장이나 모으는 건 그리 쉬운 일이 아니었다. 너도나도 담뱃갑을 찾는 상황이 됐기 때문이다. 영화를 보려면 도리 없이 담배를 사서 피우는 수밖에 없었다.

영미연초회사는 〈황성신문〉에 광고를 냈다. 담뱃갑을 가지고 온 사람은 '프랑스法國 파리巴京에서 새로 구입한 활동사진'을 무료로 보여준다는 내용이었다. 담배 가격에 따라 지참해야 하는 빈 갑 수는 달랐다. 제일 싼 복표는 무려 20갑을, 인물표는 10갑, 자전거표는 5갑을 가져와야 했다.

영화가 한반도에 처음 소개된 것은 1890년대지만 일반 대중에게

활동사진이 처음 들어왔을 때는 무료 상영회가 많았다. 영화를 판촉 수단으로 활용한 라이온치마의 광고.

알려진 건 1903년 6월 무렵이었다.[2] 당시 서울의 전차 가설 공사를 맡았던 한성전기회사(한미전기회사로 개칭)가 동대문 근처에 있는 전차 차고 겸 발전소 부지에서 영화를 상영했다. 인부들을 격려하기 위해 상영하던 영화를 일반인에게도 개방한 것이다.[3]

한성전기회사는 1904년 9월 어느날 〈대한매일신보〉에 광고를 실었다.

활동사진전람소는 동대문 안에 있사옵고 일요일 외에는 매일 밤에 여덟시부터 열시까지 하옵고 전람대금은 하등에 십전이오 상등에 이십전이옵고 매주일에 사진을 딴 것으로 다 바꾸는데 서양사진과 대한과 온동양 사진인데 대자미있고 구경할만한 것이오니 첨군자에게 값도 싸고 저녁에 좋은 소일거리가 되겠삽.

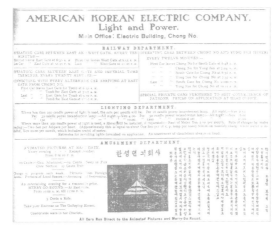

한성전기회사는 전차 차고에서
인부들을 위로하기 위해 영화
를 상영했다. 일반인도 입장료
만 내면 영화를 볼 수 있게 하
면서 사람들이 몰려들기 시작
했다.

　　스크린과 영사 장비 등 간단한 설비만 갖춘 야외극장이었지만 관
객들이 물밀듯이 밀려들었다. 매일 저녁 입장료 수입이 100원에 달
했다. 한 사람 입장료가 10전씩인 것을 감안하면 줄잡아 1,000여 명
의 관객이 몰려온 셈이다. 서울 인구가 20만 명 정도였으니 엄청나게
많은 숫자였다.[4]

　　상영된 필름은 대부분 50~100피트 내외의 짧은 실사 작품들이었
다.[5] 화질, 내용 모두 조잡했지만 당시 관객들에게 영화는 충분히 공
포스러운 것이었다. 화차(기차)가 달리는 장면을 본 관객들은 스크린
에서 화차가 뛰쳐나올까 두려워 아우성을 쳤다. 근대 문명의 중심지
였던 파리 시민들도 1898년 뤼미에르 형제의 기차 영화를 보고 화들
짝 놀랄 때였으니 근대 문명의 변방이었던 조선 관객들의 소동은 어
쩌면 당연한 것이었다. 영화가 끝나고 불이 켜지면 관중들은 무대로
몰려들었다. 조금 전에 본 화차와 사람들이 어디서 어떻게 나타난 건

야간에 야외에서 간단한 영사장비로 영화를 상영했지만 1,000명이 넘는 사람들이 찾아왔다. 서울 인구가 20만명 정도였으니 굉장히 많은 숫자였다.

지 궁금했던 것이다. 옥양목으로 된 스크린을 들춰보기도 하고 두드려보기도 했다.[6] 도깨비 장난에 홀려도 단단히 홀린 느낌이었으리라.

야외 상영장으로 출발해 관람시설을 확충해간 이 영화관은 1905년 무렵 '동대문 활동사진소'로, 1907년에는 '광무대'라는 전문극장으로 변해갔다. 이때를 전후해 전통 연희를 공연하는 연흥사, 장안사, 단성사 등 근대식 극장도 잇따라 생겼다.

서울 신문로 외곽의 어느 벽돌집에서 영화를 상영한 프랑스인 마당Martin이 1907년 〈대한매일신보〉에 실은 영화광고를 보면 관람료가 상등 30전, 중등 15전, 아해 10전이었다. 상등 관람료가 신문 한달 구독료에 버금간 것으로 볼 때 영화는 부유층의 전유물이었다.[7]

당시 극장에서 영화는 중심 프로그램이 아니었다. 판소리, 탈춤, 창극, 연극, 곡예 등이 중심 프로그램이었고 영화는 사이사이에 잠깐 잠깐 보여주었다. 영화는 2~3분짜리가 대부분이었다. 10여 편을 상영해도 고작 30~40분밖에 걸리지 않았다.[8] 짧은 상영시간에 입장료(15~30전)를 받아먹기는 곤란해 공연을 곁들이지 않을 수 없었던 것이다.[9]

'근대의 공간' 극장에서 초기 영화는 중심 프로그램이 아니었다. 상영시간이 짧았기 때문이다. 그 자리를 기생들이 전통 공연으로 채웠다.

영화가 극장의 중심 레퍼토리로 정착한 것은 경성고등연예관이 생기면서부터다.[10] 1910년에 조선 최초의 영화 상설극장으로 태어난 경성고등연예관은 영화를 열망하는 관객의 갈증을 풀어주겠다는 듯이 1회 상영에 13~15편을 집중 편성했다. 그 대신 입장료를 큰 폭으로 올렸다. 특등석은 극장 입장료로는 가장 비싼 1원을 받았다.[11]

영화 상설극장이 생겼다고 해서 극장에서 영화만 상영한 것은 아니었다. 대표적 극장인 단성사 같은 곳에서도 각종 공연이 활발하게 벌어졌다. 〈매일신보〉 1912년 4월 23일자에 실은 광고는 '공전 절후의 기생가무'란 제목을 붙일 만큼 공연에 대한 의존도가 높았다.

본사에서 종전의 기생가무를 일신 개량하여 문예적 신연극으로 흥행하오니 첨군자 귀부인은 일차 청람하심을 복망.

당시 극장들은 장편영화 한 편을 연작 시리즈처럼 여러 편으로 잘라 상영했다. 영화 제목 아래에 붙어 있는 숫자는 몇 번째 필름인지를 표시한 것이다.

1919년 4월 20일자 광고도 '대여흥' '장관'이란 말을 써가며 서양 무용수와 연주단, 서커스 동물의 사진을 실었다. 활동사진은 두 편의 제목만 곁다리로 붙였다.

당시 상영된 영화는 비교적 다양했다. 우미관에서 무료 상영회를 연 라이온치마 사의 광고가 보여주듯 사극, 교훈, 실사, 기술奇術, 골계滑稽, 군사, 비극 등 가지가지였다. 장편영화는 1910년대 중반 이후에나 드문드문 수입됐는데 네 시간짜리 이탈리아 영화 〈쿼바디스〉 등이 속속 선보였다.[12]

이채로운 것은 장편영화 한 편을 연작 시리즈처럼 여러 편으로 잘라 상영했다는 사실이다. 〈매일신보〉 1928년 12월 1일자를 보면 영화 작품 아래에 자그마한 숫자가 붙어 있는데 그것이 바로 몇 번째 필름 인지를 표시한 것이다. 사정이 이렇다보니 관객들은 내용이 다른 여러 편의 토막 영화를 잇따라 봐야 했다.[13] 한 편의 영화를 모두 보기까지 수 차례나 영화관을 찾아야 했던 것이다. 스토리가 꽈배기처럼 꼬였을 텐데 그때 관객들은 머리가 좋았던 것일까.

한국영화의 계보를 따지는 건 이 책의 관심사가 아니지만 꼭 짚고 넘어갈 게 있다. 연극과 영화가 짬뽕이 된 연쇄극이다. 연쇄극은 연극 무대에서 표현할 수 없는 정경과 극적 장면을 촬영해두었다가 연극 도중에 상영하는 퓨전 형식이었다.

이해를 돕기 위해 상황을 설명하면 이렇다. 무대에서 연기를 하던 등장인물이 급히 퇴장하면 함께 연기하던 배우가 뒤따라간다. 이때 호루라기 소리가 나면서 무대 위에서 스크린이 내려온다. 그 스크린에는 활동사진이 비치는데 방금 무대에서 본 배우들이 등장한다. 먼저 퇴장한 배우가 대기시켜 놓은 자동차를 타고 질주하면 그 뒤에 퇴장한 배우도 어디서 구했는지 자동차를 타고 뒤를 쫓는다. 마침내 뒤차가 앞차와 바짝 붙게 되면 두 사람이 격투를 시작한다. 이때 다시 호루라기 소리가 나면서 스크린이 무대 위로 말려 올라간다. 그러면 무대에서는 방금 전의 영화 장면이 이어져 두 배우들이 격투를 벌인다. 요컨대 연극이 영화로, 다시 연극으로 바뀌었던 것이다.[14]

연쇄극의 첫 작품은 신파극단 '신극좌'(대표 김도산)가 제작한 〈의리적 구토〉였다. 신극좌는 1919년 10월 27일 단성사 개봉에 앞서 광고를 냈다. 조선에 활동연쇄극이 없어서 항상 유감스럽게 여기다 5,000원의 거액을 들여 〈의리적 구토〉를 찍게 됐다는 내용이었다. 광고는 또 한강철교, 장충단, 청량리, 노량진, 전차, 기차 등 촬영 장소를 경성의 명승지라며 일일이 열거했다. 당시만 해도 흔치 않았던 야외촬영을 자랑한 것이다.

〈의리적 구토〉는 한국인이 만든 첫 영화라고 소문나면서 관객들에

연극과 영화가 뒤섞인 연쇄극은 관객들에게 인기를 끌었다. 특히 〈의리적 구토〉란 작품은 한국인이 만든 첫 영화라고 소문나면서 대박 행진을 이어갔다.

게 뜨거운 반응을 얻었다. 특등석 입장료가 1원 50전으로 비쌌지만 첫날부터 관객이 몰렸다. 닷새만 공연하려던 것을 이틀이나 연장공연하게 되자 〈매일신보〉는 '초저녁부터 조수 같이 밀리는 관객으로 만원이 됐다'며 '권번의 기생이 무려 200여 명이나 왔다'고 보도했다. 강제규 감독의 〈태극기 휘날리며〉 못지않은 대박이었던 것이다.

초창기 연쇄극에서 연극의 배경 정도로만 처리되던 영사 화면은 갈수록 늘어났다. 점차 스토리 요소까지 담아내면서 현대식 영화를 싹틔울 맹아가 되어간 것이다. 권선징악을 테마로 한 신파극이[15] 대부분이던 연쇄극은 현대적인 영화 형식을 제대로 갖춘 극영화 〈국경〉이 1923년 1월 발표된 뒤로는 거의 사라졌다.[16] 연쇄극의 흔적은 이제 완전히 사라졌지만 한국 영화계는 연쇄극을 지금까지 후하게 모시고 있다. '영화의 날'을 최초의 연쇄극 〈의리적 구토〉가 처음 공연된 10월 27일로 정한 것이다.[17]

경성의 영화관은 일본인 입국자가 늘어나던 1910~1920년대에 지역적으로 양분되었다. 청계천을 중심으로 종로 일대의 북촌과 일본인들이 몰려살던 진고개(충무로) 주변의 남촌으로 나뉜 것이다. 종로 쪽에서는 우미관, 단성사, 조선극장이 조선인 관객을 놓고 삼파전을 벌였고 남촌에서는 을지로 쪽의 황금관, 대정관 같은 극장들이 일본인 관객을 끌었다. 극장들이 관객을 구분해서 받은 건 아니었다. 영화를 설명하는 변사들이 조선인과 일본인으로 나뉘다보니 자연스레 관객도 갈라졌다.[18]

영화가 한반도에서 근대의 총아로 자리잡기까지 변사의 역할은 대단했다. 스크린, 배우, 악단, 관객을 통솔해가며 영화 문화를 이끌어간 것이 변사다.

변사는 경성고등연예관이 개관하면서 전문 직업인으로 등장했다.[19] 이들은 대개 스크린 왼쪽에 있는 1인용 탁자에 앉아 스탠드나 손전등으로 설명 대본을 비춰가며 영화 내용을 풀어주었다.[20] 영화의 내용과 등장인물을 소개하는 업무 못지않게 중요한 것이 분위기 띄우는 일이었다. 악대의 연주가 흘러나오면 변사는 모닝코트나 프록코트를 입고 박자에 맞춰 뿡뿡이 춤을 추며 등장했다.[21] 관객의 흥미를 끌자면 우스개도 필수였는데 말재주에 따라 관객 수가 오락가락했다. 광고에서 아무개 변사 독연獨演(영화를 여러 변사가 분담하지 않고 혼자서 전편을 도맡는 것)이라는 글자가 주연배우 이름보다 크게 날 정도였다.[22]

변사 중의 변사는 단연 서상호였다. 〈매일신보〉 1920년 8월 16일자 광고는 그의 얼굴 사진을 박아넣어 흥행몰이를 했다. 그의 인기가 얼마나 대단했던지 〈동아일보〉 1925년 12월 13일자는 방탕한 생활 끝에 이혼당한 사연을 비중 있게 다루었다.

한국영화사에서 변사의 역할은 지대했다. 변사 중의 변사는 서상호란 인물이었다. 그는 주연 배우보다 흥행에 더 영향력을 발휘했다. 주연 배우 사진은 없어도 그의 얼굴 사진은 광고에 등장했다.

변사의 인기는 월급이 입증했다. 일류 배우가 40~50원을 받던 시절 변사는 70~80원을 받았다. 일류 변사는 150원까지 받았다. 지방 극장에서 초빙할 경우는 거마비와 추가 비용을 챙길 수 있었다.[23] 장안의 기생들이 인기 변사를 차지하기 위해 무대 뒤에서 다투는 일도 허다했다.[24]

변사의 인기가 치솟자 일제는 변사를 통제하는 법까지 만들었다. 조선총독부가 흥행물 취체규칙을 만들면서 변사 자격시험을 치르도록 한 것이다. 경기도 경찰부가 1922년 치른 변사 시험에는 경성에서 활동하던 변사 60여 명이 응시했다. 당대의 슈퍼스타였던 변사의 사회적 영향력이 두려워 재갈을 물리고자 취한 조처였다.[25]

변사에 거는 관객들의 기대 수준은 갈수록 높아졌다. 필요 이상으로 말을 많이 하는 변사는 영화 감상을 방해한다고 비난했고 지적 수준이 좀 떨어진다 싶으면 야멸차게 외면했다. 해설이 마음에 들지 않

는다고 숯불덩이를 던진 관객이 있던 때였다.[26]

영화를 '보는 것'이 아니라 '듣는 것'으로 만들어버린 변사들은 표현 하나하나에 신경을 써야 했다. '자연의 의미와 우주의 이성이 아 슬프다'며 읊조리다가 엉터리 문자를 쓴다는 지적을 받기도 했기 때문이다. '마음자리'란 유행어를 자주 뇌까리던 변사는 마음돗자리라는 말인지 마음이 깔고 자는 자리인지 모르겠다는 비아냥을 들었다. 말끝마다 '하얏다' '하얏섯다'를 연발하는 변사는 처음 극장 가는 노인들이 대분노할 것이니 '하얏습니다' '하얏섯습니다'란 말을 쓰는 게 어떻겠냐는 충고를 듣기도 했다.

변사들은 1930년대 중반 유성영화가 수입, 제작되면서 자취를 감췄다. 유성영화가 본격적으로 등장한 것은 1927년이었으나 조선에서는 한동안 무성영화가 계속 제작되었던 것이다.[27]

조선인을 상대로 하는 극장들의 경쟁은 치열하기만 했다. 대대적인 신문광고와 부가서비스로 승부를 걸지 않을 수 없었다. 조선극장은 '고대하시는 우리의 선물'이란 카피로 이런 광고를 냈다.

기뻐하여 주십시오 여러분 앞에 감히 자랑코자 합니다. 영화 극계의 최고 권위를 잡고 있는 송죽 키네마 대정활영 회사의 특상품 영화를 특약하였습니다. 영화는 현대민중에게 가장 적절한 작품을 선발.
많은 희망과 깊은 포부를 끼고 예술의 저재市로 자임하고 현출한 우리 극장의 부르짖음을 헛되지 않게 하여주시오.

극장의 성패는 상영작으로 판가름나게 마련이어서 작품 유치에 혈안이 됐다. 단성사는 1934년 〈아가씨 시절〉이란 작품을 걸면서

조선인 극장들의 경쟁은 치열했다. 조선극장이 선보인 찰리 채플린의 작품 〈거리의 등불〉.

'십 년에 한 번 아니 이 작품은 영화 탄생 이래에 최대 걸작 전세계 여성의 심금을 두드리든 감격편'이라고 뻥튀기를 했다. '한 번 보면 두 번 두 번 보면 세 번 네 번이라도 보고싶어지는 영화'라고 한 것이다.

조선극장도 그해에 찰리 채플린의 〈거리의 등불〉을 야심작으로 내놓으면서 '촤쌴린씨가 짜내는 눈물과 웃음으로 거리의 등불은 빛난다'며 폼나는 카피를 달았다. '세계 영화의 명장 세계적 철인 찰스 촤쌴린씨'를 내세운 광고는 '낭비를 아끼지 않고 예술 지상주의의 과작가 촤쌴린씨가 실로 수년간 고심결정은 이것!'이라고 거품을 물었다.

색동회 회장을 지낸 청사晴史 조풍연은 극장의 경쟁 덕분에 극장 출입할 맛이 났다고 회고한 바 있다.[28] 단성사와 조선극장은 국판 8페이지짜리 영화 프로그램 안내서를 무료로 나눠주었다. 안내서는 영화의 줄거리와 해설, 스태프의 명단 소개에 다음 주 영화까지 예고해 영화 잡지 구실을 톡톡히 했다. 단성사는 12월 마지막 주일에 있는 개관일을 기념하기 위해 특선영화를 상영했으며 해당 주일에 오는 관객에게는 언제 써도 좋은 보너스 표를 한 장씩 더 주기도 했다.[29]

1920년대 중반 전국적으로 50여 개에 달한 영화관이 경성에만 10여 개로 늘어나자 극장주들이 모였다. 악대와 자동차를 이용하는 순회 가두광고는 하지 말자고 결의하기 위해서였다. '제 살 깎기' 경쟁을 자제한 것이다.

영화관 시설은 전반적으로 열악했다. 영사기가 하나뿐이어서 필름의 권이 바뀔 때마다 새로 갈아끼워야 했고 그러는 동안 영사는 중단됐다. 초기 필름은 모터가 아니라 영사 기사가 손으로 돌렸다. 기사들은 빠르게 혹은 느리게 돌리며 솜씨와 농간을 함께 부렸다. 긴박한 추적 장면은 빨리 돌렸고 해피 엔딩으로 끝나는 장면은 천천히 돌렸다. 극중 인물의 동작이 느려지면 관객은 영화가 끝났다는 것을 알고 일어섰다. 1925년께 슬로모션이 등장했을 때도 대부분의 관객은 그런 장면을 영사 기사가 기계를 천천히 돌리는 것으로 알고들 봤다.[30]

객석 사정은 끔찍했다. 경성의 관철동 번화가에 위치한 우미관은 터를 아끼느라 그랬는지 객석 옆에 변소를 붙여놓아 지린내가 왕동했다. 객석이 다 차면 하는 수 없이 양쪽 변소 앞에도 관객을 앉혔으니 죽을 맛이었을 터이다. 단성사도 사정은 비슷했다. 화장실과 객석이 조금 떨어지기는 했지만 지린내와 소독약 냄새를 피할 수는 없었다. 조선극장은 그나마 복도를 사이에 두고 변소가 있어 냄새가 심하지는 않았다.[31]

극장들은 영화 프로그램 안내서를 무료로 나눠 주면서 관객 잡기에 혈안이 됐다. 이 안내서는 영화 잡지 구실을 톡톡히 했다.

'장안사 표 파는 옆에 있는 변소야말로 참 기다나이다. 오줌이 막 흘러서 사람 다니는 길로 흘러내리는데 제일 냄새 때문에 죽겠어요 그것은 위생방해 아닌가' 란 독자 투고가 〈매일신보〉 1914년 3월 15일자에 실릴 정도였으니 마스크 장수가 있었으면 돈 좀 벌지 않았을까 모를 일이다.

김정환의 《원각사의 규모와 구조》를 봐도 초기 극장의 내부 시설을 짐작할 수 있다.

…… 극장에 들어갈 때 모두 신발을 맡기고 신발표를 탔으나 서민층들은(신발을 평시에도 신지 않은 이가 많았다) 그런 혜택도 받지 못하고 출입하므로 발을 옮길 때마다 흙이 수를 놓아 그 얼마 후부터는 그런 사람에겐 우물에서 씻고 난 후에야 들어가게 했다는 웃지 못할 희극이 있었다더군.[32]

얼마나 더러웠으면 경찰서가 하절기마다 극장을 전염병의 온상으로 지목하고 위생검사를 실시했을까.[33] 좁은 공간에 수백 명의 관객

1912년 개관을 알리는 대정관의 신문 광고. 냉난방 시설과 환기 시설이 없는 조선인 극장과는 비교가 안 될 정도로 위생 시설을 제대로 갖춘 근대의 극장이었다.

이 빼곡히 들어차는 것부터 문제였다. 냉난방 시설은커녕 변변한 환기 시설, 변소, 쓰레기통도 없었다. 관객, 극장 직원 모두 위생관념이 없어 담뱃재, 가래침, 먼지가 켜켜이 쌓이고 검불이 사방에 흩어져도 좌석 밑으로 쓸어넣으면 그만이었다.[36]

그러나 일본인들이 가는 극장의 사정은 달랐다. 대정관은 1912년 신축 개관을 알리는 광고에서 설비 내역을 자세히 실었다. '건축의 장려', '내부의 완전', '장식의 미려'란 말로 치장한 이 극장은 '위생설비의 정연한 사항이 사계에 대한 원조'라고 자신했다. '관내에는 끽다실 매품부 끽연실 화장실 운동장을 설치하고 한난은 난로와 선풍기를 갖춰 조화케 하여 관객을 맞는다'고 한 걸 보면 제법 근대적인 시설을 갖춘 모양이다.

객석에서 공중도덕은 찾아보기 힘들었다. 영화 상영 도중에도 버젓이 담배를 피워물었고 관객을 찾는 전화라도 올라치면 당사자의 이름을 큰 소리로 불렀다.[37]

좌석은 여간 불편한 게 아니었다. 경성고등연예관은 이층은 일본식 다다미를, 하층은 널판 의자를 썼다. 반면 단성사와 우미관은 호떡집 걸상으로 좌석을 마련했다. 조선극장 역시 긴 벤치를 사용했다. 2층 전면의 특석은 의자석으로 꾸며 1원씩 받았다. 보통석(30전)의 세 배가 넘는 가격이었다.

'남녀 7세 부동석'이란 시스템은 극장 좌석에까지 그대로 적용됐다. 단성사는 초기에 여성 관객과 남성 관객을 2층과 1층 또는 별실 등으로 분리해 앉혔다. 인천의 신포동에 있던 표관이란 공연장은 남자는 왼 편 줄에, 여자는 오른 편 줄에 앉도록 엄중하게 구분했다.[38]

'남녀 분리 정책'에는 고지식한 지식인들의 심통이 반영된 것 같다. '밤마다 몇백 명씩 모여 어깨를 서로 비비고 기운을 서로 통하는' 모습이 마뜩찮았는지 남녀의 좌석을 구분하지 않은 것을 지적하는 기사를 신문에 실었다.[39] 실제로 1910년대 극장과 관련된 신문기사 가운데는 각양각색의 이성애적 관계를 고발하는 것이 많았다. '대개 음부 탕자가 모여들어 일반 관람석에서 풍속을 문란케하는 행동이 심히 해괴한데, 이층 변소에서 짐승 같은 남녀가 비루한 행동을 한다'고 고발한 기사가 그런 것이었다.[40] 남녀의 사랑 행위를 짐승의 행동으로 몰아붙이는 것이 당시의 정서였다. 키스 장면을 보던 관객이 부인석에서 한숨 소리를 내자 경악할 일이라고 호들갑을 떠는 게 기자들의 시각이었다. 비난 여론이 부담스러웠는지 일제는 1915년엔 객석을 남녀용으로 구분하고 엄중 취체한다는 방침을 정했다.[41] 남녀 커플들의 영화관 데이트에 비상이 걸린 것이다.

관객들은 천방지축으로 날뛰는 임검경찰의 행패도 영화를 보기 위해 감수해야 했다. 검은 정복 차림에 칼까지 찬 경관은 밀치고 들어오는 조선인 관객에게 거리낌 없이 반말과 욕설을 던졌다.[35] 그들은 좌석이고 변소고 할 것 없이 어느 곳이든 고압적으로 단속했다. 절도, 소매치기, 분실사고가 극장에서 수시로 일어났기 때문이다.

1919년 우미관에서 금시계 분실사건이 일어났을 때는 임검경찰 외에 형사들이 출동해 수백 명의 관객을 붙잡고 일일이 신체검사를 하는 일도 벌어졌다.[36] 망둥이가 뛰니까 꼴뚜기도 뛴다고 일본인 극

관객들의 무분별한 극장 출입은 지식인들에게 비판의 표적이 됐다. 특히 유행처럼 번진 중학생들의 극장행은 따가운 눈총을 샀다.

장 사무원들도 조선인 관객을 함부로 대했다. 돈을 내고 욕설, 구타, 불시 검색을 당하면서도 거부할 수 없었던 게 바로 영화였다.

사정이 이렇다보니 극장 출입 자체를 비난하는 기사도 자주 나왔다.

울긋불긋 비단옷을 말쑥하게 닙은 후에 연극장에 들어가서 분뒷박을 내두르며 낙시눈을 떠가지고 셔방질에 자미나서 집안일은 아니보고 음심탕정장중하야 양풍미속 괴란하니 뎌런 못된 화냥년들 즉각내로 초대하라.

〈대한매일신보〉는 1910년 3월 3일 자에서 극장에 다니는 자들을 이처럼 음부탕자에 화냥년이라고 몰아세웠다. 영화와 함께 보여준 공연 중에 남녀상열지사나 성희 만담을 소재로 한 것을 지적한 것이다. 그 바람에 "활동사진이 극히 정미하고 처소도 화려해서 매야 남녀 관객이 답지했다."는 찬사를 듣던 우미관도 억울하게 부랑한 자의 집회소란 소리를 들어야 했다.[42]

극장과 영화 관람이 비판의 표적이 된 것은 위태위태한 시국에도 구경거리만 쫓아다니는 관객들의 태도 때문이었다.[43] 서구의 근대문명과 생활방식, 문화를 소개하는 교재로 받아들이고 싶었던 영화가 단순한 오락거리로 전락해가자 지배 계층이 경계의 목소리를 낸 것이다.

영화관 시설이 신통찮았고 극장문화를 비판하는 목소리가 높았지만 영화의 인기는 수그러들지 않았다. 1922년 경성에서 상영된 활동사진의 흥행일수는 2,566일에 관객수는 96만 1,532명이나 됐다. 경성 인구를 26만으로 잡으면 1인당 4일에 한 번꼴로 영화를 본 셈이다.[44] 전쟁에 돌입한 1942년의 통계치를 봐도 경성 사람들 100명 중 72명이 1개월에 한 번꼴로 영화관을 찾았으니[45] 가히 영화의 전성시대라 할 만했다.

1 안종화, 《한국영화측면비사》, 춘추각, 1962년, p.20.

2 조희문, 〈무성영화의 해설자, 변사연구〉, 《영화연구》, 한국영화학회, 1997년 12월, p.120.

3 조희문, 〈영미연초회사와 한성전기회사의 영화 상영에 대한 고찰〉, 《한국영화의 쟁점 1》, 집문당, 2002년, p.56.

4 조희문, 〈초창기 한국영화사 연구 : 영화의 전래와 수용(1896~1923)〉, 중앙대 대학원 박사논문, 1992년, p.40.

5 조희문, 위의 논문, p.50.

6 안종화, 위의 책, p.24~25.

7 유선영, 〈한국 대중문화의 근대적 구성과정에 대한 연구-조선후기에서 일제시대까지를 중심으로〉, 고려대 대학원 박사논문, 1992년, p.203~204.

8 유선영, 〈극장구경과 활동사진 보기: 충격의 근대 그리고 즐거움 훈육〉, 《역사비평》, 2003년 가을, p.371.

9 조희문, 〈무성영화의 해설자, 변사 연구〉, p.127.

10 조희문, 위의 논문, p.104~106.

11 조희문, 〈극장-한국영화의 또 다른 역사〉, 《영상문화정보》, 한국영상자료원, 2001년, p.26.

12 남돈우, 〈일제하 민족영화에 관한 연구〉, 중앙대 석사논문, 1992년, p.22

13 조풍연, 《서울잡학사전》, 정동출판사, 1989년, p.248.

14 조풍연, 위의 책, p.222.

15 조희문, 〈연쇄극 연구〉, 《영화연구》, 한국영화학회, 2000년 2월, p.84~85.

16 남돈우, 〈일제하민족영화에 관한 연구〉, 중앙대 대학원 석사논문, 1992년, p.22.

17 조희문, 〈연쇄극 연구〉, p.59~60.

18 조희문, 〈극장-한국 영화의 또 다른 역사〉, p.26~27.

19 조희문, 〈무성영화의 해설자, 변사 연구〉, p.129.

20 조희문, 〈무성영화의 해설자, 변사연구〉, p.127.

21 임종국, 《한국인의 생활과 풍속 상》, 아세아문화사, 1995년, p.299.

22 조풍연, 위의 책, p.182.

23 조희문, 〈무성영화의 해설자, 변사 연구〉, p.136.

24 조풍연, 위의 책, p. 182.

25 조희문, 〈무성영화의 해설자, 변사 연구〉, p.140~141.

26 〈매일신보〉, 1919년 1월18일.

27 조희문, 〈무성영화의 해설자, 변사 연구〉, p.152~153. 재인용

28 조풍연, 위의 책, p.215.

29 조풍연, 위의 책, p.215.

30 조풍연, 위의 책, p.184~185.

31 조풍연, 위의 책, p.185.

32 이용남, 〈해방 전 조선 영화극장사 고찰〉, 청주대 대학원 석사논문, 2002년, p.69~70. 재인용.

33 유선영, 위의 논문, p.368.

34 유선영, 위의 논문, p.370~371.

35 유선영, 위의 논문, p.369.

36 유선영, 위의 논문, p.373.

37 조풍연, 위의 책, p.185.

38 이용남, 위의 논문, p.71. 재인용.

39 유선영, 위의 논문, p.368.

40 유선영, 위의 논문, p.368.

41 유선영, 위의 논문, p.369.

42 유선영, 위의 논문, p.365.

43 동아일보, 1925년 10월6일.

44 유선영, 위의 논문, p.364. 재인용.

45 유선영, 위의 논문, p. 323

제갈량의 목우유마냐
옥황상제의 용마냐

＊ ＊ ＊

꺼멓고 집채 같이 큰 수레에 네 바퀴에 기둥 같은 테가 있고 뿡뿡하면 가고 뿡뿡하면 서되 이것이 칠팔명의 사람을 싣고 높은 언덕을 총알 같이 길로 달리되 대체 이것이 무엇이냐. 그것이 요술차이냐 신통차냐 제갈공명의 목우유마 같은 것이냐.

'자동차와 향인鄕人의 경이' 란 제목으로 1917년 5월 16일자 〈매일신보〉에 실린 기사다. 함경남도 지방에서 써올린 것인데 자동차가 얼마나 신기했으면 요술차, 신통차, 제갈공명의 목우유마, 심지어 옥황상제의 용마에 빗대었을까.

임종국의 《한국인의 생활과 풍속》을 보면 자동차가 당시 사람들에게 어떻게 비쳤는지 실감난다.

자동차는 처음 등장했을 때 무시무시한 괴물 대접을 받았다. 자동차가 나타나자 말을 탄 사람과 마차를 끄는 사람들이 허둥지둥 피하고 있다.

당시 자동차는 네모 반듯한 차체에 휘장을 둘러친 것인데 사람들은 그 포장 속에 번갯불이 들어 있는가보다고 수군거렸다. 올라타기만 하면 타 죽는다는 소문이 도는 판이었다. 타보고 싶기는 하고 죽기는 싫고……. 그런가 하면 이게 무슨 짐승이냐고 하면서 막대기로 꾹꾹 찔러보는 사람조차 없지 않았다. ……. 쇠당나귀가 산모퉁이라도 돌라치면 구경꾼들의 돌 세례를 맞는 것쯤 예사였다.

설마 그랬을까 하고 의심하지 마시길. 자동차 경적 소리에 혼절해 전치 2주의 부상을 당한 사람', "이까짓 게 무엇이 무서우냐."며 자동

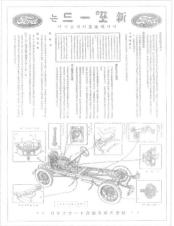

자동차가 뭔지 잘 몰랐던 시절엔 자동차의 정체를 밝혀주는 광고가 많았다. 자동차 해부도를 비롯해 헨리 포드의 사연까지 등장했다.

차에 달려들었다가 중상을 입은 노인이 신문에 보도되었으니까.[2]

자동차는 1920년대 중반 들어 우후죽순처럼 신문광고에 등장했다. 자동차 내부를 보여준답시고 본체를 해부한 것에서부터 서구 도심지를 달리는 자동차를 묘사한 것, 헨리 포드의 초상화와 연설문을 인용해 성능을 선전한 것에 이르기까지 다양한 기법의 광고가 지면을 장식했다.

'쇠당나귀'로 불리던 자동차가 국내에 처음 들어온 시기는 학자마다 다르게 추정한다. 근세자료연구소장을 지낸 이용선은 1903년 고종 즉위 40년을 기념하는 칭경식을 위해 미국에 황제 폐하 전용 자동차를 주문했다고 주장했다.[3] 그러나 일제시대 연구가 손정목은 《서울교통사》에서 여러 정황을 볼 때 1903년에 도입되는 것은 불가능했다면서 1911년 왕실용 한 대, 총독용 한 대 등 리무진 승용차 두 대가 관용으로 들어왔다고 밝혔다.

조선에서 자동차를 가장 먼저 사용한 곳은 황실이다. 일제는 황실의 원한과 울분을 달래기 위해 자동차를 선물했다.[4] 하지만 황제가 타고다니는 걸 목격하기는 어려웠다. 국권을 잃은 처지여서 바깥 나들이를 최소화한 데다 서양 문물에 반감을 갖고 있는 민심을 자극하지 않기 위해 자동차 타는 것을 삼갔다. '궁궐에 이상한 소리를 내며 제 스스로 달려가는 괴물이 있다'는 소문이 퍼진 걸 보면 궐내에서 맴을 돌듯 자동차를 타지 않았나 싶다.[5]

왕실 밖에서는 총독부 고관, 조선군사령부의 고급 군인, 외교관, 선교사, 이완용 박영효 등 친일 귀족들이 승용차를 구입했다. 광산 부자 박기효 · 최창학, 친일 재벌 한상용, 대지주 배석환 · 김종성 · 백명권 등 큰 부자들이 그 뒤를 이었다. 1919년쯤에는 이들이 소유한 자동차가 50대 안팎으로 늘어났다.[6]

자동차 판매는 포드 대리점에서 본격적으로 시작했다. 자동차가 무엇에 쓰는 물건인지 모르던 시절이어서 판촉 기법도 요즘과는 달랐다. 차를 구입할 사람을 찾아다니기보다는 차가 얼마나 편리한 것인가를 알리는 데 초점을 맞췄다. 차체를 비단으로 칭칭 감고 장안의

직거상회가 포드 자동차를 들여와 임대 영업을 한다는 것을 광고하고 있다.

명기를 태워 카 퍼레이드를 하는가 하면 지방 유지를 태워 동네 한 바퀴 휘 돌고는 술잔치를 벌였다.

자동차 판매상점이 늘어나자 여러 차종을 줄 세워 지방 순회 선전 활동을 하기도 했다. 모자에 턱시도 양복으로 정장한 미국인 선교사나 운전수들이 흰 장갑을 낀 채 신형차 너덧 대를 운전하면서 경적을 울려 댔다니[7] 볼거리 드문 시절엔 장관이었을 법하다.

1925년 포드의 서울 지사는 전면광고를 내고 바둑알만한 글씨로 차 값을 소개했다. 5인승 상자형 쎄단은 3,160원, 2인승 상자형 쿠페 는 2,825원, 토링카 1,600~1,850원, 로드스터 1,540~ 1,760원……. 서울 부산 대구 마산 진주 김천 평양 신의주 원산 등 각 지방의 판매 점에서는 시승도 환영한다는 내용이었다. 1930년대에는 포드의 택시 가 2,900원, 버스가 3,900원, 트럭이 3,100원선이었다. 중견사원의 월급이 150원이었으니 승용차 한 대 사려면 2년치 연봉이 필요했던 것이다.[8]

1912년 4월 일본인 직거가일織居嘉一이 한국인 갑부 이봉래와 출 자금 20만 원을 마련해 직거자동차상회를 열면서 자동차를 이용한 신

택시는 요금이 워낙 비싸 서민들은 엄두도 내지 못했다. 전차 요금에 비해 16배나 비싼 부유층의 전유물이었다.

종 영업이 시작됐다. 포드 T형차 두 대를 들여와 시간당 5원을 받는 임대 영업을 한 것이다.[9] 때맞춰 직거상회는 '자동차 신하착'을 알리는 광고를 신문에 냈다. 미국 '휘도 모-다(포드 모터)' 회사에서 들여온 '귀족용 승객 운반용'과 '하물운반용 각종'을 갖춰놓고 손님을 기다렸다.

자동차의 대표적인 영업 형태는 택시업이었다. 콜택시처럼 전화로 불러서 이용하거나 장거리를 뛰는 방식이었다. 내선자동차운수회사가 낸 광고에서 볼 수 있듯이 시내 영업과 경성에서 춘천, 가평, 청평, 마석, 금곡 등을 오가는 시외 영업을 병행했다. 시내는 한 시간 임대에 4원, 시외는 편도에 2원을 받았다. 주야는 물론 하시라도 가리지 않으니 필요하면 언제든 불러달라고 주문했다.

경남자동차상회도 1917년 3월 10일자 〈매일신보〉에 경성 충주 간 직통운행을 알렸다. 자동차 성능도 신통찮은 데다 도로도 비포장이었을 때여서 충주까지 약 8시간이 걸렸다.

봄철에는 꽃놀이 드라이브를 시켜주는 유람 택시가 운행됐다. 사진은 인기 코스였던 우이동 계곡.

최신식의 자동차와 숙련한 운전수로 가장 안전한 행정에 근히 팔시간을 요하오며 요금도 매우 저렴하온 바 첨위의 속속히 이용하옵시기를.

택시는 이용료가 다른 교통수단에 비해 월등히 비싸 아무나 탈 수 없었다. 처음엔 시간당 5원을 받다가 점차 인하해 1928년 경성 일원의 택시 요금은 4인 기준에 1원이었다. 승객이 한 사람 추가될 때마다 20전을 더 받았고 교외로 벗어나면 별도의 요금이 붙었다. 경성을 한 바퀴 도는 데 3원, 1시간 대절하는 데 5~6원을 받았다. 당시 쌀 한 가마가 6~7원이었으니 서민들은 택시 탈 엄두를 내지 못했다.[10] 택시 요금은 1931년 말 80전으로 싸졌으나 5전짜리 전차에 비하면 16배나 비쌌다.[11] 그러다보니 일부 부유층과 특수 직업을 가진 사람들이나 겨우 택시를 이용했다.

택시를 타기 힘든 사람들을 위해 꽃놀이 드라이브를 시켜주는 관광택시가 등장하기도 했다. '임시 화견花見 승합 운전'을 알리는 신문광고가 1917년 4월 말과 5월 초 사이에 나왔는데 오전 8시부터 세 시간 간격으로 운행한다고 선전했다. '화花의 명소는 우이동', '우세憂世를 리離하야 별천지'라고 한 걸 보면 꽃이 활짝 핀 우이동 경치는 속세를 떠난 듯한 느낌을 줄 만했던 것 같다.

자동차 드라이브는 부자들의 취미로 유행했다. 당시 경성에서 드라이브할 만한 코스는 두 곳밖에 없었다. 손님이 '전선주 베러 가자'고 하면 한강 철교 쪽으로 가자는 소리였다.[12] 죽 늘어서 있는 전신주 사이를 S자형으로 꼬불꼬불 빠져나가는 것으로 승객의 흥을 돋웠다. '오즘고개로 가자'고 하면 정릉을 거쳐 청량리 쪽으로 가자는 말이었다. 서대문 악박골 약수터에 들러 엿을 사먹고 약주 몇 사발에 굴비를 뜯은 후 정릉 아리랑 고개를 지나 능수버들 늘어진 청량리 가도를 달리는 코스였다. 포드 승용차는 이런 분위기에 편승해 '추기청상秋氣淸爽'이란 제목의 광고로 드라이브 붐을 부추겼다.

추공일벽秋空一碧 청기氣淸하고 마음이 시원합니다. 즐거운 것은 가을의 행락, 쾌한 것은 신 포드의 드라이브 흥취는 또한 무진합니다.[13]

초근목피를 뜯던 시절에 이런 광고가 민중들에게 어떻게 보였을까. 처음부터 한정된 계층이나 이용하는 자동차는 대중들에게 부정적으로 비쳤다. 신문과 잡지도 '자동차를 모는 부랑자' '황금을 뿌리는 야유랑(冶遊郎 방탕아)의 자동차'란 표현을 대놓고 썼다.[14] 그때도 오렌지족이 활개를 쳤던 것이다. 덮개 없는 자동차에서 남녀가 부둥켜 안고 키스를 해대는 만화가 등장한 걸 보면 자동차족의 행태는

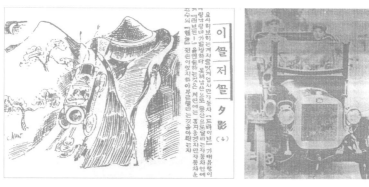

자동차 드라이브가 유행하면서 연인들은 차 안에서 진한 러브신을 연출하기도 했다. 오른쪽은 드라이브를 즐기는 젊은이들이 모습.

사람들의 눈꼴을 꽤나 시게 만들었으리라.

게다가 천대받던 기생까지 자동차를 타고 장안을 휘젓자 서민들 원성이 자자했다. 할 수 없이 조선총독부는 경성 장안의 5개 권번에 소속된 기생들이 자동차를 타고 나들이를 하면 엄벌에 처한다는 칙령을 1920년 발표하기에 이른다.[15] 그러자 기생들이 들고 일어났다. 기생은 사람이 아니냐며 대들었고 그 서슬에 금지사항은 허가사항으로 완화됐다. 자동차가 늘어나면서 1925년쯤에는 그나마도 슬며시 사라졌다.[16]

버스 영업은 1912년 8월경 일본인 대총금차랑 大塚金次郎이 포드 8인승 소형 버스 한 대로 대구~경주~포항 간을 부정기적으로 운행하면서 시작됐다.[17] 경성에서는 1928년 4월 22일이 되어서야 버스가 등장했다. 경성부는 공익적인 사업이라고 판단해 흑색상자형 버스 10대, 운전수 차장 각 15명으로 직접 버스 영업을 개시했다.[18]

초기의 버스는 승합차였다. 때맞춰 '신AA형 포드 승합자동차' 광고가 나왔다. '타는 맛이 양호함으로, 적재량이 충분함으로, 조종비

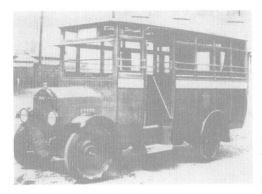

경성부는 버스 운행이 공익적인 사업
이라고 판단해 직영했다. 30년 동안
경성 부민의 발 노릇을 한 전차와 경
쟁했으나 완패로 끝나고 말았다.

가 저렴함으로, 타시는 분도 만족, 태우는 분도 만족' 할 거라는 내용
이었다.

경성의 부영버스는 예상보다 운행 실적이 좋아 첫 달에만 순이익
이 1,602원이나 되었다.[19] 당초 7전이던 승차 요금은 5전으로 인하해
전차 요금과 같아졌다. 경성역을 기점으로 하는 1개 노선은 4개 노선
으로 늘어났는데 전차와 노선이 같아 경쟁이 치열했다. 그러나 30여
년 동안 경성 부민의 발 노릇을 해온 전차와 정면 승부하는 것은 무
리였다. 버스 영업은 점점 부진해졌고 부영버스는 경성전기주식회사
에 매각됐다. 결국 전차의 판정승으로 경쟁이 끝나면서 전차는 시내,
버스는 주로 교외를 운행하게 되었다.[20]

버스의 진정한 명물은 버스도, 운전수도 아니었다. 단정하게 유니
폼을 입은 여 차장이었다. TV 탤런트 못지않은 인기를 누렸던 여 차
장은 어느 노선의 아무개라는 식으로 얼굴과 이름이 팔렸다. 경성제
국대 학생들의 연애 상대가 되기도 했던 여 차장은 인기도에 따라 승
객 수를 좌지우지했다.[21]

버스의 진정한 스타는 여자 차장
이었다. 탤런트 못지않은 인기로
승객수를 좌지우지한 그들은 경
성제국대생의 데이트 상대가 되
기도 했다.

그녀자들의 다리는 쇠몽치보다 오히려 굿고 쩨질 것을 나는 의심치
안는다. 오전만 내면 가티 드라이브할 수 잇는 버스껄은 엇던 의미로
보아서 안가한 처녀들이다. 그러나 그대들이여 여자로서 가장 귀한
정조는 고가로 물질적 뿐만 안이라 역이라 그러고 그대들이 하로에도
몃 백사람식 접촉하게 되는 가온데서 현실사회를 똑 바로보고 그대들
이 압프로 나아갈 길을 꾸준히 닥그라.

언론은 근대의 신종직업인 차장을 간간이 기삿거리로 다뤘다. 버
스 차장인 오옥희 양은 자신의 생활을 일기체 형식으로 잡지에 기고
하기도 했다. 그녀는 월간 〈삼천리〉 1934년 9월호에서, '자동차란 움
직이는 조고만 삘딍'이라며 객쩍은 소리를 하는 경성제대생에게 연
정을 품었다고 털어놓기도 했다. 버스 차장의 명성과 달리 근로조건
과 월급은 시답잖았다. 오전 7시에서 오후 8시까지 열세 시간을 일하
는 게 보통이었는데 20원 정도밖에 받지 못했다.[22]

자동차는 시간이 가면서 점점 늘었다. 1918년에 212대이던 것이
1926년에는 1,587대, 1931년에는 4,331대로 늘어났다. 하지만 자동

첨단직업인 운전수를 양성하는 자동차 강습소도 크게 늘어났다. '암흑세계에서 광명세계에'란 거창한 카피로 예비
운전수를 모집한 광고가 자주 신문에 나왔다.

차를 무기로 간주한 일제는 군사상 기밀 사항으로 취급해 정확한 통
계를 밝히지 않았다.[23] 때문에 차종별로 정확한 숫자를 확인할 수 없
는 상황이었다. 〈조선중앙일보〉 1931년 12월 18일자 기사를 보면서
당시 자동차 수를 짐작할 수 있을 뿐이다.

> 전세계에는 자동차 황금시대가 돌아왔다. 이 덕인지 몰라도 조선에도
> 웬만한 시골만 가보면 대개 비럭먹은 당나귀 같은 낡은 포-드차가 몇
> 대씩은 털털거리고 다니고 서울만 하여도 총수효가-이것은 절대비밀
> 이라고 하면서 한 7~8백대 되지요 하는 경성부의 말대로-7~8백대
> 되는 모양이다.[24]

자동차가 늘어난 만큼 운전자를 길러내는 강습소도 잇따라 생겨났
다. 조선자동차연구소, 일본자동차학교, 경성자동차강습소 등은 꾸

준히 신문에 광고를 내면서 수강생을 모았다.

경성자동차강습소는 '보시오!! 당당한 경성자동차강습소의 진용!!' 이란 카피로 광고를 냈다. 실습 차량 8대와 운전수를 일렬로 세워놓고 촬영한 사진은 그야말로 당당한 위용을 과시했다.

영원한 경험과 탁월한 기술을 가진 교관 십수명이 정녕 친밀히 생도를 지도하므로 본소 졸업생 중 운전수 시험에 합격치 못한 자는 한 사람도 없는 호성적이로다.

강습소는 운전을 배우려는 사람들로 넘쳐났다. 교습용 자동차가 부족해 수강생들은 새벽부터 진을 쳐야 겨우 운전대를 잡아볼 수 있었다. 그나마도 운이 좋은 경우였다.

당시 운전수는 경기를 타지 않는 유망하고도 첨단적인 직업이었다. 경성자동차강습소는 자동차 운전수를 '암흑세계에서 광명세계에!' '인습적 직업에서 해탈하야 문명적 직업에!' 라고 소개했다. 우주선 비행사라도 되는 것처럼 추켜세웠던 것이다. 운전수는 벌이도 좋고 엘리트 대접도 받았다. 잘 나가던 운전수를 꼽으라면 의친왕의 차를 몰았던 윤권이다. 왕실의 마차를 몰던 그는 고등관이라는, 군수와 맞먹는 벼슬까지 받았다. 모자와 바지저고리에 금테가 요란한 고등관 제복을 입고 다녔으니 첨단 직업과 어울리는 복장이었다.[25]

무엇보다 여자 운전수는 장안의 화젯거리였다. 초기 운전수들이 상류사회 출신의 멋쟁이였듯이 이정옥이란 여자 운전수도 학벌과 가문이 좋았다. 그녀는 한말에 미국인 회사의 통역사로 일했던 아버지를 따라 하와이에 가서 소학교를 다녔다. 귀국해서는 경성사범을 졸업한 엘리트였다. 그녀의 시집도 한말의 학자요 판서를 역임한 정만조 가문이었다. 그녀가 25세 때인 1925년 운전수 시험에 합격하자 신문은 '동양 최초의 여자 운전사'라며 대서특필했다. 크라이슬러와 플리머스 등 두 대의 자동차로 택시업을 시작한 그녀는 한 대를 손수 운전했다.[26]

최초의 여성 비행사였다가 운전수로 업종을 전환한 이정희도 스포트라이트를 받았다. 언론의 단골 인터뷰이였던 그녀는 비행기를 몰기 위해 자동차부터 운전한다고 포부를 밝혔다.

자동차가 늘어나면서 반갑잖은 교통사고를 불렀다. 접촉 사고가 가장 잦았고 조작이 미숙해 추락하는 사고가 빈발했다. 얼음 위를 달리다 물 속에 빠지는 어처구니 없는 사고도 종종 보도되었다. 경기도와 경성부의 경우 자동차 사고 피해자는 1926년에 107명이었으나 이듬해는 229건, 1929년엔 587건 등으로 급증했다.[27] 근본적으로 교통기반시설이 열악하기 때문이었는데 1928년 당시 도로 면적은 경성 전체 면적의 7%에 불과했고 10년 뒤에도 9.9%로 크게 나아지지 않았다.

조선의 도로 사정이 이렇게 한심할 수밖에 없었던 데는 나름의 이유가 있었다. 구한말까지도 위정자들은 도로를 자연상태로 방치했다. 특히 변방과 통하는 요충지, 외적이 침입할 만한 해안지역, 도읍으로 통하는 중요한 고개는 일부러 길을 넓히지 않았다. 수도로 향하는 적의 진군을 최대한 지연시키기 위해서였다. 개화반대파 이병선은 '만약 조선의 길이 넓고 다리가 단단했더라면 조선 역사는 잦은 외침에 찢겨 아예 남아나지도 않았을 것'이라고 했다.[28] 지배층의 인식 수준이 이 모양이었으니 약육강식의 시대에 조선이 만신창이가

500년 도읍지 경성의 도로 사정은 열악했다. 도로 폭이 좁은 데다 포장률도 낮았다. 사진은 전차와 마차와 자동차
가 뒤섞여 다니던 태평로와 남대문로의 교차로 풍경(위). 진창에 빠진 자동차를 끌어내기 위해 애꿎은 소가 애를 먹
었다.

된 것은 피할 수 없는 일이었다.

자동차가 들어오기 10여 년 전 한국을 찾은 바 있는 이사벨라 버드
비숍 여사의 기행문은 당시의 도로 사정이 어땠는지 잘 보여준다.

마포에서 서울로 들어오는데 도로를 개수한 흔적은 없고 움푹질퍽한
돌투성이고 폭은 한간 남짓하다가도 광장처럼 넓어지기도 한다. 말

전쟁으로 물자가 부족해지자 카바이트와 아세틸렌을 연료로 쓰는 자동차가 개발됐다. 심지어 목탄을 태워 동력을 얻는 차도 나왔다. 비가 오면 숯이 다 젖어 난리법석을 떨었다고 한다.

한 마리가 지나가는데 양쪽 지붕 끝이 몸에 닿기도 하고 밭도 밟으면 길이 되었다. 약점현의 질퍽한 길은 날씨가 좋은 날에도 무릎까지 빠졌다.

서울 중심도로의 폭이 좁지 않았다는 견해도 없지 않았으나 500년 관록을 자랑하는 왕조의 도로치고는 전체적으로 조악했다. 일제의 통치가 한참 진행된 다음에도 경성의 도로는 비좁고 비포장이었으며 가로등도 제대로 설치되지 않았다.[29]

자동차 보급 속도는 1935년을 고비로 점차 내리막길을 걸었다. 중일전쟁, 태평양전쟁으로 휘발유, 철강, 타이어 등 각종 부품들이 배급되는 상황이 되자 최소의 물자로 최대의 수송효과를 거둘 수 있는 방법을 찾게 되었다.

총독부는 1935년 후반 에너지 소비규정을 정해 휘발유 사용을 통제하기 시작했다.[30] 그 무렵 일본 군부에서는 대체에너지 연구를 시

작해 1939년엔 대용연료 자동차로 목탄차와 카바이트차를 내놓았다.[31]

이규태에 따르면 목탄차의 단점은 한둘이 아니었다. 우선 내연기관 자체의 무게가 60관(1관=3.75킬로미터)을 넘어 무겁기 이를 데 없었다. 좀 가파르다 싶은 비탈길은 주행중 정상적으로 발생하는 가스만으로는 오를 수 없어 고갯길 아래에서 실컷 풀무질을 해 가스를 충분히 발생시킨 다음 오르곤 했다. 보통 한 관짜리 숯 한 부대로 60리를 달릴 수 있었지만 숯의 질이 나쁘기라도 하면 손님이 뒤에서 밀다 가다 했다. 가스차는 30리에 한 번 꼴로 미는 것이 상식처럼 돼 있었다. 운행 중 비를 만나면 숯이 다 젖어 숯불 피우느라 법석을 떨었다.[32]

카바이트(아세틸렌)차는 카바이트가 풍부한 조선에서 유력한 대용연료차였다. 이 차는 철도국과 경성전기주식회사에서 사용했는데 1940년 3월에는 200여 대에 달했다. 〈매일신보〉 1939년 6월 25일자는 '아세치렌 자동차'를 소개했다. '아세치렌 까스는 발열량 활동시간 취급 등의 모든 조건이 목탄자동차보다 훨씬 낫다'는 게 기사의 내용이었지만 꼭 그렇지만도 않았던 것 같다. 가스 폭발력은 목탄차보다 약간 강했으나 연통을 하루에도 여러 번 청소해야 했고 찌꺼기가 너무 많아 불편했다. 조작도 어려웠다.[33]

운영비는 줄이고 수송인력은 늘리기 위해 대형차도 개발했다. 조선금속공업주식회사가 종래의 35인승 차를 좌석 33석을 포함한 50인승 대형 자동차로 개조해 교통량이 많은 노선에 투입했다. 당시 연료 사정이 얼마나 딱했는지는 1939년 8월 경성에 인동차人動車가 나타난 것에서 알 수 있다. 엽기 자동차라 할 만한 이 차는 자전거처럼

馬車
乘合馬車・自家用馬車・配給馬車

見積書呈上一乞御照會
（各種在庫あり御高覧を乞ふ）

發賣元
合名
會社 合成工作所車輛部
京城府用大門通四ノ六八
電話（2）六八二八番

製造元
合成工作所
京城府舟橋町一四五番地

에너지 부족으로 말이 끄는 승합 마차, 자가
용 마차가 광고에 등장했다.

인력으로 끄는 것으로 승객용 트레일러를 매단 것이다. 〈매일신보〉
1941년 12월 5일자에는 말이 끄는 트레일러 광고도 등장했다. 합성
공작소에서 제작한 승합마차, 자가용마차, 배급마차가 그것인데 그
림으로 보기에 말 한 마리가 끌기에는 버거워 보인다.

상상의 나라에서 툭 떨어져 나온 것 같던 '근대의 괴물' 자동차가
호령하던 스피드 시대는 그렇게 전쟁과 함께 주춤거리게 됐다.

미 주

1 〈동아일보〉, 1923년 5월 7일.

2 〈동아일보〉, 1920년 8월 16일.

3 이용선, '한국 자동차 역사의 서막', 《교통안전》, 교통안전진흥공단, 1984년 6월, p.43.

4 이규태, 《재미있는 우리의 집 이야기》, 기린원, 1991년, p.211.

5 이규태, 위의 책, p.212.

6 전영선, '한국자동차 야사', 월간 〈자동차〉, 월간자동차사, 1986년 10월, p.109~110.

7 이규태, 위의 책, p.212.

8 이규태, 위의 책, p.217.

9 이규태, 위의 책, p.217.

10 김영근, 〈일제하 서울의 근대적 대중교통수단〉, 《한국학보》, 일지사, 2000년 3월, p.87.

11 손정목, 《서울교통사》, 서울특별시, 2000년, p.294.

12 김영근, 위의 논문, p.92.

13 전영선, '자동차 비화 80년', 월간 〈자동차〉, 월간자동차사, 1985년 2월호, p.58

14 〈동아일보〉, 1928년 10월 20일.

15 김영근, 위의 논문, p.93.

16 〈동아일보〉, 1920년 5월 31일.

17 전영선, '한국자동차 야사', 월간 〈자동차〉, 월간자동차사, 1985년 7월, p.61.

18 전영선, '한국자동차 야사', 월간 〈자동차〉, 월간 자동차사, 1986년 6월, p71.

19 김영근, 위의 논문, p.95. 재인용.

20 김영근, 위의 논문, p.96. 재인용.

21 전영선, '한국자동차 비사', 월간 〈자동차〉, 월간자동차사, 1985년 8월, p.58~59.

22 김성마, '정조와 직업여성-뻐스걸', 월간 〈삼천리〉, 1934년 9월, p.362.

23 김성마, 위의 기사, p.362.

24 손정목, 위의 책, p.278. 재인용.

25 '경성통계', 월간 〈별건곤〉, 1929년 9월. p.138.

26 이규태, 위의 책, p.213.

27 이규태, 위의 책, p.215.

28 정재정, 〈일제하 경성부의 교통사고와 일제 당국의 대책〉, 《전농사론》, 2001년 3월, 서울시 립대 국사학과, p.526.

29 정재정, 위의 논문, p.531.

30 전영선, '한국자동차 비사', 월간 〈자동차〉, 월간자동차사, 1987년 3월, p.70.

31 이규태, 위의 책, p.218.

32 이규태, 위의 책, p.218.

33 전영선, '한국자동차 비사', 월간 〈자동차〉, 월간자동차사, 1987년 3월, p.71.

◉ 라디오 ◉

문명이 운다 조선의 라듸오!

❀ ❀ ❀

평안북도 정주의 어느 부잣집에서 가을 추수를 하는 날이었다. 돼지를 잡고 관가 '어른'들까지 모신 자리였다. 일꾼들과 함께 찬을 들던 주인 할아버지가 커다란 나무통을 보면서 명을 내렸다.

애들아 저 상자 안에서 아까부터 계속 점잖은 사람이 얘기를 하고 있는데 배고프겠다. 냉면이라도 한 그릇 시원하게 말아서 갖다 드려라.

라디오에서 몇 시간째 사람 목소리가 흘러나오자 노인장께서 호의를 베푼 것이다.[1]

초창기 라디오는 웬만한 가구만했다. 노인장 말마따나 사람 한 명은 충분히 들어갈 수 있을 것처럼 보였다. 라디오를 처음 본 사람은

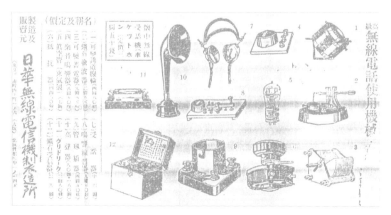

일화무선전신기제조소가 신문에 낸 라디오 광고다. 첨단기기의 광고답게 수신기, 확성기, 광석검파기 등 중요 부속품을 무려 12가지나 소개했다.

상자 안에서 말하는 사람을 보기 위해 라디오 뒤쪽으로 돌아가기도 했다.

일화무선전신기제조소가 신문에 낸 광고를 봐도 당시 라디오가 대단히 컸으리라는 것을 짐작할 수 있다. 광고가 소개한 부품은 수신기, 확성기, 광석검파기, 가변축전기, 진공관, 저항기, 광석 수신기 등 모두 열두 가지나 된다. 그림만 봐서는 포클레인 한 대 정도는 너끈히 만들 수 있을 것 같다.

1920년대 중반 라디오가 처음 등장했을 때 사람들은 귀를 의심해야 했다. 사람 말 소리와 음악 소리가 아무런 선線도 없이 공중으로 퍼져나가서 수십 리 떨어진 곳에서 들린다? 도저히 믿을 수 없는 일이었다.

전파가 사면팔방으로 퍼지는 성질을 이용하야 엇더한 곳에서 말을 보내게 되면 그 말이 전하여 갈 수 있는 거기에서는 그 수신기를 가진

전파 원리를 모르는 사람들에게 라디오는 신기하기만 했다. 아무런 선도 없이 수십 리 떨어진 곳에서 사람의 말소리와 음악소리를 듣는다는 것은 믿을 수 없는 일이었다. 갓을 쓴 행인이 전파사에서 흘러 나오는 소리에 귀를 기울이고 있다.

이는 천사람이고 만사람이고 일제히 같은 시간에 들을 수 잇습니다. (……) 자동차 위에 수신기를 달고 달려가는 차 안에서도 들을 수 잇으며 혹은 산보하러 나갈 때 양산에다 수신기를 달고 걸어가면서도 음악가의 노래와 목사님의 설교를 들을 수 잇습니다.

〈조선일보〉가 1924년 10월 6일자에 라디오의 원리와 기능을 소개했을 때 그것을 곧이곧대로 믿은 사람은 많지 않았다. 양산에 수신기를 달아 라디오를 듣는다는 상상은 지금 생각해봐도 유쾌한 것이지만 '기자가 거짓말도 참 잘한다'는 소리를 듣기 십상이었다.

근세 과학의 일대경이. '몇백 몇천 리를 격한 곳에 흔적 없이 전파되는 방송무선전화의 신기막측한 비밀을 보라! 연설, 성악, 음악, 여러 가지 말과 소리, 보내기는 본사에서 듣기는 우미관에서.

〈조선일보〉는 발빠르게 조선인이 주관하는 첫 라디오 시험방송을 알리기 위해 1924년 12월 17일자에 기사를 쏟아냈다. 라디오에 대한 대중들의 호기심이 크다는 것을 간파해 구독자 확대와 홍보 이벤트에 활용한 것이다. 예상했던 대로 시연회 행사장인 우미관에는 수많은 사람들이 몰려들었다. 입장권 배부처 옆 도로는 전차 통행이 불가능할 정도였다. 서울 인근에서 몰려온 사람들이 어림잡아 3,000명 이상이었다는 게 당시 앵커를 맡은 국내 최초의 여기자 최은희의 회고다.[2]

총독부 체신국이 시험방송을 시작한 지 일년 6개월 만에 드디어 경성방송국이 문을 열었다. 전파가 잘 퍼지도록 방송국 부지는 높은 지대를 골랐다. 정동 1번지였다. 정동은 당시만 해도 큰 건물이 없어 시내가 한 눈에 보이는 해발 84미터의 고지대였다. 대지 190평, 지하 1층, 지상 2층의 건물에 방송용 첨탑까지 머리에 이었으니 그 위용이 제법 우뚝했다.

제-, 오-, 디-, 케-. 여기는 경성방송국입니다. 지금부터 정식으로 방송을 개시하겠습니다.

1927년 2월16일 오후 1시 정각! 경성방송국이 콜 사인을 외치며 첫 전파를 쏘아올렸다. '제오디케JODK'란 콜 사인은 도쿄JOAK, 오사카JOBK, 나고야JOCK 다음으로 개국했다고 해서 알파벳 순으로 붙인 것이다.[3]

연미복에 실크모자를 쓴 일본인 방송주임 미쓰나가가 일본말로 콜

사인을 넣자 곧바로 이어서 국내 최초의 여성 방송인이자 아나운서였던 이옥경이 우리말로 동시 통역을 했다. 두 나라 말이 교대로 방송되는, 지구상에서는 유래를 찾아볼 수 없는 '비빔밥 방송'이 시작된 것이다.[4]

경성방송국의 호출부호는 JODK로 정해졌다. 도쿄 JOAK 오사카JOBK 나고야JOCK 다음에 개국한 방송국이라고 해서 알파벳 순으로 붙여진 것이다.

일본어 회화 방송도 아닌 터에 한 개의 채널에 한국어와 일본어로 번갈아 방송하자니 골치 아픈 문제가 자주 터졌다.[5] 한 문장씩 끊어서 통역을 하기도 하고, 정오 시보를 기준으로 두 나라 말의 순서를 바꿔보기도 하고, 특정 프로그램을 홀수 날에는 한국어로, 짝수 날에는 일본어로 편성해보기도 했으나 뾰족한 해결책은 아니었다. 한국어와 일본어 비율을 정하기 위해서도 이 눈치 저 눈치 살펴야 했다. 처음에는 일본인 청취자가 많다는 이유로 7 대 3 비율로 일본어를 많이 내보냈으나 큰 반발을 사 점차 한국어 비율을 높였다.[6]

개국 당시 등록된 라디오는 1,440대에 불과했다.[7] 일본어를 알아듣는 인구가 6.33%에 그친 탓도 있지만 라디오 값이 지금의 LCD TV처럼 비쌌기 때문이다. 거기다 청취료와 소모품 비용으로 한 달에 각각 2원씩이 더 들었으니 소비자들의 경제적 부담이 만만찮았다.[8]

방송국 개국을 전후로 라디오를 소개하는 광고도 하나둘 선보였다. 일본 뉴트론 주식회사는 '세계 최고급 라디오 광석'이라는 타이틀을 내걸었다. 방연석, 실리콘, 게르마늄 같은 광석을 사용해 전파

라디오는 고가 상품이었다. 슈퍼헤테로다인 수신기는 무려 1,000원을 호가했다. 경성방송국 기술직 신입사원 월급이 21원이었으니 얼마나 비싼 기기였는지 짐작할 수 있다. 사진은 당시의 다양한 라디오와 부속품.

를 수신하는 광석식鑛石式 수신기를 광고한 것이다. 광석 수신기는 귀에 대고 혼자 듣는 수화기식으로 안테나를 포함한 값이 10~15원 정도였다. 진공관식으로 확성기를 이용해 듣는 라디오 세트는 40~100원이었고 전기식 진공관 수신기는 100~500원 정도여서 부자가 아니면 가설하기 어려웠다. 가장 좋은 것은 슈퍼헤테로다인 수신기로 무려 1,000원에 달했다고 한다.[9] 경성방송국 기술직 신입사원 월급이 21원 할 때니 '있는 사람의 장난 거리'라는 한탄이 흘러나올 만한 가격이었다.

라듸오-현대과학 문명의 극치-지금 우리의 귀에는 세계의 움지김! 지구가 도라가는 소리-정치가의 가라구리, 상인의 사기! 부르주아의 배불리는 소리! 노동자의 노호하는 아우성치는 소리가 들니이것마는

들을 수 잇것마는 70~80원짜리 수화기가 없어서 못듣고 있다 (……)
돈없는 동무여! (……) 낮에는 신문이고 밤에는 유성기인 라듸오 (……)
우리의 생활과는 아직도 멀다 (……) 문명이 운다. 설어워한다. 라듸오
가 운다. 조선의 라듸오! 그것은 우리의 것이 아니다. 조선의 라디오-
문명 그것은 정복자의 전유물이다. 잇는 사람의 작난거리가 되고 말
아버린 문명의 산물.

경성에 몇 군데 있던 라디오 상점은 비록 고가 상품이긴 했지만 종
종 신문에 라디오 광고를 냈다. '조선 초유의 라디오 전문상'을 자처
한 구미양행은 라디오 기기에 대한 설명은 한 줄도 넣지 않았다. 시
연회와 시험방송 덕분에 라디오가 어떤 상품인지는 그런 대로 알려
졌던 모양이다.

DK라디오상회는 조잡한 그림에 '고장 절무絶無한 실용 라디오'를
광고했다. '대가와 유지비 지염'이란 말만 써놓았을 뿐 가격은 제시
하지 않았다. 남상점 라디오부는 '2구식 진공관' 라디오를 대표 상
품으로 내세웠다. 경성방송국 직원들의 주문으로 매진됐다며 '휴대
용 라디오 수신기 사이모혼 신식 개량 BI'를 50원에 판다는 내용이
었다.

초창기 라디오 편성표는 뉴스, 기악 연주, 단가, 만담, 강연, 소설
낭독, 외국어 강좌, 라디오 연극, 국악 등으로 꾸몄다. 개국 당시 뉴
스는 오후 3시 50분과 오후 7시에 단 두 번 방송했다. 방송국에 기자
가 없어 통신에 의존한 결과였다. 공공기관의 공지사항 등을 주로 전
하다보니 뉴스거리는 늘 달리는 형편이었다.[10] 관청이 쉬는 휴일에는

라디오의 등장으로 전통 기예를 갖춘 기생들의 주가가 높아졌다. 잘 나가던 기생들도 마이크 앞에만 서면 당황했는지 생방송 중에 "미안해요"를 연발해 청취자들을 웃겼다.

그나마 공지사항마저 부족해 편성자는 애를 먹었다. "7시 뉴스를 보내드리겠습니다. 오늘 뉴스는 없습니다. 이상으로 뉴스를 마칩니다." 해도 어쩔 수 없는 상황이었다.[11]

한국어 방송의 대종을 이루었던 연예 부문은 남도 소리, 가야금 병창, 가곡, 민요, 가사 등 전통음악으로 채웠다. 전통음악을 제대로 전수받은 음악가는 기생들뿐이어서 방송 출연이 잦았다. 몇몇 손님들 앞에서만 연주하던 기생들이 라디오가 나타나면서 바야흐로 대중스타로 발돋움하게 된 것이다.

기생들이 출연하는 프로그램에선 재미난 일도 많았다. 잘 나가던 베테랑 기생도 방송국에만 오면 오금을 펴지 못해 가래 끓는 소리를 내곤 했다. 당황한 기생은 생방송 중에도 진행자에게 "선생님 미안해요."를 연발했다니 청취자들이 배꼽을 쥘 수밖에 없었을 것이다.

기생들은 에어컨은커녕 선풍기도 없는 밀폐된 방송실에서 '사우나 방송'을 해야 했다. 방송실의 전등과 기자재가 내뿜는 열기를 견디다 못한 기생들은 저고리를 벗는 걸로도 모자라 치마까지 내렸다. 속옷바람으로 목에 핏대를 세우는 모습은 상상만 해도 즐거운 그림이다.[12]

기생의 상품성을 알아차린 음반업체들은 기생을 전속 예술가로 포섭해 광고에 이용했다.

콜롬비아 전속 예술가 김선초 양 대방송!!! 신년 벽두에 김양이 일반 팬에게 드리는 선물로 금야 하오 8시에 7대 명곡을 연주!!

음반업체인 콜롬비아는 기생들의 상품 가치를 알고 전속 예술가로 포섭해 광고에 등장시켰다. 기생들의 사진과 방송국 콜 사인 JODK를 마치 자신들의 상표인 양 갖다붙였다. 전속 예술가가 방송에서 부르는 곡목과 레코드 번호를 일일이 발표해 판매에 이용했던 것이다.

뉴스나 음악 못지않게 주요한 프로그램은 드라마였다. 드라마라고 해서 요즘처럼 음성 고운 성우와 풍부한 음향효과가 동원된 것은 아니었다. 그저 연극의 대본을 스튜디오에서 마이크에 대고 그대로 읽어주는 수준이었다. 다만 막이 오르기 전에 이야기의 줄거리와 등장인물, 주연배우, 무대장치 등을 청취자들에게 설명해주었다. 연극이 진행되는 동안에는 대사를 방해하지 않는 범위 안에서 틈틈이 등장

인물의 동작, 표정, 소도구의 위치를 알려주는 게 전부였다.[13]

중계방송도 인기 있는 프로그램이었다. 특히 야구 중계가 많았는데 1930년에는 4~10월 사이에 무려 70회나 했다. 축구, 육상, 럭비 같은 스포츠뿐 아니라 각종 이벤트도 중계됐다. 황해도 사자놀이, 부산관부연락선 시승실황, 웅변대회, 조선의 시장 풍경, 심지어 경성제국대 외과교실의 수술 실황을 중계했다니[14] 아나운서들 진땀 꽤나 흘렸을 것이다.

누가 앙숙 아니랄까봐 신문들은 방송이 단조롭고 수준이 낮다며 시비를 걸었다. 〈조선일보〉 1927년 7월 27일자를 보자.

소리라든지 강연 같은 것을 좀 좋을 만한 것을 방송하였으면 감사한 중에 더 감사하겠어. 강연사도 말마디나 하는 양반을 초빙하고 기생도 소리마디나 할 줄 아는 것을 초빙하여야지 개짓는 소리라도 기생이라면 모두 불러다가 시키니 방송국 얼굴을 보아 억지로 듣기는 하지마는 정말 재미없어. 지금부터는 너저분한 기생들의 꿈꾸는 소리라든지 18세기의 소학교 수신교과서 같은 것은 제발 고만두시오.

방송 시설은 열악하고 노하우는 부족하던 때여서 희한한 해프닝도 많았다. 1928년 새해 벽두를 꾀꼬리 소리로 장식하려던 야심찬 기획은 그중 백미였다. 방송국 직원들은 오전 7시 사육장에서 꾀꼬리 세 마리를 담요에 싸 실어왔다. "지금부터 꾀꼬리의 첫 울음소리를 방송해드리겠습니다." 안내 방송이 끝나자마자 직원들이 담요를 벗긴 뒤 꾀꼬리 세 마리를 마이크 앞에 풀어놓았다. 빛을 가렸다가 밝은 장소에 내놓으면 아침인 줄 알고 울 것이라 생각한 것이다. 그러나 꾀꼬리는 30분이 훌쩍 넘어가도록 입도 뻥긋하지 않았다. 30여 분 동안 침묵만 내보낸 방송이었다.

이듬해 1월 1일에는 지난 해의 실패를 만회하려고 제야의 종을 울리기로 했다. 남산 아래 본원사에서 범종을 빌려다 자정에 쳤다. 제야의 종소리가 전파를 탄 최초의 순간이었다. 오전 7시에는 닭 울음소리를 들려주었는데 성에 안 찼는지, 꾀꼬리 소리에 미련이 남았는지 낮 12시에 또다시 '꾀꼬리 작전'에 들어갔다. 이번에는 지난 해의 두 배인 6마리를 풀었다.[15] 또 허탕이었다. 2년째 침묵 방송이 이어진 셈이다.

기상통보 방송은 차라리 곡예에 가까웠다. 인천 관측소 직원이 전화로 기상 상황을 부르면 속기로 받아쓰고 그것을 다시 정서해 방송실로 가져갔다. 일본어로 된 원문을 보면서 아나운서는 머릿속에서 즉시 우리말로 번역하여 읽었다. 간혹 일본어와 우리말이 뒤섞여 입 밖으로 튀어나오기도 했다.[16]

국내 여자 아나운서 1호인 이옥경은 보통 강심장이 아니었다. 방송 원고를 읽어 내려가다 문맥이 연결되지 않자 "잠시만 기다려 주십시오." 하고는 사무실로 가서 빠진 원고를 찾아왔다. 그러고는 아무 일 없었다는 듯이 "오랫동안 기다렸습니다."란 말만 하고는 계속 원고를 읽어내렸다.[17]

동방예의지국 백성 아니랄까봐 연미복을 입고 출연한 어떤 연사는 방송을 시작하기 전에 마이크를 향해 정중히 인사를 올리기도 했다. 청취자 중에는 지체가 높은 사람도 있을 것이니 예를 갖춰야 한다는 거였다.[18]

방송 출연료는 비교적 후했다. 음악프로그램 출연자의 경우 일반

라디오 음악 프로그램 가운데 가장 인기 있는 것은 국악 연주였으나 홍난파가 이끄는 양악 연주도 서서히 팬을 늘려 나갔다.

독창이면 5원, 명창은 10원, 두 사람이 출연하면 8원, 세 사람이면 10원, 네 사람이면 12원, 다섯 사람 이상이면 무조건 15원을 주었다. 쌀한 가마가 4~5원이었고 대기업 남자 사원의 월급이 22원 50전이었으니 결코 적은 사례가 아니었다.[19]

방송국 사람들은 엘리트 대접을 받았다. 수신기를 만지는 기술자역시 귀빈이었다. 안테나와 수신기 가설이 끝날 때면 동네 유지들은 방송을 들으며 기술자에게 술잔을 돌렸다. 시골 청취자들은 기술자를 신식 마술사라도 되는 것처럼 '라디오 가미사마(귀신)'라고 불렀다.[20]

화려하게 출발한 경성방송국은 청취료 수입이 고작 5,000원 남짓밖에 되지 않자 낭패를 겪기 시작했다. 1만여 원에 달하는 제작비용을 감당할 수 없었던 것이다.[21] 그 바람에 일본인만으로 구성된 경영진이 몇 차례 바뀌었다. 경성방송국이 한국어와 일본어를 분리하는 2중방송을 실시하고 전국적인 방송망을 확충하기로 한 것은 이 같은 경영난을 돌파하기 위해서였다.[22] 개국한 지 만 6년이 지난 1933년 4월 26일의 일이었다.

때맞춰 '10킬로 이중방송 개시 기념'이란 제목에 수신기 사진을 담은 일본의 내셔널 라디오 광고가 실렸다.

품질우량 가격저렴—우리의 청각신경을 만족케 하는 진육성을 발휘하는 라디오 수신기 (……) 풍부재고하오니 물실차기하시고 속속 하명하심을 기도합니다.

채널이 두 개로 늘어나면서 방송 시간도 하루 8시간 45분에서 15시간 5분으로 늘어났다. 그 결과 주간 연예시간이 늘었고 월, 금요일에만 방송하던 어린이 시간이 매일 편성됐다. 특별강좌 시간과 라디오학교 등 교양 프로그램도 함께 확대됐다.[23]

특히 교양 프로그램은 시사 해설, 기념 강연, 취미 강화, 농촌 강좌, 경전 해설, 주부 시간, 영화 이야기, 경제 해설, 법률 강화 등으로 다채로워졌다. 특히 내로라하는 강사진이 동원된 기념 강연은 상당히 높은 수준이었던 것 같다. '톨스토이의 사상과 예술'(이광수), '철학자 스피노자'(박종홍), '농산가공의 실제'(김용각), '신태악의 법률로 본 인신人身' 등 제목만 봐도 품격이 주르르 흐른다.[24] 라디오가 국민의 선생 역할을 한 셈이다.

2중방송이 시행되면서 수신기는 쑥쑥 늘어갔다. 첫 해인 1933년 말에 2만 9,320대이던 것이 1937년 10월 말에는 10만 대, 1941년 3월 말에는 22만 4,000대(조선인 11만 5,000대)로 증가했다. 한국어 방송이 시작된 데다 시설 확충으로 전파가 깔끔해진 덕분이었다.

조선어와 일본어를 한 개의 채널로 방송하는 데 한계를 느낀 경성방송국은 이중방송을 시작했다. 이를 계기로 라디오 보급은 확대됐고 라디오 광고도 잇따라 늘어났다.

스피커 달린 보급형 수신기가 나오면서 라디오 보급에도 가속도가 붙었다. 마쓰시타 무선 주식회사는 디자인이 날씬한 '국책선을 가는 원거리용 라디오'를 내놓았다. 손으로 돌리는 다이얼을 채용해 편리성을 높인 라디오였다.

도쿄전기공업사는 '특매 광석 라디오의 대특허'란 제목 아래 '겨우 4원 돈으로 일가 오락케 하는 호기를 놓치지 말라'며 파격적인 가격을 제시했다. 부속품 전부를 조립해서 수요자에게 직접 판매하므로 원가가 절감된다는 설명을 붙인 이 광고는 한물 간 광석 라디오를 떨이로 판매했던 것이다.

라디오에 쓰이는 건전지를 전문적으로 거래하는 곳도 있었다. 조광운이라는 이가 지금의 남대문중학교 자리에 설립한 광운상회가 그곳이다.[25] 일본에서 건전지를 수입한 광운상회는 '건전지계 왕자'라는 광고를 신문에 냈다. '도처 수용가의 환영을 받는 일전 건전지와

신제품이 개발되면서 구형 라디오는 비교적 싼 값에 팔렸다. 그렇지만 지방의 중소도시나 농어촌에선 라디오 구경하기가 어려웠다.

부사 전기라디오'라느니 '시대는 화학으로 촉진한다' 느니 '여하히 궁벽한 산촌에서라도 전기 라디오와 건전지를 사용치 않는 곳은 없다' 느니 하면서 라디오 청취자를 향해 목청을 높였다.

라디오 가격은 점점 떨어졌지만 중소도시와 농촌에선 1930년대 말까지도 라디오를 구경조차 못한 곳이 많았다. 1941년 총독부 일본인 관리가 "나는 농촌 사람 상대의 지방행정 일선에서 잠시 일한 적이 있는데 신문은 고사하고 라디오, 영화는 꿈 같은 이야기."라고 회고한 것만 봐도 라디오가 얼마나 귀했는지 알 수 있다. 어쩌다 부잣집에서 라디오를 들여 놓을라치면 이웃 사람들이 몰려와 듣곤 했다. 방송을 들은 동리 사람 중에는 달걀로 청취료를 대신하기도 했다.

일반 가정에서는 드물었지만 영업을 위해 어쩔 수 없이 라디오를 들여놓는 상인들은 더러 있었다. 1927년에 발간된 《경성탐보군》은 당시 분위기를 이렇게 그려놓고 있다.

이현세 상점이나 구미양행에서 확성기로 지나가는 사람에게 라듸오를 들려주는 것은 라듸오기계판매업이니까 말할 것 없으나 박덕유양화점에서 일백십여원짜리, 조선축음기상회에서 백여원짜리 확성기를 점두에 놓고 손님에게 들려주기 시작하니까 남대문통의 백상회에서도 사백여원짜리 라듸오를 놓았다 (……) 이발소 목욕탕 식당 같은 데서 사오십 원짜리로도 훌륭하니 라듸오를 손님에게 들려준다면 정해놓고 손이 많이 꼬일 것이요 술 파는 집에서 그렇게 하면 (……) 확실히 술이 더 팔릴 것이다.

1936년 중일전쟁의 전운이 감돌면서 한국어 방송은 점점 쇠락해갔다. 일제가 총독부 시정을 철저하게 한국인에게 알린다는 명목 아래 낮 방송시간을 일본어 방송으로 돌렸기 때문이다. 검열은 나날이 가혹해졌고 식민정책에 어긋나는 방송 내용은 가차없이 차단했다.[26] 1941년 일본이 태평양 전선으로 전쟁을 확대하면서 라디오 프로그램은 한층 더 군국주의를 고취했고 황국신민화를 주입하는 내용으로 변질돼갔다.

'근대 과학의 꽃'으로 추앙받던 라디오는 상황이 변하면서 조선 사람들의 정신을 옥죄는 도구로 전락했다. '장기 전쟁 단련하라 심신, 비치하라 라듸오'란 구호처럼 라디오는 전시체제 국민들이 사상 무장을 위해 갖춰야 할 일종의 무기가 되고 만 것이다.

1 《사진으로 보는 한국방송사 권1(1924~1957년)》, 한국방송사료보존회, 1993년, P.21.

2 이내수, 《이야기 방송사 1924~1948 : 당장 방송을 차단시켜라!》, 씨앗을뿌리는사람들, 2001년, p.46.

3 김재홍, 〈일제 식민지 치하에서의 방송문화이식〉, 《사회과학연구》, 경북대학교 사회과학연구소, 1986년, p.173.

4 이내수, 위의 책, p.77.

5 이내수, 위의 책, p.97~99.

6 권효중, 〈한국의 방송제도 변천과정에 관한 연구〉, 한국외국어대 대학원 석사논문, 1994년, p.30.

7 권효중, 위의 논문, p.31.

8 이성진, 〈일제하 라디오 방송의 성격에 관한 연구〉, 한양대 대학원 석사논문, 1999년, p.86.

9 《사진으로 보는 한국방송사 권1(1924~1957년)》, 한국방송사료보존회, 1993년, P.23.

10 위의 책, P.31.

11 위의 책, P.31.

12 이내수, 위의 책, p.106~108.

13 《사진으로 보는 한국방송사 권1(1924~1957년)》, 한국방송사료보존회, 1993년, p.57~58.

14 이내수, 위의 책, p.160.

15 이내수, 위의 책, p.101~102.

16 이내수, 위의 책, p.91.

17 이내수, 위의 책, p.91~92.

18 이내수, 위의 책, p.95~96.

19 이내수, 위의 책, p.96.

20 《사진으로 보는 한국방송사 권1(1924~1957년)》, 한국방송사료보존회, 1993년, p.24

21 권효중, 위의 논문, p.32.

22 권효중, 위의 논문, p.87.

23 《서울600년사》 홈페이지(http://seoul600.visitseoul.net/index.html), 시대사, 일제 침략하

의 서울, 문화, 방송내용.

24 《서울600년사》 홈페이지(http://seoul600.visitseoul.net/index.html), 시대사, 일제 침략하의 서울, 문화, 방송내용.

25 《서울600년사》 홈페이지(http://seoul600.visitseoul.net/index.html), 시대사, 일제 침략하의 서울, 문화, 수신기의 보급.

26 《서울600년사》 홈페이지(http://seoul600.visitseoul.net/index.html), 시대사, 일제 침략하의 서울, 문화, 지방 방송국의 개국.

건전하고 매력 있는
살바탕을 맨드러야

❄ ❄ ❄

증贈하야 환희 밧고 바드면 중보重寶인 돈표 비누.

과장 광고다! 하실 분 있을 것이다. 비누 쪼가리를 귀중한 보물이
라고 했으니 무리도 아니다. 하지만 비누가 보물 되지 말란 법 없다.
소설가 박영준이 1934년에 발표한 단편 〈모범경작생〉을 보면 비누가
얼마나 가치 있는 물건이었는지 알 수 있다.

길서가 서울서 사온 파란 비누를 손에 쥐어줄 때 의숙은 진정이 서린
눈초리로 길서의 손을 듬뿍 잡았다. 비누 세수라고 평생 못 해본 의숙
이가 비누 세수를 하면 금세 자기의 탄 얼굴이 희어지며 예뻐질 것 같
아 춤을 추고 싶게 기뻤다. (……) 의숙이는 길서를 떠나서 몰래 집안

으로 들어가서 비누를 궤 속 깊이 넣었다가 한 번 다시 꺼내 보고는
마당으로 나와…….

동네 모범경작생으로 뽑힌 애인 길서가 서울로 출장갔다 오면서
사다준 비누는 의숙이란 처녀에겐 진짜 금덩어리 같았다. 낼름 꺼내
쓰지 않고 궤 속 깊이 넣어 두었다는 걸로 봐서 의숙이 비누로 세수
하는 데는 몇 년 더 걸렸으리라.

청일전쟁 직후 이미 비누 한 개의 가격이 1원이나 했다. 당시 쌀
한 말의 가격이 80원이었다.[1]

비누 세수를 평생 못 해본 의숙은 그럼 무엇으로 얼굴을 닦았을
까? 비누가 들어오기 전에 사람들은 수세미, 오이, 박 등의 줄기를 잘
라 거기서 나오는 즙이나 수분을 사용했다. 팥, 녹두 등을 맷돌에 간
후 보드라운 체로 쳐서 가루 형태로 쓰기도 했다. 날 비린내가 나는
이런 가루는 더러움을 날아가게 한다고 해서 비루飛陋라 불렀다. 비
누란 말은 여기서 나온 것이다.[2]

쌀겨도 비누 구실을 톡톡히 했다. 고운 쌀겨를 무명 주머니에 담아
손이나 얼굴을 문지른 다음 물로 닦아냈다. 소설에서 종종 살결 고운
여자는 방앗간 집 딸로 설정되는데 다 이유가 있었던 것이다.[3]

조선 땅에 처음 비누가 들어온 것은 개항 이후로 알려져 있다. 이
탈리아 사보나 지방에서 가져왔다고 해서 '샤봉'으로 불렸는데, 훗
날 비누를 '샤분'이라고 부른 것도 이런 연유에서다.[4] 프랑스 선교사
리델 신부Flix C. Ridel(1830~1884)가 쓴 《경성유수기京城幽囚記》를 보
면 비누는 조선 사람들에게 요술 도구처럼 비쳤다. 1878년, 리델이
옥에 갇혔을 때의 일이다. 비누로 손 씻는 걸 본 옥졸들이 손바닥 사

이로 몽글몽글 거품이 피어오르자
마술이라며 놀랐다고 한다.[5]

> 문명인은 비누로 신체를 정결케
> 하지만 야만인은 비누를 먹어버
> 립니다.

호시미 비누는 졸렬하게 비누를
문명과 야만을 구분하는 잣대로 썼
다. 그러면서 당시 화장품 대접을
받던 비누를 '화장품이 아니라 보
건용품' 이라고 규정했다. 용도를

비누의 용도를 몰라 물어 뜯어 보는 사람도 많았
다. 호시미 비누가 비누를 문명과 야만을 구분하는
잣대로 삼은 것은 그런 이유에서였다.

몰라 물어 뜯어보는 사람이 많았고, 화장품으로 여겨 애지중지하던
게 비누였던 것이다.

비누 모르는 사람을 야만인이라고 몰아부친 호시미 비누와 달리
가오 비누는 풍경 그림과 함께 점잖은 문구로 비누 광고의 격을 올려
놓았다.

> 양춘이 돌아오니 고목에도 음이도다 피부는 날로 분비작용이 왕성합
> 니다. 이때에 지순지효한 가오 비누를 애용하시면 몸은 점점 생채를
> 증하여 미와 건강이 옷깃에 빛날 것이올시다.

광고를 보면 비누는 화장품이 아니라 무슨 의약품 같다. 가오 비누
광고는 비누에 관한 '데이터 베이스'로 활용해도 좋을 만큼 설명을

청결과 위생은 근대에 부각된 새로운
개념이었다. 가오 비누는 '청정(淸淨)
제일'이란 구호 아래 비누의 다양한
용도를 알려주는 광고를 싣곤 했다.

상세하게 붙었다. 비누의 주원료를 동식물의 기름이라고 소개하면서 각종 성분을 열거했다. 호주의 우지牛脂, 남양의 야자유, 만주의 콩기름, 일본 근해의 생선과 고래기름 등 동양 각지의 원료를 사용해서 그런지 광고는 '동양의 표준비누'를 자처했다.

육군성, 해군성, 철도성, 제국대학 등에서 사용한다고 자랑한 가오비누는 '순수도 99.4%'를 강조하고 있다. 어떻게 산출했는지 알 수 없지만 굳이 순도를 내세운 것은 '아루까리'(알칼리)를 너무 많이 넣은 비누가 시중에 유통됐기 때문이다. 비누 광고들이 하나같이 '얼굴과 살을 거칠게 않는다' '건전하고 매력 있는 살바탕을 맨든다'고 주장한 것은 그만큼 피부나 빨래를 상하게 하는 알칼리 비누가 많았다는 얘기다.

오죽했으면 '아루까리'의 다과多寡를 분간하는 방법을 소개한 신문 기사가 나왔을까? 이 기사는 '비누를 칼로 긁어서 맛을 보면 되는데 혀를 몹시 쏘는 것은 아루까리가 많이 있다는 증거'라고 설명했다.

> 시험관에 비누를 조금 넣고 알코올로 녹인 후 그 속에 희노루푸다덴을 두서너 방울 넣어서 대단히 붉게 변하는 것은 아루까리가 많이 들어 있는 것입니다……[6]

비누를 사려면 과자처럼 맛을 보라고 조언하는 것으로는 부족했는지 이렇게 과학 실험실을 등에 지고 다니면서 비누 성분을 실험해보라고 주문했다.

신문들은 비누에 관한 기사를 종종 실었다. '비누는 이렇게 써야 경제가 된답니다' '비누 선택법' '비누 쓰는 법' '비누를 사실 때 속지 않는 방법'…….

비누 기사를 많이 쓴 것은 그만큼 문제가 많았기 때문이다. 제조기술이 시원찮기도 했지만 생산자들이 이문을 좀더 남기기 위해 재료로 장난을 치는 통에 불량품이 많았던 것이다. 비누 놓고 경제 타령을 할 만했다는 얘기다.

일반 비누도 귀하던 시절이었건만 목욕 비누를 소개하는 광고도 나왔다. '입욕하실 때'라는 제목으로 차별화를 꾀한 미쓰와 비누가 그것이다. 포말이 잘 일고 향기가 좋다고 자랑한 미쓰와는 '사용 도중 용붕溶崩하지 않고 깨끗이 오후汚垢를 떨어뜨린다'는 문구를 넣었다.

하지만 미쓰와 비누가 조선 사람들에게 좋은 반응을 얻었을 것 같지는 않다. 비누 대용품이던 팥, 녹두, 쌀겨, 창포 가루를 세수용과 목욕용으로 구분해서 쓰지는 않았기 때문이다. 비누를 두 가지로 나눠 쓸 만큼 여유 있는 사람은 많지 않았던 것이다.

그렇다고 조선에 목욕용 세제가 전혀 없었던 것은 아니다. 있는 집 아낙네들은 낭만적이게도 난초를 넣어 삶은 물로 날 비린내를 없애거나 향내를 내기도 했고 먹고 죽으래도 모자랐을 인삼을 물에 달여 피부를 매끄럽게 했다. 껍질을 벗겨 찐 마늘에 초를 섞은 물로 여드름을 치료하는 데 사용하기도 했다. 세제라기보다는 미용효과를 노린 것들이었다.

목욕용 세제가 신통찮은 것은 조선의 목욕문화가 시시했다는 사실을 말해준다. 전통가옥을 보면 알겠지만 목욕을 위한 공간이 따로 없었다. 나무통에 물을 담아 뒤안이나 부엌에서 몸을 씻는 게 고작이었다.[8] 이능화는 《조선여속고》에서 조선의 욕실을 소개하고 있지만 일부 양반집에서나 갖춰놓은 시설이었다. 윤치호가 대중목욕탕 하나 운영할 줄 모르면서 어떻게 현대국가를 다스리겠냐고 빈정댄 것도 이런 현실과 무관치 않다.

조선 사람들의 목욕이 여기저기 찍어바르는 부분욕 정도에 그친 데는 나름의 이유가 없지 않았다.[9] 유교문화가 자주 씻는 것을 의식적으로 삼가도록 했던 것이다. 아랫사람이나 타인에게 신체를 노출하지 말라고 배운 양반들은 손이나 낯을 실내에서 씻었다.[10] 한말의 일본 특명 전권공사였던 조병식(1832~1907) 같은 이는 그 '증세'가 심해 일본에 머물 때 여관에서 주는 실내옷을 걸친 채 목욕했다. 비록 사람이 보지 않아도 신체를 노출하면 유도儒道에 어긋난다고 믿었던 것이다.[11] 얼굴이나 손을 씻을 때도 때 미는 것을 점잖지 못한 행위로 본 게 당시의 양반문화였다.

그 바람에 구한말 조선을 방문한 수많은 서구인들 눈에 조선은 더럽고 냄새나는 땅으로 보였다. 하지만 한반도 사람들이 늘 더러웠던 것은 아니다. 송나라 사신 서긍이 쓴 《고려도경高麗圖經》에 따르면 여름날 냇가에서 남녀 구분 없이 목욕하는 데 부끄러움이 없다고 했다. 옛날 사서史書도 고려 사람들은 새벽에 일어나 반드시 목욕을 하고 출타했고 돌아와 다시 한 번 목욕했다고 기록했다.[13]

머리 감는 데 쓰는 세발제는 비누보다 늦게 신문광고에 등장했다. 가오 비누는 '단 10분 간에 윤택한 머리'를 만들 수 있다며 세발제를 소개했다. 더운 물로 감은 머리에 가루비누를 바르면 거품이 일어나므로 처음엔 더운 물로, 다음엔 찬물로 헹구라고 사용법을 알려주었다. 샴푸가 요즘처럼 크림 형태가 아니라 가루 형태였던 것이다.

일본 부인의 흑발을 위해 다년 간 연구, 개발했다는 '가오 샨푸'는 전국의 여학생이 결정했다는 카피를 뽑았다. 여학생을 굳이 내세운

머리 감는 데 쓰는 세발제 광고다. 당시 샴푸는 크림 형태가 아니라 가루 형태였다. 유행을 선도한 여학생이 선택한 제품이라는 것을 내세웠다.

것은 패션과 미용을 주도하던 그들을 일반 여성들이 선망했기 때문이다. 광고에서 신경이 쓰이는 대목은 '매주 한 번은 머리 감기를 잊지 마시라'는 주문이다. 당시엔 한 주에 한 번씩도 머리를 감지 않았다는 얘긴데 너무 찝찝해하진 마시길 바란다. 오줌을 받아놨다가 머리 감는 사람들도 적잖았던 시절이 아니었던가.[14]

샴푸가 들어오기 전에 조선 여성들은 창포를 썼다. 창포는 향기 좋고 모발에 윤기를 돌게 하는 천연 샴푸였다. 하지만 귀해서 함부로 쓸 수 없었다. '조선 팔도에 창포 가루 한 홉으로 유혹하면 문턱 넘어오지 않을 기생이 한 명도 없다'는 말이 나돌 정도였다. 보릿가루를 섞은 가짜 창포 가루가 나온 것도 그 때문이다.

빨래용 비누도 광고에 나왔다. 시세이도는 '손이 터지지 않으며 베를 상하게 하지 않는다'고 세탁비누를 광고했다. 하얀 양잿물 덩어리로 빨래하느라 진이 빠지던 여성들은 세탁비누 덕분에 한 시름을 덜었다. 애벌빨래를 한 뒤 양잿물 녹인 물을 붓고 삶은 다음, 다시 빨아서 빨랫방망이로 두드려 양잿물 기운을 빼는, 기나긴 세탁 과정을 대폭 줄여준 것이다.

양잿물 세탁이 번거로웠지만 천연세제를 쓰는 것보다는 훨씬 편리했다. 천연세제라고 해야 고작 짚, 콩깍지, 뽕나무, 잡초 등을 태운 잿물에 불과했다. 이들 잿물에는 지방을 분해하는 나트륨 성분이 제법 많아 빨랫감을 푹 담가놓으면 때가 빠졌다. 그러고 나면 다시 물빨래를[16] 했으니 시간도 많이 걸리고 효과는 만족스럽지 않았다.[17]

비누와 함께 조선인의 위생에 새 바람을 일으킨 것은 치약이었다. 18세기 말 영국에서 처음 사용한 지 100년 만에 일본을 거쳐 이 땅에 상륙한 것이다. 1900년경 조선에 선보인 것으로 알려진 치약은 요즘처럼 튜브를 짜서 쓰는 크림 형태가 아니라 가루 형태였다. 가루치약은 일본말로 치마분齒磨粉이라고 불렀다. 당시 신문에 자주 등장한 상품은 일본 제품인 라이온 치마였다. 우선 엿가락처럼 질질 늘어지는 광고문을 읽어보시기 바란다.

> 담홍색의 우미정미한 분말인데 치에 촉함이 최선하여 추호도 법랑질을 손하지 아니하고 치의 광택을 순백케 하며 구중의 미균을 박살함에 유감이 무할 뿐 아니라 방향이 또한 태과치 안이한 즉 호흡이 호상쾌연한지라 위생가와 교제가는 기 가정에서든지 여행중에든지 라이온 치마를 불가결할 자이로다.

호흡을 가쁘게 만드는 이 광고는 광고주가 하고 싶은 말을 운율까지 살려가며 치밀하게 끝까지 다 구겨넣었다. 읽기 쉽게 다시 한 번

비누와 함께 화려하게 등장한 위생 용품은 치약과 칫솔. 치약은 치마, 칫솔은 치쇄라고 불렀다. 당시 치약은 가루粉 제품이어서 치마분이라고들 했다.

풀어보면, '옅은 붉은 색 가루다, 치아에 닿는 기분이 삼삼하다, 치아 표면을 손상하지 않는다, 이가 하얗게 반짝인다, 세균을 유감 없이 박살낸다, 꽃향기가 넘치지 않아 호흡하는 데 상쾌하다, 위생에 신경 쓰거나 교제가 많거나 여행하는 사람이면 라이온 치마를 꼭 써야 한다.' 뭐 이런 말이다.

라이온 치마는 '충치 작전'으로 소비자들을 먼저 불안하게 만들었다. 한 개의 충치가 생명을 빼앗을 수 있다고 협박한 것이다. 영구치, 어금니가 나오는 5~6세 어린이들은 특히 충치에 취약하니 꼭 이를 닦아야 한다고 못을 박았다. 또 충치는 밤에 생기기 쉽기 때문에 잠들기 전에도 이를 닦아야 한다고 조언했다. 공포 분위기를 조성하기도 하고 친절하게 건강상식을 소개하기도 하는 이른바 '채찍과 당근' 전략으로 소비를 북돋웠다.

그러나 라이온 치마가 걱정해줄 만큼 조선 사람들의 치아 상태가 엉망이었던 것은 아니다. 서구인들 눈에 조선 전체가 불결 덩어리로 보였지만 적어도 치아만은 그렇지 않았다. 선교사이자 의사였던 알렌은 《조선 체류기》에서 조선 사람들은 '거의 누구나 훌륭하고 진주와 같이 흰 이를 가지고 있다'고 기록했다.[18] 귀부인 목덜미 위에 나 앉아 있는 진주를 입에 물고 있는 사람들이라! 상상만 해도 흐뭇한 말인데 조선 사람들의 치아가 그만큼 희고 건강했다는 뜻이다.

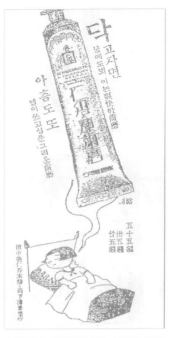

라이온 치마는 아이들에게 충치는 치명적인 것이라고 겁을 주면서 어린이용 치약을 시판했다.

알렌은 조선 사람들의 치아 상태가 양호한 것을 쌀밥 식사 덕분이라고 해석했다. 그러면서 아침에 칫솔 대신 손가락 위에 소금을 놓고 치아에 비벼대는 양치질 풍습을 소개했다.

알렌만 조선인들의 치아 상태가 좋다고 본 건 아니다. 조선에 온 최초의 치과의사 노다 오오지의 견해도 비슷했다. 1896년 조선친위대 병졸 모집 때 신체검사 요원으로 18~30세의 청장년 구강 상태를 검사한 노다는 조선인 응모자 100명 중 충치를 가진 자는 17명뿐이었다고 밝혔다.[19]

조선 사람들의 이를 진주처럼 깨끗하게 한 양치질이란 말에는 우리 조상들이 어떻게 이를 닦았는지에 대한 정보가 들어 있다. 연세대

조선인들의 치아는 희고 건강한 편이었다. 알렌은 쌀밥 식사 덕분이라고 해석했다. 광고 만화는 흰 치아를 가지려면 라이온 치마를 쓰라고 권하고 있다.

학교 홍윤표 교수는 양치질이란 말의 기원을 따져 그것을 매우 흥미롭게 밝히고 있다. 홍 교수는 먼저 양치란 말을 흔히 한자어 양치養齒나 양치良齒로 알고 있는데 그게 아니라고 주장한다. 양치질은 양지질의 변화형이며 이때 양지楊枝는 버드나무 가지를 일컫는다는 것이다. 여기에 행위의 뜻이 있는 접미사 '질'이 붙었다고 한다. 즉 버드나무 가지로 이를 청소하는 행위가 양치질이며, 오늘날 이쑤시개를 쓰듯 버드나무 가지를 잘게 잘라 사용했다고 본 것이다.

양치질의 역사는 무척 오래된 모양이다. 고려시대 문헌인 《계림유사)》(1103년)에 '齒刷日養支(치쇄 왈 양지)'란 기록이 있다. 이쑤시개나 칫솔을 뜻하는 치쇄齒刷가 곧 양지라는 뜻이다. 15세기 문헌에는 양지가 '물로 입 안을 가시는 일'로 변했고 17세기 말에는 양지가 양치로 바뀌었다. 양치질은 칫솔질이 아니라 단지 입 안을 헹구는 행위를 의미한 것이다. 이처럼 양지楊枝에 대한 어원 의식이 희박해지면서 '이'의 한자어인 치齒에 연결해 양치질로 굳어졌다는 게 홍 교수의 결론이다.

아이로니컬하게도 양지란 말은 일본으로 건너가서 일본어 발음인 '요지'로 변했다. 처음 양지가 생겨났을 때의 의미대로 이쑤시개를 뜻하게 된 것이다. 요즘도 이쑤시개를 요지로 부르는 사람들이 없지 않은 것은 일본어의 영향 탓이다.

라이온 사는 칫솔을 뜻하는 치쇄자 광고를 냈다. '완전소독의 치쇄자'를 강조한 광고는 혀를 긁으면 유해하다며 칫솔질에 관한 상식을 곁들이기도 했다.

치약도 비누만큼이나 다양한 업체들이 경쟁을 벌였다. 치약의 선두주자는 라이온 사였다. 이 업체는 광고 발달사를 보여주겠다는 듯이 다양한 카피와 디자인으로 신문을 아름답게 꾸몄다. '보라 캬프를 벗기면 나오는 청신한 향기 눈가치 희고 비단결가치 고운 라이온 치마의 다시 또 없는 그것의 쓰는 맛' '라이온 치마 애용자의 치아 즉 그것은 미와 힘의 표현입니다' ······.

구라부 치마는 치약에 '건강생활의 필수품'이라는 카피를 내걸고 경품 행사를 펼쳤다. 일본 제일이라는 자부심을 광고 곳곳에 담은 구라부는 일본 무사 이미지를 차용했다.

스모카 치약은 세련된 광고 디자인으로 '담배 자시는 분'을 집중공

스모카 치약은 단순하면서도 세련된 일러스트레이션으로 광고의 품격을 한층 올려 놓았다. 당대 최고의 카피라이터인 카타오카 토시로의 작품이다.

략했다. 당대 최고의 카피라이터인 카타오카 토시로는 치약 하나로 신문광고를 얼마나 다양하게 변주할 수 있는지를 과시했다.

> 나의 치아가 검어서 보기 싫지 나는 너의 치아의 희고 고운 것이 부럽드라 어찌하면 그렇게 희고 고울까 스모가를 쓰는 까닭!

> 차내에 금연 단행은 하나 복잡한 중에서 머리 아프고 담배내 나는 사람이 있거든 스모카를 가르쳐 주십시오.

열렬한 판촉과 광고 공세 덕분인지 치마분은 제법 널리 퍼진 것처럼 보인다. 이무영의 단편소설 〈제일과 제일장〉에는 부유층이 아닌 주인공이 치마분을 사용하는 장면이 나온다. 소설가 지망생인 신문기자 수택이 낙향해 농촌생활을 하면서 치마분 없이 양치질을 해도 이가 개운하다고 한 대목이 그것이다.

수택은 빨래 자리로 놓은 돌 위에 쪼그리고 앉아서 양치를 쳤다. 아침 저녁으로 반죽한 치분으로만 닦아온 이가 물로만 웅얼웅얼해 뱉어도 입 안이 환한 것이 이상할 정도다.

이광수의 단편소설 〈무명〉에도 감옥에 수감 중인 죄수가 치마분을 사용하는 장면이 나오는 걸 보면 치약 소비는 꾸준히 늘었던 것 같다.

비누와 치약은 위생관념이 형성되기 시작한 근대의 산물이다. 조선에서도 갑오개혁 이후 위생국이 설치되면서 청결 문제에 관심을 쏟기 시작했다. 청결은 곧 전염병을 예방하는 효과적인 대책이었던 것이다. 더 이상 때를 미는 것은 삼가야 할 일이 아니었다. '입 안은 씻되 지나치게 하지 않는다' 는 양반들의 덕목도 용도 폐기되어야 할 것이었다. 이런 상황에서 신문광고는 위생 교과서 구실을 했다. 비누와 치약 광고가 그 선봉에 섰다.

1 전완길, 《한국화장문화사》, 열화당, 1987년, p.110.

2 이은주, 〈조상의 전통적 생활습관을 이용한 초등학교 탐구모듈 개발─잿물〉, 한국교원대 대학원 석사논문, 2000년, p.10.

3 이규태, 《암탉이 울어야 집안이 잘 된다》, 신원문화사, 2000년, p.96.

4 전완길, 위의 책, p.107

5 전완길, 위의 책, p.110.

6 〈매일신보〉, 1931년 7월4일.

7 최영아, 〈조선시대 화장 문화 및 제조기술 연구〉, 대구가톨릭대 대학원 석사논문, 2003년, p.21. 재인용.

8 박선희, 〈조선시대 반가의 주생활과 공간사용에 대한 연구〉, 연세대 대학원 박사논문, 1992년, p.121.

9 박선희, 위의 논문, p.122.

10 박선희, 위의 논문, p.125.

11 이규태, 《개화는 싫어 개국은 더 싫어》, 조선일보사, 2001년, p.204.

12 신용하, 〈연암 박지원의 사회 신분관과 사회신분 개혁사상〉, 《한국문화》, 서울대 한국문화 연구소, 1989년 12월, p135~136.

13 박선희, 위의 논문, p.120.

14 이규태, 《암탉이 울어야 집안이 잘 된다》, 신원문화사, 2000년, p.95~96.

15 이은주, 위의 논문, 2000년, p.11.

16 이은주, 위의 논문, p.9.

17 이은주, 위의 논문, p.14.

18 신재의, 〈한국 근대 치과의사의 등장과 진료〉, 《사학지》, 단국사학회, 2003년 12월, p.68. 재인용.

19 신재의, 위의 논문, p.79~80.

◉ 박가분 ◉

부인 화장계의 패왕

✹ ✹ ✹

부인 화장계의 패왕.

우리 근대 여성들이 갖고 싶어했던 것 가운데 하나인 박가분朴家粉의 선언은 당당하기만 하다. '박씨 가문에서 만든 분' 박가분은 패왕을 자처할 만한 '대박 상품'이었다. 하루에 5만 갑이 팔려나가자 온 나라의 돈은 박가분이 다 긁어모은다는 소문이 퍼질 정도였다.[1]

박가분이 출생 후 일반 부인계의 특별한 환영으로 주문이 점점 격증함을 따라서 제조공장을 일층 확장하는 동시에 품질을 정밀케 하왔사오니 더욱이 사랑하시기를 바라나이다.

근대 조선 여성이라면 누구나 갖고 싶어 했던 박가분은 국내 최초의 관허 화장품이었다. 두산그룹 창업자의 아버지 박승직이 포목점을 운영하면서 덤으로 준 박가분은 질 좋은 일제 화장품의 등쌀을 이겨내고 '대박 상품'이 되었다.

여직공 30여 명을 고용하고도 밀려오는 주문을 대지 못할 만큼 '특별한 환영'을 받게 되자 박가분은 이렇게 감사광고를 냈다. 1915년 4월, 두산그룹 창업자 박두병의 아버지인 거상巨商 박승직의 아내 정정숙이 부업 삼아 만들기 시작할 때만 해도 박가분이 큰 성공을 거둘 것이라고 예상한 사람은 아무도 없었다.

박가분은 애초에 박승직이 경영하던 대형 포목점에서 혼수를 하러 온 고객이나 거래처 포목상들에게 덤으로 끼워주던 것이었다.[2] 그런 박가분이 하나둘 사람들 손을 타면서 잘 발라지고 사용하기 간편한 화장품으로 입소문이 났다.

박가분이 좋은 반응을 얻은 것은 그만큼 재래식 분이 품질, 포장 모두 시원찮았다는 얘기가 된다. 아닌 게 아니라 쌀즙을 말린 가루를 물에 개어 바르던 분백분은 접착력이 약해 얼굴에 바른 뒤 한참 동안 누워 있어야 했다.[3] 게다가 날 비린내까지 풍겼다. 분꽃의 열매를 빻아 쓰거나 칡을 말려 갈아 쓰던 것보다는 나았지만 만족할 만한 수준에는 미치지 못했다. 접착력을 높이기 위해 납가루와 활석가루를 반죽한 장분도 나왔지만 신통찮기는 마찬가지였다. 화장품이라고 해봐

박가분은 전통 화장품보다 편리하고, 외제 화장품보다 값이 싸 인기가 높았다.

야 머릿기름으로 쓰던 동백기름과 밀기름, 홍화가루로 만든 연지가 고작이던 시절이었다.[4]

당시에 물 건너온 외제 화장품이 없었던 것은 아니다. 중국이나 일본을 통해 들어온 양분洋粉과 일본에서 만든 왜분倭粉이 화류계 여성들 사이에서 애용됐다. 하지만 여염집에서는 엄두도 못 낼 만큼 비쌌고 드물었다.[5] 청국의 무역상들이 기생들에게 한 묶음씩 선물로 준 외제 화장품은 방물장수나 매분구를 통해 비싼 값으로 일반 가정집에 팔렸던 것이다.[6]

전통 백분은 사용하기 불편하고 외제 분은 귀한 상황에서 혜성처럼 등장한 박가분은 1918년 특허국에서 상표등록증을 받으면서 국내 최초의 관허 화장품이 되었다.

최고한 역사가 잇는 박가분을 항상 바르시면 살빗치 고아짐니다. 상패 바든 박가분을 사실 때는 등녹상표를 자세히 보소서.

등록상표를 훈장처럼 내세우며 대량생산에 들어간 박가분은 전통

백분만 써오던 소비자들을 위해 사용법을 소개하기도 했다.

> 귀부인 화장하실 때 박가분을 콩알만치 떼어 손바닥에 놓고 물을 조금 떨어뜨리고 개이면 백배 이상 불어나서 안면에 만족하게 바르게 됩니다.

전통 분이 물에 갠 뒤 얼굴에 잘 펴바른 다음, 누에고치 껍질로 만든 분첩으로 두드려 스며들게 하는 번거로운 것이었다면 박가분은 상대적으로 편리한 화장품이었다.

박가분은 1920년대 당시 한 갑에 50전에 불과해 양분이나 왜분에 비해 가격 경쟁력이 높았다.[8] 거기다 한문 모르는 여인네들을 위해 한글로 광고 문구를 쓰고 '박가분을 사랑하시는 각위에게. 조선 사람은 조선 것을 아모조록 많이 씁시다' 라고 호소한 결과 박가분 없는 집이 없을 만큼 널리 퍼지게 됐다. 박가분의 폭발적인 인기는 서가분, 서울분, 설화분, 앵분, 장가분 같은 유사 상품이 나오게 했다.[9]

박가분은 다른 화장품과 마찬가지로 방물장수나 매분구라고 일컫던 여자 행상들이 가가호호 찾아다니며 팔았다. 바깥 나들이를 하기 어려웠던 여성들은 오랫동안 거래해온 방물장수를 통해야 속지 않고 물건을 살 수 있다고 생각했다.[10]

화장품은 원하는 만큼 덜어서 팔았다. 1930년대 중반 이후 전시체제에 돌입하면서 행상들은 헌 병이나 항아리 같은 단지에 담아 들고 다니면서 팔았다. 백화점이나 잡화상도 예외는 아니어서 화장품과 그것을 담을 용기를 따로 팔기도 했다.[11]

분매 얘기가 나올 때마다 빠지지 않는 것이 동동구리무다. 화장품

박가분이 대박 행진을 이어가자 유사
상품이 등장했다. 설화분도 신문광고
를 통해 '눈갓치 희고 솟갓치 피난
죠흔 분'이라는 문구를 동원해 박가
분에 도전했으나 역부족이었다.

행상 가운데는 백계 러시아 사람들이 있었다. 러시아 혁명을 피해 한
반도에 흘러 들어온 이들은 동네마다 돌아다니면서 아코디언이나 북
을 쳐 손님을 모아놓고는 화장품을 팔았다. 짧은 한국어 실력으로 우
스꽝스럽게 호객 행위를 한 이들이 북을 동동 치며 크림을 팔았다고
해서 붙은 이름이 바로 동동구리무다.[12]

> 박가분을 항상 발느시면 죽은 새와 여드름이 업서지오 얼골에 잡틔
> 가 업서저서 매우 고아집니다.
> 살빗치 고아지고 모든 풍증과 땀띠의 잡틔가 사라지고 윤택하여짐
> 니다.

박가분은 잡티 없는 얼굴, 고운 살빛을 만들어준다고 강조했다. 요
즘 말로 미백 효과 그러니까 피부 색깔을 밝게 해주는 '화이트닝' 기
능이 뛰어나다고 광고한 것이다.

화장품 광고에서 한동안 일본 여성은 미의 상징으로 통했다. 기모노 차림의 일본 여성이 자주 화장품 모델로 나타났다.

　박가분에 도전장을 내민 설화분 역시 '이 분은 눈갓치 희고 솟갓치 피난 죠흔 분이외다'라고 카피를 뽑았다. 당시 화장품들이 흰 색을 강조한 것은[13] 1920년대 들어 뽀얗고 창백한 느낌을 주는 일본풍 화장이 유행했기 때문이다. 몇 년 전까지만 해도 '눈갓치 흰' 튀는 화장은 기녀들 같다고 해서 손가락질 당하기 십상이었으나 더 이상 화장은 기녀들만의 것이 아니었다. 박가분의 성공은 이처럼 여러 조건이 맞아떨어진 결과였다.

　재미있는 것은 1920년대의 화장 유행이 일본풍을 따라간 것과 달리 화장품 광고에 등장하는 여성은 치마저고리를 입은 조선 여성으로 바뀌어갔다는 점이다. 한일합방 이후 1910년대 화장품 광고는 기모노를 입은 일본 여성들 판이었다. 일제 화장품 업체들이 미의 상징을 제멋대로 일본 여성으로 삼았던 것이다. 구라부club 화장품이 1911년 〈매일신보〉에 낸 광고도 '조선인의 제일 애愛하난 화花, 조선인의 제일 호好하난 동물'이라면서 '일본 동경 귀족사계에 대호평이 유한 절품'이란 문구를 내세웠다. 조선 여성들이 마치 일본 귀족 여

성처럼 되고 싶어한다는 뉘앙스를 풍긴 것이다.[14]

그러나 조선 여성이 기모노 입은 여성들을 결코 모방하고 싶지 않아한다는 사실을 뒤늦게야 인정했는지 광고 모델은 조선 여성으로 바뀌어갔다. 소비자의 마음을 생각하지 않은 오만한 광고주들이 뒤늦게 정신을 차린 셈이다.

여성들의 화장이 짙어지자 신문은 잠자코 있지 않았다. 〈조선일보〉가 1925년 3월 29일자에 게재한 '새로 류행하는 양식 화장'이란 기사는 그야말로 신랄하다.

바튼 목을 길게 보이려고 분을 목에 백지장 같이 바르고 낮은 코를 높게 보이려고 콧마루에 분 기능을 세우고 눈을 크게 보이랴고 눈가를 노랗게 내어 놓는 것이 너무 심한 듯 합니다. 우리는 코 높고 눈 큰 서양 사람이 아니올시다. 뱁새가 황새를 따르다가는 다리가 찢어지기 쉬움이지요.

허나, 황새 아니라 참새가 된다 해도 예뻐지고 싶은 여성의 본능과 유행은 막을 수 없었다. 1930년에 들면서 얼굴에 색을 쓰는 색조화장이 신여성들 중심으로 퍼져나갔다.[15] 코 높고 눈 큰 '황새'들이 등장하는 서양 영화가 적잖게 밀려 들어오고 입술연지, 향수 등이 신문광고를 채우면서 화장은 점점 대담해져갔다.[16]

'신미소노'는 얼굴을 그리는 데 쓰는 화장품 일습을 광고하면서 숨 넘어갈 듯한 카피 '이것! 이것! 이거시 아니면'을 내걸었다. '입살을 자연이 미려한 홍색으로 함 입모양을 아름답게 일층하는' 입술연지, '풍염한 건강을 발현하며 얼골을 생생하게' 한다는 연지, '눈썹을

색조 화장이 유행하면서 얼굴에 색을 입히는 화장품도 인기를 모았다. 그러나 조선의 여성들은 대부분 튀지 않은 박薄화장을 즐겨 했다.

검게 모양을 잘하야 얼골을 반작하게 하며 환하여' 지게 한다는 펜슬 등을 단정한 일러스트레이션으로 소개했다.

향수 광고도 귀부인을 유혹했다. 헤찌마 고론 광고는 부채를 편 채 몽롱한 표정을 하고 있는 여성을 등장시켜 '근대인에게 향기로운 선물'이라며 유혹했다. 향수 오리지나루는 '냄새 조흔 향수는 사람의 마음을 윤쾌하게 인도하는 것이올시다. 이 향수를 사용하시는 분은 사용치 안는 분보다 얼마나 행복인지를 알수 업습니다'라며 '향수 행복론'을 펼쳤다.

화장에 대한 인식이 달라졌지만 그렇다고 해서 일제 때의 모든 여성이 분화장과 색조화장을 했던 것은 아니다. 여염집 여성들은 화장을 자주 하기도 어려웠지만 어쩌다 할 때도 했는지 안 했는지 모를 만큼 박薄화장을 했다.[17] 레도 화장품은 조선 여성들의 이런 정서를 잘 파악해 '드러나지 않는 화장' 비결을 광고했다. 분을 엷게 갠 액체 물분이나 솔에 묻혀 바르는 가루분을 쓰면 '살결을 윤택하게 할 뿐 아니라 천연의 살빛을 잃지 않고 제 살빛처럼 보야케 한다'며 차별화를 시도한 것이다.

달도 차면 기운다던가? '국민 화장품'으로 각광받던 박가분도 아

킬레스건이 끊어지는 날이 오고야
만다. 미분米粉에 납과 식초를 섞어
만든 박가분 애용자들이 연독鉛毒의
고통을 호소해온 것이다. 사용자들
은 얼굴이 푸르스름해지는가 하면
피부가 썩고 잇몸이 검어지고 구토
까지 하는 증상을 보였다. 심지어 눈
이 먼 아이를 낳는 일까지 생겼다.[18]

연독 때문에 고생한 사람 중에는
유독 기생이 많았다. 매일 화장을 할
수밖에 없었던 그들은 얼굴이 파리
해져도 설마 하고 넘어갔다. 그러나
설마가 사람 잡았다. 퍼렇게 썩어가
는 부분을 가리느라 하루에도 몇 차
례씩 두텁게 연분을 발라댔다. 머릿
속에 납이 스며들어 정신이상을 일으
키는 기생이 생겨났고 급기야 박가분
은 '살 파먹는 가루'로 낙인됐다.

'사람을 윤쾌하게 하는' 향수는 귀부인들이나
사용할 수 있는 그야말로 귀한 화장품이었다.
향기에 취한 듯한 여성의 몽롱한 표정이 이채
롭다.

내무성에서는 작년부터 납으로 맨드는 분을 맨들지 못하게 하얏고 금
년 십이월 삼십일이면 그 유예기간이 다 됨으로 새해 초하로부터는
이런 분을 팔지도 못하게 되엿는데 조선 총독부에서도 여기에 따라
조선 안에서도 납이 석인 분을 맨들지도 팔지도 못하게 할 방침을 세
우고 방금 립안 중입니다.

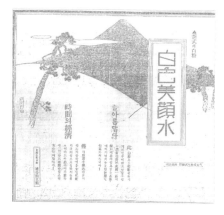

'신식의 백분'을 내세운 백색미안수는 여성 모델 대신 일본 풍경화를 내세워 광고의 품격을 높였다.

〈조선일보〉 1934년 12월 8일자 기사에서 보듯 연분 판매는 1935년부터 금지됐다. 당연히 박가분의 매출은 급격히 떨어졌다. '부인 화장계의 패왕'이 휘청거리자 무연無鉛 백분이 살판 났다. 레도 백분, 사화 백분, 구라부 백분, 백색 미안수 등이 때를 기다렸다는 듯이 광고 공세를 편 것이다. 레도 백분은 '마음대로 아름답게 피는 위생 상 유효한 무연백분'을 헤드카피로 뽑았다.

재래의 조악한 연백분과는 달너서 살결을 절대 안전케 하고 연백분 이상으로 마음대로 진하게 피여서 흰 빛이 생생하고 아름다운 광택이 있습니다.

동양화 같은 그림과 점잖은 카피로 유명한 백색 미안수도 '연분이 절대로 업는 안전한 신식 백분'임을 거듭 강조했다.

옛날 분은 연독의 무서운 것을 최근의 과학으로 잘 알게 되엿스니다. 백색미안수는 내무성 위생시험소에서도 무연백분으로 증명되얏습니다.

조선인이 운영하던 서울장분과 서가장분도 '패왕 흔들기'에 동참했다.[19] 서울장분은 '조선 부인의 얼굴에 맞도록 만든 새로운 제품, 절대로 납이 안 든, 분쇄독 없는 고급원료와 고상순결한 향료로 만든 제품'이란 문구를 광고에 명시했다.

연독 신드롬을 예견했던 것일까? 1920년대초 이미 '순무연'한 성분을 광고에 내세운 상품도 있었다. 붓으로 휘갈긴 명월백분의 광고는 말끝마다 무연無鉛이란 말을 갖다붙였다.

무연명월분은 절대적 연이 무한사, 무연명월분은 고귀한·향과를 배합하야 방향이 욱한사, 무연명월분은 분발이 순하야 백태난 화려하난 분도안으로 견치안난사, 무연명월백분은 점착력이 강하야 수류오시도라 탈퇴치 안는사.

명월백분은 '기다幾多한 백분 중에 특히 창덕궁 어御애용에 광영을 유有한'다면서 다 떨어진 조선 왕실을 내세워 소비자의 환심을 사려고도 했다.

박승직은 몇 차례 박가분의 품질을 개선하려고 시도했지만 여의치 않았고 일제 화장품의 물량과 품질 앞에서 더 이상 버틸 수 없었다. 결국 납 부작용으로 전국에서 고소를 당한 박가분은 1937년 자진 폐업함으로써 패왕의 자리를 내놓았다.[20]

인기 절정을 달리던 박가분이 폐업하자 공교롭게 화장품 산업도

거리에, 오피스에, 극장에 다니는 근대 미인들이 쓴다고 광고한 '랑고도람.' 세련된 일러스트레이션으로 하체가 긴 여성들을 배치했다.

시들어갔다. 중일전쟁이 터진 것이다. 태평양전쟁으로 확전되면서 소비재 상품의 생산은 힘을 잃었다. 1942년 봄 일제는 전시체제를 빌미로 조선기업정비령을 시행했고 '조선화장품 규격심사위원회' 까지 구성해 화장품 생산을 통제했다. 생산품의 견본을 제출케 하는가 하면 원료를 배합해 생산량을 할당했던 것이다. 당연히 일본 업체에 비해 조선 업체는 불이익을 받았다.[22] 그렇게 조선의 화장품업체들은 하나 둘 사라져갔다.

사람이 죽어나가는 전시체제였지만 여성이 화장을 완전히 끊을 수는 없었던 것일까. 화장품 회사들은 크기를 줄이긴 했지만 끊임없이 광고를 냈다. 다만 소비재를 광고하는 게 켕겼던지 광고 내용은 '받들어 총' 을 견지했다. '언제나 명랑하고 씩씩하게 일합시다. 결전하 근로여성의 건강미에는 반드시 영양크림으로' 라고 외쳤다. 패망 직전까지 나온 토막광고들은 '지질이 나쁘면 아름다운 꽃은 피지 않는다. 살결이 나쁘면 화장 윤택도 나지 않는다' '살결이 부드러운 것은 반도 부인의 자랑할 전통입니다' '우리들은 이 아름다운 미를 중호합시다' 라는 소박한 문구를 내걸었다.

신문과 잡지들은 긴축시대에 맞게 집에서 직접 만들 수 있는 천연화장품 제조법을 소개하곤 했다. '쑤세미물로 되는 고급화장수—집

전시체제에 접어들면서 소비재 광고는 대폭 줄었다. 하지만 예뻐지고 싶어하는 여성들의 욕망은 막을 수 없었다. 화장품 광고는 비록 작아졌으나 꾸준히 신문에 올라왔다.

에서도 넉넉히 된다.' '채소와 실과는 살을 희게 한다—피부를 희게 하는 세 가지 음식—식물과 피부의 관계' 같은 기사를 실은 것이다.

기사 가운데는 동이 닿지 않는 것도 있었다. 먹고 남은 수박 흰 살과 오이즙으로 피부를 관리하라는 정보는 이해해줄 만하지만 레몬, 포도알, 토마토로 잡티를 제거하라는 것은 무리한 요구가 아니었을까. 얼굴에 바르기는커녕 입에 넣기도 부담스러운 과일이었을 테니 말이다. 당시는 피부를 관리하기 위해 묵은 오줌으로 세수하거나 머리를 감는 여성이 적지 않던 궁핍한 시절이었으니 말이다.

〈매일신보〉는 1939년 5월 '비싼 화장품 사느니보다 집에서 맨드러 쓸 것'이라는 제하의 기사를 통해 화장품 제조법을 자세히 소개했다. 화장품에 세금이 걸려 있는 것은 부인네들에게 큰 타격이라며 이 기회에 화장품을 가정에서 만들어 쓰는 것이 어떻겠냐고 권했다. 그러면서 쑤리안진, 쎄이람, 아스트린젠트 등 비교적 간단하게 만들 수 있는 화장품 제조법을 소개했다. 거기에 들어가는 다양한 화학약품을 어디서 어떻게 구해야 하는지에 대한 설명은 없었다.

비상시에 화장하는 법을 소개하는 기사도 게재됐다. '본바탕 얼굴 그대로의 열분 화장이 대유행—이러케 간단한 법을 시험해 보십시요'라는 부제를 붙인 이 기사는 시절이 시절인 만큼 진한 화장은 점점 없

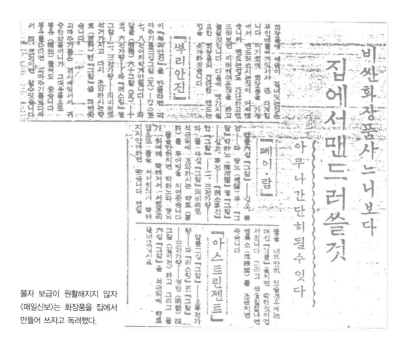

물자 보급이 원활해지지 않자 〈매일신보〉는 화장품을 집에서 만들어 쓰자고 독려했다.

어지고 그냥 본 얼굴 그대로의 화장을 하는 게 유행이라고 강조했다.

한 시대를 풍미한 박가분이 사라진 지 근 70년. 박가분의 흔적은 이제 박물관에서나 겨우 찾을 수 있지만 우리의 근대를 조선 여성과 함께 한 아이콘으로 여전히 살아 있다. 신경림의 빼어난 절창 〈목계 장터〉를 시조창처럼 읊어보시길 바란다. 어쩌면 박가분에 울고 웃던 우리 할아버지 할머니의 모습이 빛바랜 흑백영화에서처럼 살아날지 모를 일이다.

하늘은 날더러 구름이 되라 하고
땅은 날더러 바람이 되라 하네

청룡 흑룡 흩어져 비 개인 나루
잡초나 일깨우는 잔바람이 되라네
뱃길이라 서울 사흘 목계 나루에
아흐레 나흘 찾아 박가분 파는
가을볕도 서러운 방물장수 되라네
산은 날더러 들꽃이 되라 하고
강은 날더러 잔돌이 되라 하네
산서리 맵차거든 풀속에 얼굴 묻고
물여울 모질거든 바위 뒤에 붙으라네
민물 새우 끓어넘는 토방 툇마루
석삼년에 한 이레쯤 천치로 변해
짐부리고 앉아 쉬는 떠돌이가 되라네
하늘은 날더러 바람이 되라 하고
산은 날더러 잔돌이 되라 하네

미 주

1 홍인자, 〈한국 화장문화의 연대기적 변천 특성에 관한 연구 : 개화기 이후를 중심으로〉, 한성
  대 대학원 석사논문, 2002년, p.30.

2 《두산그룹사 상》, 두산그룹기획실, 1989년, p.73~74.

3 이연복 · 이경복, 《한국인의 미용풍속》, 월간 에세이, 2000년, p.49

4 김덕록, 《화장과 화장품》, 답게, 1997년, p.46

5 김덕록, 위의 책, p.50

6 유수경, 《한국여성양장변천사》, 일지사, 1990년, p.149.

7 이연복 외, 위의 책, p.56~57.

8 홍인자, 위의 논문, p.30

9 홍인자, 위의 논문, p.30.

10 홍인자, 위의 논문, p.26.

11 김덕록, 위의 책, p.60.

12 김덕록, 위의 책, p.59~60.

13 홍인자, 위의 논문, p.32.

14 박미경, 〈일제강점기 화장품 광고에 나타난 여성상의 미의식 고찰〉, 전남대 대학원 석사논
   문, 2003년, p.39.

15 홍인자, 위의 논문, p.32.

16 박미경, 위의 논문, p.22.

17 홍인자, 위의 논문, p.32.

18 이규태, 《버선발에 양구두》, 신태양사, 1988년, p.311.

19 김덕록, 위의 책, p.56.

20 김덕록, 위의 책, p.57.

21 김덕록, 위의 책, p.58.

22 박미경, 위의 논문, p.34.

백화점 승강기 바람에
억개가 웃슥하다

＊＊＊

앞으로 우리 백화점에는 신발을 신은 상태로 들어오셔야 합니다. 괜
찮겠습니까?

1925년 일본의 미쓰코시 백화점이 단골 고객에게 엽서를 보냈다.
신발을 갈아신고 입장하던 관행을 바꿔 앞으로는 각자의 신발을 신
고 입장하도록 하겠다며 의견을 물은 것이다. 손님들의 반응은 찬성
과 반대 반반이었다.[1]

초창기 일본의 백화점은 아예 신발을 벗고 입장하도록 했다. 일본
백화점의 원조인 오복점의 관행을 그대로 이어받은 것이다. 오복점은
우리의 포목점쯤 되는데 실내 바닥을 다다미나 돗자리로 만들었으니
손님들은 당연히 신발을 벗고 입장해야 했다.

조선의 백화점 원조는 일본 오복점이었다. 포목점 형태에서 근대의 쇼핑 공간으로 거듭난 오복점은 1900년대 초 한반도에 상륙했다.

신발을 바꿔 신도록 한 백화점도 여럿이었다. 가죽신을 신은 사람은 커버를 씌우게 했고 나막신과 짚신을 신은 사람은 덧신는 짚신으로 갈아신도록 한 것이다. 15%에 그친 도쿄 시내의 도로 포장률 때문이기도 했지만 무엇보다 오복점의 오랜 전통을 완전히 무시할 수는 없었던 것이다.[2]

1904~1906년에 걸쳐 하나 둘 조선에서 영업을 시작한 일본의 오복점들은 1920년대 중후반 들어 근대적 백화점으로 탈바꿈했다. 조지아, 미나카이, 히라다, 미쓰코시 등이 그런 업체들이다.[3]

일본 최초의 백화점인 미쓰코시는 조선에 진출한 지 10년 만인 1916년에 르네상스식 3층 건물을 지었다. 1930년에는 지금의 신세계 백화점 자리에 지하 1층, 지상 4층의 대규모 신관을 건립함으로써 근대 백화점의 진면목을 보여주었다.

1923년 신문에 낸 광고에서도 오복점이란 명칭을 그대로 쓴 미쓰코시는 '하용夏用 잡화 풍부 진열 중'이란 제목을 걸었다. 화장품은 물론 여행용품, 해수욕용품, 방수구, 기타 입용품의 하명下命을 원한다며 손님들에게 머리를 조아렸다. 품목으로 보나 광고로 보나 백화점보다는 대형 잡화점에 가까웠다는 것을 짐작할 수 있다.

웅장한 신관을 지은 1930년의 광고는 현대식 백화점 못지않은 수준을 과시하고 있다. 우선 건물부터 보는 사람을 압도했다. 최신 설비를 갖추고 층별로 품목을 구분해 진열하는가 하면 개점 이벤트까지 마련할 만큼 안정된 모습을 보였다.

당시에 백화점을 닮은 조선인 점포가 전혀 없었던 것은 아니다. 1920년대 말쯤에는 서울의 동아부인상회와 화신상회가 백화점 수준에 근접한 대형 상점 형태로 영업을 했다.[4] 화신상회는 한때 서울에서 가장 큰 금은상회로 떵떵거렸다. 1923년 광고를 보면 그것을 알 수 있는데 신라의 고분이라도 턴 것처럼 화려한 금은 식기류를 빼곡하게 그려넣었다.

동아부인상회는 다양한 이벤트를 자주 열던 잡화점이었다. 종로 네거리로 이전한 지 1주년이 됐을 때는 신문에 경품행사를 알리는 광고를 내기도 했다. '일등을 누가 타실구 (……) 일주년 기념 경품에 (……) 물건값도 싸게 하오. 일원어치만 사시면 (……) 이십여 원의 상품도 (……) 이등? 삼등? 오시오…….' 여러 가지 상품을 걸어 놓은 제비뽑기 행사로 손님을 부른 것이다.

빠른 속도로 진화를 거듭하던 두 상회는 1930년대에 들어서면서 치열한 경쟁에 돌입했다. 동아부인상회는 1932년 지하 1층, 지상 4층 규모의 건물을 짓고 동아백화점으로 개명했고, 경영난에 빠져 있던 화신도 박흥식이란 새파란 20대 사업가에게 인수돼 같은 해 근대적 백화점 영업을 시작했다.

동아부인상회와 화신상회는 조선의 간판급 점포였다. 일본 백화점의 공세 속에서 살아 남기 위해 두 점포는 다양한 이벤트를 열어 손님을 끌었다. 경품을 걸고 제비뽑기를 자주 한 동아상회와 화려한 금은 식기를 진열한 화신의 광고가 이채롭다.

종로 2가에 나란히 위치했던 두 상회는 조선인 고객을 놓고 피 터지는 승부를 벌였다. 그 결과는 화신의 KO승이었다.[5] 미모의 여점원을 채용해 할인행사를 벌인 것은 물론 당시 각광받던 문화주택 한 채를 배포 있게 경품으로 내건 결과였다. 집 한 채를 경품으로 내놓았으니 사람들이 물밀듯이 몰려들지 않을 수 없었다. 결국 고객의 요구로 행사 기간을 닷새 더 연장한다는 광고까지 냈다. 화신은 마침내 〈동아일보〉 1932년 8월 22일자 광고에서 승리의 세리머니를 펼쳤다. '화신동아병합기념 대매출'을 열어 동아의 잔품을 대투매한 것이다. 마치 전리품이라도 나눠주는 듯한 형국이었다.

화신백화점의 젊은 주인 박흥식은 일본의 대형 백화점에 맞서기 위해 민족이란 이름을 자주 팔았다. 박흥식은 1934년 8월 월간 〈삼천리〉에 '화신의 성패는 민족적 명예소관'이란 글을 통해 화신이야말로 조선의 상업경제를 일제 침략으로부터 막아줄 수호자라며 열변을 토했다.

…… 백화점이 일용품의 배급을 원활히 하여 문명의 리기를 민중적으로 보급시킨다는 그 본래의 사명에 잇서서 화신도 응분의 공헌을 해야하겟지마는 우리는 한거름 더 나아가서 아직도 낡은 습관에 저저서 과학적 경영방법이 무엇인지 모르는 조선 상인으로 하여금 새로운 시대의 요구가 무엇인지 각오를 가지게 하는 것도 조선 상업계에 첨단을 걷는 우리 화신의 책임이라 생각합니다. (……) 화신이 잘되고 못되는 것은 곳 조선사람이 장사를 잘하고 못하는 것을 실지로 증명하는 시금석으로 자타가 인정하는 것입니다.

화신은 신문광고에서도 '약진하는 조선의 화신' '조선의 백화점' 운운하면서 틈만 나면 동포애를 자극했다. 사업 확장이나 경영 위기 때면 '민족 백화점'인 화신을 도와주어야 한다고 읍소했고 조선의 왕족을 초대해 행사를 벌였다. 또 안창호를 옥바라지하는 제스처를 보이기도 했다.[6] 그러나 경륜 많은 친일파 지식인 윤치호는 1934년 4월 9일자 일기에서 화신과 박흥식을 비꼬면서 정확하게 화신의 운명을 꿰뚫어보았다.

> 그는(박흥식) 몇 가지 계략을 써서 조선은행으로부터 수십만 원을 대출받는 데 성공한 후 이 돈을 가지고 미쓰코시 백화점을 어설프게 흉내낸 화신백화점을 시작했다. 그가 엄청난 비용을 들여 7층짜리 백화점을 짓고 있다고 보도되었다. 일본 대재벌인 미쓰비시가 그에게 돈을 빌려주기로 되어 있다. 내 보기에 이건 정신나간 짓이다. 대체 박군이 일본인들을 가지고 노는 건가, 아니면 그 반대인가? 그가 의도적으로 그러는 것이든 아니면 멍청해서든 간에 종로 심장부에 교활한 일본 상인들을 위해 큰 점포를 내는 게 틀림없다. 그가 조만간 이 값비싼 터와 건물을 일본인들에게 고스란히 넘겨주고 은퇴하거나 그 대가로 조선의 부호가 될 것 같다.[7]

그럼 화신에서는 어떤 문명의 이기들이 손님을 기다렸을까? 1929년 11월 13일자 〈매일신보〉 광고에서 품목을 엿볼 수 있다. '동계경품부 대매출'이란 제목을 붙인 이 광고는 숨은그림찾기 퍼즐처럼 넥타이, 음료수, 안경, 전축, 원피스, 와인 잔, 옷장, 모자, 양산, 핸드백 등 온갖 상품을 촘촘히 박아놓았다. 이런 '백화百貨'는 일반 서민들

화신백화점은 문명의 이기를 판다고 선언했다. 숨은그림 찾기 같은 광고에는 넥타이, 안경,
전축 등 다양한 근대의 상품이 그려져 있다.

이 선뜻 구입할 물건들은 아니었지만 막 발아하기 시작한 근대 산업
사회의 일면을 선명하게 보여주는 것들이었다. 흥미로운 것은 순금
을 경품으로 건 추첨행사가 벌어졌다는 사실이다. 그때나 지금이나
미끼 삼아 내거는 사은잔치가 판촉 기법으로 동원된 것이다.

1937년 완공한 신관의 층별 매장 구성을 보면 백화점의 실체를 더
자세히 알 수 있다.

지하1층–지하시장, 식료품부, 실연장, 사기일용품부

1층–양품부, 화장품부, 여행 안내계

2층–신사양품부, 침구부, 주단포목부, 미술품부, 시계부, 귀금품부,
      안경부, 견본실

3층-부인자공복부, 완구부, 수공품부, 조화부

4층-서적부, 운동구부, 문서구부, 신사양복부, 점원휴게소

5층-대형식당, 조선물산부, 모기매장, 사진기재료부

6층-그랜드 홀, 스포츠랜드, 전기부, 가구부, 모델룸

7층-옥상, 상설화랑, 사진부, 미용실, 원경용품실, 옥상정원

오늘날의 백화점과 크게 다르지 않은 매장 구성인데 고객을 위한 편의시설만큼은 요즘 백화점을 능가할 정도였다. 특히 6층의 스포츠랜드에는 각종 운동기구와 오락기구를 갖춰놓았다. 고객들이 지나는 길에 가벼운 운동이나 오락을 즐기게 했고 옥상에는 공원을 조성해 시원한 전망대 구실도 겸했다.[8] 옥상 정원은 박태원의 소설 《여인성장》에 등장할 만큼 명소로 각광받았다.

"참 옥상에 잠깐 올라가 봐썬 (……) 거기 올라가 본 지두 오래야!……" 하고 말을 하여 "얘는 오래간만에 데리고 나오면 똑 시굴뚜기 것흔 소리만 해서……" 하고 철수는 다시 한번 숙경이를 돌아보고 웃고 세 사람은 함께 옥상정원으로 나갓다. 그곳에는 마침 구경을 온 듯 싶은 시골 사람이 두명 저편 철책 압헤가 서서 입을 딱버리고 연해 눈을 두리번 거리며 시가를 나려다보고 잇섯다.

단위면적당 매출액을 끌어올리기 위해 치밀하게 매장을 구성하는 구미歐美식과 달리 가족공간 개념을 도입한 일본식 백화점의 전략은 주효했다. 대형식당은 유명인사나 일반 시민들이 사교와 담화의 장소로 즐겨 이용했다. 주말에는 가족 단위 손님이 줄을 이었다.

일본 백화점은 근대의 명소였다. 단순한 쇼핑 공간이 아니라 근대를 체험하는 공간이었다. 옥상은 젊은이들의 데이트 공간이었다(미쓰코시 백화점 옥상).

화신은 식당이 큰 인기를 끌자 확장공사를 마친 뒤 〈매일신보〉 1933년 4월 1일자에 광고를 냈다. 가족 단위 고객을 적극적으로 유치하기 위해 '가족 본위의 대식당 출현'이란 문구를 메인 카피로 내세웠다. '일류 쿡'을 고용해 조선 요리부를 신설했고 양식, 화식(일식)부도 함께 확장했다.

며칠 뒤 〈매일신보〉에 실린 전면광고는 '매일 대성황인 화신대식당의 진용'이라는 제목 아래 식당 내부 사진까지 큼지막하게 실었다. 당시만 해도 화신을 둘러보고 식당에서 밥 한 끼 먹으면 동네방네 자랑할 만한 일이었던 것이다.

젊은 내외가 너덧살 되어 보이는 아이를 데리고 그곳에 가 승강기를 기다리고 있었다. 이제 그들은 식당으로 가서 그들의 오찬을 질길 것이다. 흘낏 구보를 본 그들 내외의 눈에는 자기네들의 행복을 자랑하고 싶어 하는 마음이 엿보였는지도 모른다. 구보는 그들을 업신녀겨 볼까하다가 문득 생각을 고쳐 그들을 축복하여 주려하였다.

박태원은 단편소설 〈소설가 구보씨의 일일〉에서도 백화점 식당에 가는 것이 행복의 잣대 중 하나였던 당대의 풍경을 묘사했다.

가족 단위로 식당을 찾는 사람들이 많아지고 분별 없이 유행을 좇는 모던 보이, 모던 걸들의 출입이 잦아지자 백화점이 사치를 부추긴다는 신랄한 보도도 나왔다. 〈조선일보〉 1933년 10월 29일자를 보자.

다른 곳은 다~ 흥정이 업서도 가을이 되면 백화점이 더 번창이다. 사서들고 나아오는 것은 안사도 조흘 것 가른 것을 보아서 아즉도 돈이 업단 타령하고는 딴판인지 모르나 백화점 승강긔 바람에 억개가 웃슥하니 백화점 출근을 하는 것인지 자식색기는 겨울이라도 뱃택이를 내노코 다니게 하고 코하나 씻기지 안으면서 주렁주렁 사들고 다니는 것이 그 무엔고 승강긔에 밋첫거든 아조 천국으로 이사를 가든지 백화점 상층 식당에서야만 애인을 맛날텐면 천국에서 사랑을 맷든지……

비판적 보도에도 백화점에 대한 관심은 가히 폭발적이었다. 신문과 잡지들은 화신의 이모저모를 경쟁적으로 캐냈다. 1933년 2월호 〈삼천리〉는 '반도 재벌의 십걸 · 박흥식 씨'란 기사에서 화신의 매출과 거래품목 등을 미주알고주알 소개했다.

3백20명의 점원이 매일 평균 만명의 고객을 마저드리어 만히 팔니는

여성들에게 백화점은 '꿈의 공간'이었다. 그들은 백화점 쇼윈도 앞에서 근대의 삶을 욕망했다.

날이면 일만칠천원 적은 때에도 보통 삼사천원어치씩 팔어낸다. 이 사층의 건평 팔백여평 속에는 고양이뿔 이외에 잡화 포목 금은 미장 과실 심지어 식당까지 모다 가추어 노앗는데 언제든지 사십만원 이상의 물품이 진열상에 갓득 드러차 잇다는 근대백화점의 왕 주식회사 화신상회의 전모다.

월간 〈삼천리〉는 무슨 스포츠 경기라도 중계하듯 백화점의 하루 고객 수를 소개했다. 미쓰코시 백화점은 12만 6,000명, 화신은 11만 7,000명, 조지아는 9만 5,000명이란 스코어를 얻었는데 당시 서울 인구가 30여만 명인 것을 감안하면 얼마나 많은 사람이 백화점에 몰렸는지 짐작할 수 있다.

이러한 통계는 백화점의 경쟁이 그만큼 치열했다는 것을 암시한다. 초창기 정찰판매를 원칙으로 하던 백화점들은 전면광고를 내고는 '춘물 일소 대매출' 같은 할인행사를 열었다. 거기다 무료 야간배달, 자유로운 반품, 상품권 발행 등 갖가지 서비스로 고객 끌기에 열을 올렸다.

백화점에서 일하는 여성 점원은 인기 있는 신부감이었다. 비교적 학력이 좋고 얼굴도 아름다웠기 때문이다.

백화점이 근대의 공간으로 떠오르자 여자 점원들에 대한 호기심도 커졌다. 당시 서울 다섯 개 백화점의 조선 여자 점원은 200여 명이었는데 직장 여성이 드물기도 했거니와 미모의 여성을 뽑았기 때문에 세간의 이목을 끌었다. 월간 〈별건곤〉이 1934년 5월호에서 다룬 '백화점은 미인시장'이란 기사를 보자.

스마−트한 청년들이 물건 보기보다 거기서 나비가치 경쾌하게 써−비스하는 쏩프껄들을 바라보기에 정신업는 광경을 본다 (……) 미쓰코시 백화점이 인물 선택을 가장 엄격하게 하며 순명이나 진명여자상업을 맞추고 가정이 비교적 점잖은 집안의 따님들을 채용하는데 그보다 얼굴과 스타일이 아름다운 이를 채용하는 것을 선결조건으로 삼는다…….

기자는 마치 화신백화점 여성 점원을 신부감으로 내놓겠다는 듯 결혼시장의 핵심은 화신이라고 단정했다. 일본인을 많이 채용하는 미쓰코시와 달리 화신에는 15~16세부터 22~23세 '숍껄'이 약 70명 있다면서 여자상업학교 출신이 제일 많고 진명, 숙명, 이화 출신도 상당수였다고 소개했다. 이들은 학교 추천을 받아 선발됐지만 보수가 없거나 소액인 견습생으로 일정 기간을 근무한 뒤 정식사원으로 채용되었다.

별게 다 기사거리다 싶겠지만 월간 〈여성〉 1937년 2월호는 '백화점에 나타난 신여성'이란 제목으로 백화점의 인사계 여주임 인터뷰까지 실었다. 200명 점원들의 복무태도와 봉급(20~30원), 아홉 시간 30분에 달하는 근무시간과 업무 내용을 세세히 다뤘다. 화신의 여점원 임금은 1934년에는 하루 평균 열두 시간 근무에 50~60전(식사 제공)이었으며 1935년에는 70~80전이었다. '다리가 끊어질듯' 힘든 일인 데다[9] 비교적 높은 학력 소유자들이 받기에는 박한 임금이었다. 그러나 한국인 여공의 평균임금이 1934년 51전, 1935년 49전이었음을 감안하면 턱없이 적은 봉급도 아니었다.[10]

일본의 여행 잡지가 '도쿄 10경'으로 미쓰이 오복점을 꼽았듯이 조선에서도 백화점은 최고의 구경거리였다. 월간 〈신동아〉 1936년 5월호는 '백화점과 연쇄점'이란 기사에서 이렇게 적고 있다. '첫째 백화점은 도시의 중앙지대에 종립하야 건축물의 장대와 미로 본다든지 또는 번화한 점으로 보아 도시의 명물이란 소리를 듣게 된다. (……) 특별히 시골에서 오는 사람이면 백화점에 한 번 출입하는 것을 일종의 자랑으로 아는 이가 없지 아니하다.'

백화점들은 이런 분위기를 간파했다. 고객이 입구에 들어서면 일층 안내계 점원을 통해 보관소에 휴대품을 맡기게 하고 매장 구경에 나서게 했다.[11] 백화점은 학생들의 수학여행 코스에도 포함됐다. 월간 〈별건곤〉 1932년 11월호에 실린 삽화는 백화점에 견학하러온 학

백화점은 수학여행 온 학생은 물론 시골 영감들이 단골로 들르는 견학 명소였다. 식당 메뉴판의 일본 음식 가쓰레스, 야사이사라다, 라이스카레를 기록하는 학생과 마네킹의 각선미를 감상하는 노인들의 모습.

생의 모습을 그리고 있다. 백화점에 구경온 학생 중 한 명이 식당 앞에서 메뉴를 기록하며 혼잣말을 하는 내용이다. "하 이것이 가쓰레쓰, 야사이사라다, 라이스카레 잠시 기록해두자."

한창 잘나가던 화신은 1934년 목조 4층 건물이 다 타버리는 대화재로 경성 사람들을 큰 충격에 빠뜨렸으나 이듬해 철근콘크리트조의 지하 1층, 지상 6층 규모를 자랑하는, 조선 팔도의 가장 큰 백화점으로 거듭났다. 〈삼천리〉 1935년 9월호에 게재된 '새로 낙성된 오층루 화신백화점 구경기'는 당시 사람들에게 화신이 어떤 공간이었는지 잘 보여준다.

확실히 요사히 서울 장안사람들의 눈과 발을 멈추게 하는 것은 이 화신 백화점이다. (……) 개관 첫날 이른 아츰부터 귀부인 유한매담에서부터 룸펜에 이르기까지 장안사람들은 물밀듯이 화신 문전에로 몰여드러온다. 수만은 사람들은 그러케도 아츰 아홉시부터 저녁 열시까지

끗칠줄을 몰으고 작구 몰여 들어오는가. (……) 벌써 이층 엘레페다 앞에 한번 보아 시골풍의 안악네들이 어린 아해를 등에 업고 한손에는 아들 손목을 잡고 서잇는가 하면 중급의 학생들이며 점원 뽀이급의 사람이 몰여서서 샛파란 양장의 제복을 엘레페다 운전수의 수집어하는 얼굴에 일제히 정면사격을 하고 있다.

인파에 떠밀려 다녔다는 기자는 '손님은 많은데 물건을 사는 사람은 극히 드물고 대부분은 일 없이 지나는 서울 장안사람, 구경 좋아하는 시정인들, 심심소일로 들어온 무리가 대부분인 것을 즉각할 수가 있다' 며 당시 분위기를 전했다.

화신백화점에 대한 애정 어린 충고를 주는 일기체 기사도 나왔다. 대구에서 준백화점 수준의 무영당을 경영했던 이근무가 〈삼천리〉 1939년 12월호에 기고한 '백화점 비판 기타' 가 그것이다.

언제나 늣기는 바 점원의 훈련이 아모래도 좀 부족한 것 갓다. 우선 표면에 낫하나는 걸로 보아 표정언사 태도들이 좀더 친절하엿스면 하는 생각이 간절하엿다. (……) 그러고 여점원의 인물을 좀더 선택할 필요가 잇고 제복도 닙히는 게 조흘 것 갓다. 만약 여점원 채용에 대우관계라면 좀더 예산을 계상해가지고라도 반드시 우아한 사람들을 채용함이 매상 능률에 잇서 확실한 효과가 잇슬 것 갓다. 그러고 언제나 보니 별로히 목거지가 없다. (……) 그다지 큰 경비를 아니드려서라도 무슨 전람회나 혹은 음악회 갓흔 것을 기회보아 개최하는 게 조흘 거 갓다.

유통업계에서 조선인들의 자존심으로 통하던 화신백화점은 조선 사람들로 와글와글댔다. 그러나 물건을
사는 사람보다는 백화점을 구경하려는 사람이 더 많았다.

소매 상권을 장악해나가던 화신을 포함해 당시 백화점들은 중소
상인을 죽인다는 비판을 받지 않을 수 없었다.[12] 월간 〈신동아〉 1932
년 10월호가 '피폐한 중소상공 원인과 그 대책'을 다룬 것은 이런 상
황에서였다.

한 장소에서 소요의 여러 가지 물건을 살 수 있는 것, 상품을 마음대
로 선택할 수 있는 것, 종일을 두고 보고만 나와도 꾸지람하는 이가
없는 것, 휴게 음식 용변 그밖에 조금의 불편도 없을 만한 설비 등등
에 있어서 중소상업은 도저히 백화점의 적이 못되는데다가 백화점은
대자본 경영인 까닭에 대량 매입과 박리다매가 가능하다. 고로 백화
점의 진출과 그 수의 증가는 중소상인에게는 치명타가 되는 것이다.

서울에 대형 매장을 갖추고 있던 백화점 중 미쓰이는 지방에 10여

화신백화점은 파격적인 경품 행사를 자주 열었다. 전국에 약 350개의 연쇄점을 거느릴 만큼 위세가 당당했던 화신은 1원어치 이상 물건을 산 고객을 대상으로 소 한 마리를 경품 행사에 내놓았다.

개의 지점을 열었다. 화신도 이에 질세라 평양의 평안백화점을 인수해 지점으로 만들었고 진남포 지점도 개설했다. 1934년 6월에는 연쇄점 사업에 진출해 이듬해에는 전국 각지에 약 350개에 달하는 점포망을 갖추었다.[13] 1937년 1월 6일자 〈매일신보〉 광고를 보면 화신의 연쇄점 분포 현황을 확인할 수 있다. 한반도 지도 위에 모래를 뿌려놓은 것처럼 많은 연쇄점이 눈에 들어온다.

화신연쇄점은 1937년 12월 1일자 광고에 '일원어치 물건 사시면 소 한 마리'란 경품행사를 열었다. 연말연시 용품과 증답품을 풍부히 구비하고 대염가로 제공한다면서 옷장, 유모차, 밥상, 돗자리 등을 경품으로 내놓았다.

친일파가 된 화신백화점의 박흥식 사장은 군용기를 헌납할 정도로 일제의 편에 섰다. 사진은 철거되기 직전의 화신백화점.

화신이 대자본과 선진 경영기법을 앞세운 일본 백화점들의 등쌀에 견딘 것은 일견 대단해 보인다. 백화점 경영 기법을 몰랐던 박흥식이 대담한 판매전략으로 험난한 파고를 견뎠기 때문이다. 문화주택을 경품으로 내놓는가 하면 일본 오사카 공장에서 물품을 직수입하고, 상품권을 발행했으며 성수기에는 거의 매일 주요 일간지에 전면광고를 실었다. 1930년대 중반에는 광고비가 매출액의 약 6%나 됐다.[14]

1942년 업계 3위로 도약한 화신의 사원 수가 1932년 150여 명에서 1945년 700여 명으로 늘어난 것은[15] 그러나 박흥식의 대담한 경영과 민족 고객의 지원 덕분만은 아니었다. 조선총독부의 도움으로 새 건물을 세울 무렵 박흥식은 이미 중추원 참의가 되어 있었다. 중일전쟁이 일어났을 때는 군용비행기 헌납운동에 앞장섰고 1944년에는 조선

비행기공업(주)를 창립할 만큼 일본 제국주의에 적극적으로 협력했다. 박홍식의 친일행위 덕분에 배급 통제하에서 화신은 종전보다 많은 물품을 배급받는 특권을 누렸다. 당시 영업세 총액이 경성 백화점들의 경우 2.3배 올랐으나 화신은 3,000여 원에서 1만 1,000여 원으로 3.7배나 증가하였다.[16]

박홍식은 해방 후 반민족행위처벌법이 공포되자 맨 처음 구속됐다 맨 처음 풀려났다. 한국전쟁으로 화신이 불에 타자 그는 현재의 제일은행 본점 자리에 신신백화점을 신축하여 재기에 성공하기도 했다. 1950년대 말까지도 그는 이 나라 최고의 기업가, 최고의 거부였다. 박정희 정권 때도 부침을 거듭하던 그는 1994년 서울대병원에서 숨을 거두었다. '풍요와 소비'라고 하는 근대인들의 판타지를 업고 성장했던 '화신의 제왕'은 그렇게 굴곡 많은 생을 마쳤다.

미주

1 하쓰다 토오루, 《백화점(도시문화의 근대)》, 논형, 2003년, p.240.

2 하쓰다 토오루, 위의 책, p.239~240.

3 안춘식, '일제시기의 한국 민족기업 경영의 생성과 전개', 〈경제연구〉 2001년 5월호, p.39.

4 오진석, 〈일제하 백화점 업계의 동향과 관계인들의 생활양식〉, 《일제의 식민지배와 일상생활》, 혜안, 2004년, p. 132.

　신태익, '대백화점전', 월간 〈삼천리〉, 1931년 2월.

5 신태익, '동아 화신 양 백화점 합동 내막', 월간 〈삼천리〉, 1932년 8월호

　〈동아일보〉, 1926년 12월7일.

6 오진석, 위의 논문, p.19~29.

7 윤치호, 《윤치호 일기 1916~1943 : 한 지식인의 내면세계를 통해 본 식민지 시기》, 역사비평사, 2001년, p.606.

8 장용태, 〈일제강점기 남대문로 일대의 백화점 건축에 관한 연구〉, 서울시립대 대학원 석사논문, 2000년, p.71.

9 오진석, 위의 책, p.132. 재인용.

10 오진석, 〈일제하 한국인 자본가의 성장과 변모-박흥식의 화신백화점 경영을 중심으로〉, 연세대 대학원 석사논문, p.34.

11 오진석, 위의 논문, p.30.

12 〈동아일보〉, 1928년 11월17일.

13 오진석, 위의 논문, p.27.

14 오진석, 위의 논문, p.30.

15 오진석, 위의 논문, p.42~44.

16 오진석, 위의 책, p.136.

17 장용태, 위의 논문, p.80.

맥주는, 가로대 자양품이라

✹ ✹ ✹

식욕을 늘게 하고 먹는 것을 몸으로 가게 한다.

이쯤 되면 포도주는 술이 아니라 보약이다. 일제 강점기 신문광고에서 포도주는 '피와 살이 되'는 음료였다.

소화액의 분비를 촉진하야 먹는 음식을 몸으로 가게 합니다. 이것 자체도 포도당 과당 칼슘 철 등 기타의 귀중한 영양계를 가지고 있어 그것이 또 몸으로 가므로 식욕 부진 허약 수신瘦身 등 인人에게는 참으로 절호한 음료입니다.

'아침 저녁으로 한 잔씩 마시면 백약보다 낫다'는 포도주는 광고

포도주 업체들은 무산자 계급에 속하는 산업 전사들에게도 손을 뻗쳤다. 음주 노동을 하라는 것일까?

에서 만병통치약이 됐다.

병후의 회복기에 있는 사람, 신경 쇠약 불면증의 사람, 빈혈 냉성의 사람, 식욕부진의 사람, 정력 쇠퇴의 사람, 허약한 사람 반듯이 효험이 잇슴니다.

'하찌蜂 포도주'는 고객층을 넓히기 위해 '산업 전사'들을 겨냥한 광고를 내놓았다.

산업전선에 서는 분께! 담당한 일을 완전히 하려면 건강이 필요합니다. 또 피로는 속히 풀 것입니다. 출근 전 종업 후 이것을 잡수시면 체력이 증진하여 능률이 올르고 피로도 대번 풀립니다. 산업전사의 애음료로서 하로도 결할 수 업습니다.

산업 전사들이 무슨 돈이 있다고 포도주를 사서 마시라고 했을까? 그건 그렇다 치더라도 출근 전에 무슨 이유로 포도주를 마시라고 한 것일까? 이래저래 반듯한 카피가 아니었다. 하찌 포도주는 산업 전사를 중세의 귀족쯤 된다고 생각했는지 편안한 잠을 촉진하고 피로 회복에도 좋다며 일배一盃를 권했다.

침전寢前에 하찌 포도주를 잡수십시다. 이것은 무엇보다 안면安眠 숙

모던 보이들은 조선호텔(사진)에 모여 맥주를 즐겼다. 개인 맥주잔을 보관해 사용하는 게 하나의 자랑거리였다.

수熟睡의 양감미糧甘美한 음용 기분 중에 편하게 수기睡氣를 가저옵니다. 더욱 혈행을 성히 하야 주晝의 피로를 일소하고 명일에 원기를 맨드러줍니다.

포도주가 이렇게 보약 같은 술이었다면 맥주는 모던 보이들이 즐겨 마시던 술이었다.

아아니 보아 하니 당신 스무 살은 넘었을 터인데, 그래 삐루 한 컵쯤 못 먹는대서야 어디 현대 청년이 되겠소, 사양 말구 자시오.[1]

엄흥섭(1906~?)의 소설 속 젊은이들이 주고받는 대화에서 알 수 있듯이 맥주는 근대를 상징하는 술이었다. 청사 조풍연이 《서울잡학사전》에서 밝힌 것처럼 조선호텔에서는 정장을 입어야 마실 수 있는 술이 맥주였다. 정장이 부담스러운 '비어 족'은 충무로에 있는 '비어

맥주를 최초로 마신 조선인은 누굴까? 이규태는 1871년 미국 전함 콜로라도호에 승선한 문정관일 가능성이 높다고 추정했다. 콜로라도호는 상선 제너럴 셔먼호가 통상을 요구하다 조선 해군에 의해 소각되자 조선 정부를 압박하기 위해 파견됐다.

홀'을 드나들었다. 유리나 도자기로 된 개인 맥주잔을 보관해놓은 걸 뽐내던 사람도 있었다.

맥주는 당시만 해도 널리 마시던 술이 아니어서 별난 해프닝을 만들었다. 남편이 손님을 모시고 와서는 맥주로 술상을 차리라고 하자 정종처럼 데워서 내왔다는 일화가 있었으니 말이다.[2]

합방 후 모던 보이들이 즐겨마신 맥주를 조선 사람이 처음 접한 것은 그보다 한참 전의 일이었다. 이규태는 미국의 전함 콜로라도호가 그 현장이라고 소개했다. 1866년 통상을 요구하던 제너럴 셔먼호가 조선 해군에 의해 소각당하자 미국은 이를 응징하는 한편 또다시 통상을 요구하기 위해 1871년 강화만에 콜로라도호를 파견했다. 당시 협상을 위해 이 배에 오른 강화부의 문정관 네 명이 사진을 찍었는데

맥주는 자양품이라고 광고했다. 술이 아니라 청량음료라고 못박기도 했다. 서양 미녀와 일본 여성의 이미지가 대조적이다.

이때 팔에 안고 있던 물건이 빈 맥주병이었다는 것이다.[3]

일제 시대에도 맥주 종류는 다양했다. 사구라 삐루는 광고를 통해 궁내성에서 자주 마신다는 것을 강조하면서 맥주의 본고장인 독일을 팔았다. '방열芳熱하고 고미苦味가 박薄하고 설감舌感이 가佳한 순 독일식 풍미'란 카피를 내건 것이다.

일본에서 제일 좋은 물로 빚는다고 자랑한 유니온 비루, 품질이 탁월하다는 가부도 맥주도 종종 신문에 등장했지만 삿보로 맥주와 기린 맥주의 상대는 되지 못했다.

'손님들 중에 삿뽀로를 조와하시는 분은 언제든지 명랑하고 씩씩하시어'라고 광고한 삿보로 맥주는 아리따운 서양 여성이 은근한 눈길을 주면서 맥주를 들고 있는 일러스트레이션으로 남성들을 유혹했다.

가장 파격적으로 광고한 것은 아무래도 기린 맥주일 것이다. '맥주는 술이 아니다'는 그야말로 술 취한 광고를 냈다. '맥주는 술이 아니라고, 그러면 무엇일까, 가로대 자양품이라.' 기린 맥주는 이렇게 자문자답까지하면서 맥주를 단호하게 자양품이라고 우겼다.

Beer is as good a drink as you can possibly have.

기린 맥주는 영국 리버풀 포스트 신문의 인터뷰 기사 중에 입맛에 맞는 한 구절을 뚝 떼어다 광고 문구로 쓰기도 했다. 술이 아니라 드링크란 걸 강조하자니 영어를 동원하지 못할 이유가 없었다. 기린 맥주는 결국 청량음료란 말을 광고에 박음으로써 맥주를 콜라, 사이다, 환타의 친구로 만들어버렸다.

기린 맥주가 '나는 술이다'라고 '커밍아웃' 하지 못한 데는 그럴 만한 이유가 없지 않았다. 당시 기독교 단체와 언론사를 중심으로 금주 운동이 거세게 일어났던 것이다.

술을 사랑하는 친구들이여! 놀나지 맙시다. 조선 안에서 1년 간 소비되는 술값이 8천 3백 42만 9,176원이외다. 우리 민족 한 사람의 생활비가 1년간 2백원이라고 가뎡하면 41만7,145인의 생활비가 됩니다. 이런 놀나운 사실을 우리는 그저 볼 수가 업습니다. 오늘날 우리가 부르짓는 생활난으로 인하야 해마다 고국을 써나 외디에 류리방황하는 동포와 주림을 참지 못하야 자살하는 형뎨들을 다 합하야도 전 민족의 5분의 1이 못된다. 그러나 1년 간 쇼비되난 술갑은 전 민족의 5분의 1의 생활비가 되고도 남는다. 그러면 1년 간 술을 먹지 안는다 할지라도 능히 생활난에 쌔진 형뎨를 50년 간 구제할 수 잇다. 그래도 술을 마시렵니까?

〈기독신보〉가 1927년 11월 16일자에 보도한 것처럼 조선의 술 소비량은 나라살림을 거덜낼 지경이었다. 전체 조세액에서 주세액이 차지하는 비중이 1910년만 해도 1.8%이던 것이 1935년에는 30.2%로 늘어 조세 항목 중 가장 큰 비중을 차지했다.[4] 도시화와·함께 퇴폐문화가 번지고 3·1운동의 실패에 따른 좌절감이 컸다곤 하지만 지나친 것이었다.

1921~1930년 사이에 등록된 한국의 제조업체는 657개 사였는데 그중 양조업체가 154개를 차지해 가장 많았다.[5] 그만큼 술 소비량이 많았다는 증거다. 주종별 소비량을 보면 탁주 소비량은 1917년 이후 매년 60만 석 증가해 1924년에는 137만 6,000석에 달했다. 청주는 1911년에 2만 4,000여 석이던 것이 1924년에는 5만 7,000여 석으로, 소주는 1924년 20여 만 석에 이르렀다.[6] 1930년 주류 생산액은 전 공산액의 15%에 해당했다.[7] 술 권하는 사회가 아니라 술독에 빠진 사회였다.

기독교 단체들은 주류 소비량이 교육비보다 높은 것을 개탄하면서 민족의 장래를 생각하자고 촉구했다.[8] 대부분의 교단과 기독교 각 단체는 '술은 만악의 근본'이라는 표어를 내걸고 금주와 관련된 가두시위, 가극, 음악회, 강연회, 활동사진대회 등을 열어나갔다.[9] 미국과 특히 러시아에서 금주법 시행 이후 범죄율과 빈민 수가 감소하고 생활이 풍요로워졌다는 것을 알렸다.[10]

맥주와 포도주만큼은 아니었지만 위스키와 샴페인 광고도 신문에 자주 등장했다. 산도리 위스키는 '상질 스콧취식, 권위 있는 미국의 일류 감정사가 그 품질을 확인했다'고 자랑했다. '헬메쓰Hermes' 위스키는 '가장 신사적'이란 간명한 카피와 세련된 일러스트레이션, 영

위스키와 샴페인 같은 고급 술도 신문광고에 자주 실렸다. 절제되고 세련된 카피가 고급스러운 주종과 어울린다.

어 문구로 고급화 전략을 고수했다.

사람 사는 게 예나 지금이나 비슷했던지 당시에도 요즘처럼 가짜 양주를 몰래 파는 일이 잦았던 것 같다. '알고보니 보리차麥茶'란 제목의 기사는 보리차를 양주로 속여 판 사연을 전하고 있다.[11] '반다스'란 위스키를 4원 60전이라는 엄청나게 싼 값에 사가지고 왔는데 전부 보리차였다는 내용이다.

샴페인 폰판은 '건강 축복의 주'란 이름을 걸고는 연말연시를 겨냥해 광고를 냈다.

축주=샴판 그것을 임금林檎으로 양조한 것 마시면 예기銳氣가 오체에 충일하는 (……) 그리고 산듯한 맛 (……) 경輕하고 명랑한 취기 (……) 실로 쾌적한 음료.

이렇게 신문에 광고를 낸 술은 공장에서 만든 외래주들이었지만 집에서 만들어 먹던 가양주家釀酒들의 위세도 만만찮았다. 일제가 1916년 주세령을 통해 세율을 인상하는 바람에 가양주가 휘청거리긴 했지만 200여 종이 넘는 술을 자랑하던 나라가 조선이었다.

수많은 술 가운데 그래도 가장 인기 있는 술은 남부 지방에서 주로 마시던 탁주, 북부 지방의 소주, 상류층이 애용한 고급 청주인 약주

조선의 전통주 가운데 신문 광고에 나온 것은 소주였다. '조선의 술'임을 내세워 애주가들을 유혹했다.

였다.

탁주는 오랫동안 약주와 구별하지 않았는데 막 걸렀다는 뜻의 막걸리(속성주)와는 구별하였다. 서민층이 주로 마시던 막걸리는 상류층에서는 술로 치지 않았다. 탁주는 일제 때도 가장 흔해 술 파는 곳이면 어디서나 마실 수 있었다. 당시 잡지들도 경성에서 유명짜한 선술집을 다루곤 했는데 대부분 찹쌀 막걸리를 잘 빚는 집들이었다.[12]

6·25동란 전만 해도 여름에만 마시는 술이었던 소주는 약소주, 찹쌀소주, 밀소주, 직성소주, 보리소주 등 다양한 종류를 과시했다. 조선 술 가운데 신문에 광고를 한 것도 소주였다. 일급 소주의 대명사

초의 上街 (三)
◇집술전◇

◇……해는 서편 넘어로 색수
에 모두 돈 생물은 원종일 피로운 바
러지고 머동의 물결이 덥친 듯바
몸을 질질 끌면서 안식을 얻으러한
색시고 키고라가 보는 자리로
식키고라가 보는 자리로
돌아
간다
◇……중로 등처 씨 가바서지도
목아씨우는 삭원들을 들고
자
지집으로 돌아라가는 노동자들을
한숨씩은 깃붕이 가슴에서 출넝
기린는 지도 모르겠다
◇……그러나자 지집으로 돌아라

잡지들은 서민들이 찾아갈 만한
선술집 순례기를 소개하기도 했다.
일부 선술집은 줄을 서서 한참 기
다려야 할 정도로 인기가 있었다.

로 통하던 개성소주는 '최고의 역사, 최신의 설비, 최상의 품질'을
강조하면서 '시대에 적합한 경제적 음료'인 만큼 조석으로 일배하면
만수무강한다고 큰소리를 쳤다.

조선의 술임을 내세워 애국심을 자극한 소주는 동아소주였다. '백
열적 대호평으로 일취월진, 국산 원료의 이용과 외래품의 구축함을
일대 사명으로' 삼았다면서 품질 본위를 주장했다. 개성, 안동과 함
께 소주의 명산지인 평양의 소주도 팔짱만 끼고 있지는 않았다. 한호
소주는 '평양 명산'이란 헤드카피를 내세웠고 월선은 '조선 소주의
성명 품질 양호 가격 저렴 금에야 귀찮의 성이 전선에 충만하다'고
외쳤다.

술 광고는 술 소비량이 너무 많다는 지적에도 꾸준히 신문을 장식

했다. 어느 술꾼의 운치 있는 타령처럼 조선의 민중들은 눈물 같은
술을 마시며 식민지 생활을 견뎌냈는지 모를 일이다.

술 없는 꽃/술 없는 달/술 없는 미인/술 없는 친구/술 없는 제사/술
없는 연석.
이것은 인간의 크나큰 살풍경. 내 눈물이 술이 된다면 눈이 빠지도록
울고저.[13]

미 주

1 엄흥섭, 《인생사막》, 을유문화사, 1988년, p.7

2 이방원, 《우리나라 여성들은 어떻게 살았을까 : 개화기부터 해방기까지》, 청년사, 1999년, p.114.

3 이규태, 《개화는 싫어 개국은 더 싫어》, 조선일보사, 2001년, p.34~35.

4 윤은순, 〈1920~1930년대 한국 기독교의 절제운동 : 금주 · 금연운동을 중심으로〉, 숙명여대 대학원 석사논문, 2001년, p.5.

5 《서울600년사》 홈페이지(http://seoul600.visitseoul.net/index.html), 시대사, 서울특별시시대1, 시민생활, 전통적인 음식의 변천.

6 《서울600년사》 홈페이지(http://seoul600.visitseoul.net/index.html), 시대사, 일제침략하의 서울, 시민생활, 양조주.

7 주익종, 〈일제하 한국인 주조업의 발전〉, 《경제학연구 제40집 제1호》, 1992년 6월, p.269.

8 윤은순, 위의 논문, p.5.

9 윤은순, 위의 논문, p.19~27.

10 윤은순, 위의 논문, p.30.

11 〈동아일보〉 1927년 7월 19일

12 항음자, '선술집 평판기'(한인살롱 포함), 월간 〈신세기〉, 1939년 9월, p.126. 배O실, '막걸니 대장의 선술집 순열기', 월간 〈별건곤〉, 1933년 1월, p.48.

13 신정언, '주당 불주당 대논전 : 영욕 자재의 활물', 월간 〈조광〉, 1937년 12월, p.295.

◉ 커피 ◉

양탕국이냐, 독아편이냐

❋ ❋ ❋

한 잔의 술을 마시고

우리는 버지니아 울프의 생애와

목마木馬를 타고 떠난 숙녀淑女의 옷자락을 이야기한다

목마木馬는 주인을 버리고 그저 방울 소리만 울리며

가을 속으로 떠났다 술병에서 별이 떨어진다

상심傷心한 별은 내 가슴에 가벼웁게 부숴진다

......

　30대 중반에서 40대 중반 사이의 독자라면 박인환의 시 〈목마와 숙녀〉의 첫 줄을 듣자마자 아련한 향수에 젖는 사람 많을 것이다. 1980년대 초 가수 박인희의 낭랑한 목소리에 실려 울려퍼지던 이 시

茶 漢城鐘路
供茶屋 主任
郭亨根
趙勉淳

左開

京西洋各種上香茶、
洋菓子、果熟、
洋酒、呂宋烟、
塵埃及散賣

衛生上必要品을研究
하는此時를際하야不
可無茶店이요가로此
茶舖路頭에供茶屋를
特設하고街路上에往
來하는食客에게点
供及休息을便宜케點
最富豊茶料와特히
洋諸種을供賣하오니
江湖僉彦의光臨을
시오

초기 다방은 손님들에게 커피를 비롯해 각종 차, 양주, 양과자 등을 팔았다.

는 상심한 별처럼 부숴진 청춘에겐 일회성 모르핀 같은 것이었다. 출구를 못 찾는 젊은이들에게 이 시가 전하는 페시미즘은 잠깐이나마 안식처가 될 만했다.

박인환(1926~1956)은 고작 30년을 살다갔지만 인생이 잡지 표지처럼 통속하다는 걸 간파했던 것 같다. 6·25 동란 후라는 남루한 시대에도 그는 일류 양복점에서 외제 고급천으로 만든 양복에 초콜릿 색 구두를 신고 명동 거리를 활보했다. 한 세대 앞의 선배들이 조성해놓은 명동의 다방과 카페 문화 속에서 삶을 통속적으로 마모시켰던 것이다.

1920년대 들어 근대적 다방이 생겨나기 시작하자 문화계 인사들은 명동으로 명동으로 몰려들었다. 박인환 같은 문인뿐 아니라 화가, 배우, 영화감독 등 예술 좀 한다는 자들은 다방을 아지트로 삼았다. 식민지라는 답답한 시공간에서 자신의 재능과 열정과 울분을 커피 한 잔에 녹였던 것이다. 만약 커피가 없었다면 조선에서 다방문화 아니 근대문화가 형성될 수나 있었을까?

다방은 1910년대 들어서면서 신문광고에 등장하기 시작했다. 1910년 9월 20일자 〈매일신보〉에는 배꽃 무늬로 테두리를 친 다방

광고가 실렸다.

끽다점은 자그마한 광고로 영업을 알렸다. 다방이 문화 공간으로 제자리를 자리잡기까지는 적잖은 시간이 필요했다.

　위생상 필요함을 연구하는 차시를 제하야 불가무다점이옵기로 종로통에 공다옥을 특설하고 가로상에 왕래하시는 첨언에 점다 급 휴식을 편의케 수공키 위하야 자양분이 최부한 다료와 특히 좌개제종을 공매하오니 강호 첨언은 광강하시압.

　차를 제공한다는 뜻으로 붙인 이름인지 '공다옥供茶屋'은 동서양 각종 상향차, 양과자, 과숙, 양주, 여송연 등을 서비스한다고 광고했다. 근대 다방의 '주인공'인 커피는 메뉴에 보이지 않는 걸로 봐서 취급하지 않았거나, 빠뜨렸거나, 각종 차에 포함돼 있을 것이었다. 1910년이란 시기는 다방이란 신종 영업장이 뿌리내리기에 너무 일렀던 것일까? 공다옥은 무슨 연유에선지 일년이 좀 지나 영업을 임시로 정지한다면서 광고를 냈다. 각종 수입 다과와 연초를 처분하려고 하니 많이 찾아달라는 내용이었다.

　끽다점이란 이름을 붙인 다방도 선보였다. 1915년 10월 21일자 〈매일신보〉에 실린 '부사의 리 끽다점'이 그것이다. 공진회장 휴게소라고 장소를 밝힌 것으로 미뤄 행사장에 임시로 설치한 모양이다. 광고는 식당 메뉴판처럼 차·과자 10전, 홍차 5전, 국포 1인분 10전 등 취급 품목과 가격을 소개했다. 메뉴의 맨 끝에 '스시 20전'이 있는 걸로 봐서 간단한 요깃거리도 팔았던 것 같다.

손탁 호텔은 아관파천 때 시중을 들던 손탁 여사에게 고종이 하사한 것이다. 커피숍 겸 양식당으로 운영한 이 호텔에는 조선을 방문한 외국인 명사들이 자주 찾아왔다. 손탁 호텔에서 내려다 본 시가지 풍경이 고즈넉하다.

본격적인 다방과 카페가 생기기 전에 그 자리를 메워준 것은 서양 요리점이었다. 대표적인 곳은 서양요리와 함께 커피와 맥주를 판 청목당이다. 카페의 원조로 거론되곤 하는 청목당은 아래층에서는 양주를 팔고 이층에서는 차와 식사를 제공했다.[1] '남대문통의 위관'이란 광고 문구대로 청목당은 웅장한 근대식 건물로 장안의 명물이 되었다. '도쿄 사람이 도쿄에 있는 청목당 본점을 모르면 크나큰 수치 大恥'이듯이 '경성에 있는 청목당을 모르면 도성 인사의 면목에 관계가 있을 것'이라며 거만을 떨 만했다.

그렇다면 남대문통에 서양요리점이 생기기 전에는 커피 마실 곳이 전혀 없었던 것일까. 그렇지는 않았다. 개항 직후 외국인이 인천에 세운 '대불大佛 호텔'과 '슈트워드호텔', 1902년에 생긴 '손탁호텔', 1914년에 문을 연 철도호텔이 다방 구실을 했다.[2]

여기서 짚고 넘어갈 것이 서울 정동에 있던 손탁호텔이다. 이 호텔은 고종이, 아관파천 때 러시아공사관에서 시중 들던, 베베르 공사의 처형 손탁(32세) 여사에게 하사한 것이다. 400여 평 대지에 회색 벽돌

2층으로 지은 양옥인데 2층은 귀빈실로, 아래층은 보통실과 커피숍을 겸한 식당으로 운영됐다.

이 호텔은 구한말 외국인들이 몰려든 사교장이었다. 《톰 소여의 모험》으로 유명한 미국 소설가 마크 트웨인Mark Twain이 러일전쟁 취재 차 종군기자로 왔다가 단골손님이 되기도 했고 시어도어 루스벨트Theodore Roosevelt 미국 대통령의 딸 앨리스 루스벨트[3] 양이 머물기도 했다.

고종은 일본 세력을 견제하기 위해 외세의 결집 장소로 이 호텔을 지어주었는데 눈치가 없는 건지 아니면 빠른 건지 을사조약을 강제한 이토 히로부미가 손님으로 드나들었다. 이토는 일본 군부와 친일파를 이 호텔로 불러들여 조선을 어떻게 집어삼킬 것인가를 논의했다. 아이로니컬하게도 일제 견제용으로 지은 건물이 외려 나라를 강탈하기 위해 음모를 꾸민 현장이 되고 만 것이다. 훗날 을사조약을 성사시킨 이토는 자신의 참모와 친일파 조선인 등과 이 호텔 앞에서 기념 사진을 찍었다. 호텔은 1918년에 이화학당에 팔려 기숙사로 쓰였다.[4]

다방은 1920년대 후반 들어서 우후죽순 격으로 늘어났다. 당시의 다방은 요즘의 다방과는 사뭇 다른 분위기였다. 월간 〈삼천리〉가 1936년 12월호에서 다룬 '끽다점 연애풍경'에 따르면 다방은 재즈, 클래식 음악이 있고 일간신문과 시사지, 여성지, 영화지 등 다양한 잡지가 비치돼 있는 문화공간이었다.

가끔 청춘남녀들이 뜨거운 커피를 시켜놓고 데이트하는 광경이 목격되곤 했으나 대부분의 손님은 문화예술계 인사들이었다. 문사, 배우, 신문기자, 화가, 음악가 같은 인텔리 층이 많았던 것이다. 그 바

喫茶店戀愛風景

모나리자
(서울本町二)

마담
藝石燕氏

ロ一ねえ
(서울長谷川町)
맥담
卜惠淑氏

樂酒
(서울仁寺町)
맥담
金蓮實氏

'끽다점'으로 부르던 다방은 식민지 지식인 또는 예술계 인사들의 안식처였다. 간혹 데이트족이 찾아오긴 했으나 많은 숫자는 아니었다. 잡지들은 예술적 분위기가 풍기는 다방을 스케치하는 기사를 곧잘 실었다.

람에 개인 전람회, 영화 개봉 축하회, 출판 기념회, 세계적 문호 기념제, 레코드 음악회 등이 심심찮게 열리기도 했다.

월간 〈조광〉 1938년 2월호에 실린 '현대적 다방이란?' 글은 차 파는 곳과 차 마실 기분을 파는 곳으로 다방을 분류했다. 그중에 진짜 다방은 차 마실 기분을 파는 곳이라면서 '현대 지식인의 무기력, 무의지, 무이상, 나태, 물질적 궁핍, 진퇴유곡된 처지를 나타내는 곳'이라고 규정했다. 마땅히 할 것도, 갈 곳도 없던 식민지 지식인들의 위안소가 바로 다방이었다.

이 잡지가 차 마실 기분을 파는 끽다점으로 꼽은 곳은 '귀족적 폐쇄적 고답적'인 낙랑파라, 프라타느, 에리사, 프린스, 밀림 등이었다. 1930년대를 풍미한 낙랑파라는 도쿄미술학교를 졸업한 화가 이순석이 운영한 고급 다방의 전형이었다. '서반아에나 온듯 남국의 파초가 문 밖에 푸르고' '널마루에 톱밥을 펴서 사하라사막에 고단한 아라비아 여인旅人들이 앉아 물 마시듯 한 잔의 차라도 마시는 정취가 사랑스럽다' 던 곳이었다.[5] 금요일마다 레코드 콘서트를 열었던 낙랑파라에는 음악을 즐기는 일본인을 비롯해 인버네스 코트를 입고 다녔던 화가 구본웅과 시인 이상이 자주 왔으며 '랑데뷰에 몸이 곤한' 청춘남녀들도 가끔씩 들렀다.

배우, 여급, 기생이 많이 출입한 멕시코는 독특한 인테리어로 이목을 끌었다. 영어로 간판을 쓴 멕시코는 업소 밖에 큼지막한 물주전자를 매달았고 내부에는 최승희의 나체무용 사진과 선정적인 극장 포스터를 걸기도 했다.[6] 춘원 이광수를 위시해 훗날 대통령이 된 이승만, 배우 복혜숙 등 장안의 유명짜한 이들이 많이 찾았다. 하지만 이 다방은 경영난으로 문을 닫았다. 가난한 예술가들에게 준 외상값이 자본금(1,400원)의 두 배가 넘는 3,500원이나 됐을 만큼 인심을 썼기 때문이었다.[7] "초창기의 다방은 영리가 아니요 멋이요, 그 멋을 알아주는 손님은 고객이 아니라 동지 같았다."는 말이 딱 들어맞는 곳이었다.[8]

차 마실 기분을 파는 끽다점은 찻값으로 2~3전에서 7~8전까지 받았다. 어여쁜 모던 걸이 서빙하던 이곳의 손님들은 태반이 안색이 창백한 예술가, 가두철인, 미남 실업자, 유한마담, 전문대 학생군이었다. 손님들은 날마다 아침을 먹고 와서 담배 한 갑을 태우며 두어 시간을 멍하니 앉아 있기 일쑤였다. 그들은 다른 다방으로 옮겨 똑같은 과정을 되풀이한 뒤 밤이 되어서야 귀가했다. 햇빛을 못 봐 얼굴은 더욱 창백해졌고 종일 마신 차가 위 속에서 파도를 쳤다.

흥미로운 것은 '천재 시인' 이상이 다방 사업에 여러 번 관여했다는 점이다.[9] 실내 공사를 한 뒤 팔아넘긴 '씩스나인'(69), 24세 때 아내와 함께 종로에서 개업했다가 2년이 못 되어 폐업한 '제비', 인사동의 카페 '쓰루鶴', 26세 때 직접 설계한 명동의 '맥麥' 등 무려 네 개의 다방이 그의 손을 거쳤다. 특히 '제비'는 앞면을 전부 유리로 깔아 '유리창 너머 페이브멘트 위로 여성들의 구두빨이 지나가는 것이 아름다운 그림을 바라보듯 사람을 황홀케 한다'는[10] 곳으로 잡지에까지 소개됐다.

예술적인 다방과 달리 단순히 차를 파는 끽다점으로는 명치제과, 금강산, 아세아, 올림픽 등이 꼽혔다. 분위기가 대중적이고 개방적이고 세속적이고 명랑했다는 게 이용자들의 평이었다. 이들 다방에는 좋은 레코드는 없는 대신 찻값이 쌌고 사내 아이들이 서빙했다. 손님도 대개 상인, 관리, 회사원 등이었다.

화려한 다방 문화를 낳은 커피는 구한말 이 땅에 상륙했다. 청나라를 통해 서양 문물이 들어오면서 함께 흘러 들어온 것인데 임오군란(1882) 이후 미국, 영국 등에서 부임해 온 외교사절들은 곧잘 왕실에 커피를 진상했다.[11]

커피는 왕족과 대신들의 입맛을 금세 사로잡았다. 1,000년이 넘는 역사와 전통을 자랑하는 고유의 차(작설차)를 순식간에 밀어낸 것이다. 고종은 특히 커피의 구수하고 향긋한 맛을 즐겼다. 아관파천으로 3개월 동안 러시아 공사관에서 머무는 동안 러시아 요리로 수라를 든 고종은 후식으로 커피를 마시면서 완전한 커피당黨이 되었다. 고종은 환궁한 뒤에도 한 주에 두어 번씩 서양 요리를 들었다.[12] 다른 건 몰라도 입맛만큼은 급속히 서구화했던 모양이다. 1895년에 비숍여사가 고종을 알현하러 갔을 때 커피 대접을 받았다는 걸 보면 궁중에서는 널리 커피를 마신 것 같다. 고종은 덕수궁에 정관헌靜觀軒이란, 일종의 다방을 지어 외교사절들과 다례를 행했는데 이 자리에도 커피를 내놓았다.[13]

커피를 너무 자주 즐겼던 것일까? 고종의 생일인 1898년 8월 18일

외교 사절들이 갖고 들어온 커피는 각설탕 속에 커피 가루를 넣은 인스턴트 제품이었다. 커피는 가배 또는 가비라 불렸는데 설탕을 뜻하는 당糖자를 붙이기도 했다. 서양 식음료를 팔던 가메야 상점은 가배당이란 이름으로 커피를 팔았다.

커피 독살사건이 터진 것이다. 함경도 천민 출신으로 러시아 말을 잘해 고종의 총애를 받던 김홍륙은 궁중 요리사를 시켜 고종과 세자가 마실 커피에 아편 독을 넣게 했다. 러시아와 통상하면서 거액을 착복했다가 들통나 흑산도로 유배 갈 상황이 되자 앙심을 품은 것이다.[14] 순종은 그 자리에서 쓰러질 만큼 커피를 마셨다. 하지만 고종은 커피 맛을 정확하게 알고 마시지 않았는지 아니면 늦게 마셨는지 무사했다. 황제를 독살하려던 김홍륙은 문초 끝에 음모가 발각돼 처형당했다.

당시 커피는 각설탕 속에 커피 가루를 넣은 것이었다. 뜨거운 물에 각설탕 덩어리를 넣으면 설탕이 녹으면서 커피도 풀어지는 인스턴트 식이었다.[15] 구한말 양주와 양식품 재료 등을 판매하던 가메야龜屋 상점 광고를 보면 그런 커피를 발견할 수 있다. 〈황성신문〉에 실린 이 광고는 맥주, 목과, 포도주, 우유 등을 소박하게 그려 놓았는데 그 가운데 가배당加琲糖이란 육면체가 보인다. 당시는 커피를 한자로 '가배다加琲茶' 혹은 '가비다加比茶'로 음역해서 불렀던 것이다.

커피는 서양인 선교사나 상인들을 통해 서서히 민간에도 알려졌다. 〈독립신문〉에 꾸준히 광고를 낸 잡화점 '고샬기'는 외국인들을

잡화점인 '고샬기'와 무역업체인 한양상회 등은 조선에 들어온 서양인들을 상대로 커피를 팔았다.

겨냥해 영문 광고를 내곤 했다. 서울 정동에 있던 고샬기 상회는 말라가의 건포도, 옥수수, 푸딩, 러시아 캐비어, 훈제 연어, 각종 잼 등을 거래했는데 새로 구운 모카 커피와 자바산 커피를 수입해 조선에 거주하는 외국인들에게 팔았다.

신문광고로 '내외국물산 수출입상'이라고 업종을 밝힌 '한양상회'도 커피를 취급했을 가능성은 높다. 장난기 있는 삽화와 함께 빼곡하게 적어놓은 각종 취급 품목에 커피란 글자는 보이지 않지만 '양주음식품'이란 항목에 커피가 포함됐을 법하다. 일반적으로 커피는 한양상회 같은 무역상을 통해 수입됐기 때문이다.

서양 상인 가운데는 커피를 영업에 활용한 사람도 있었다. '선녀와 나무꾼'만큼은 아니지만 '커피와 나무꾼' 사연도 제법 흥미롭다.[16] 1910년쯤이었다. 한자 이름을 부래상富來祥으로 지은 프랑스인 나무장수가 커피를 마케팅 수단으로 활용했다. 지금의 세종로 중부소방서 뒤편에서 장사하던 그는 자하문과 무악재를 넘어오는 나무꾼

커피는 마케팅 수단으로 이용하기도 했다. 프랑스의 나무장수가 나무꾼들에게 커피를 타주면서 흥정했다는 이야기가 전해지고 있다. 땔감으로 나무를 쓰던 당시 상황을 엿볼 수 있다.

들이 황톳마루(세종로 네거리)를 지날 때면 화살통만한 보온병에 담아 온 커피를 한 잔씩 따라주었다. 그는 변죽도 좋아 "고양高陽 부씨富氏입니다." 하고 인사를 건네면서 흥정을 걸었다. 나무꾼들이 대부분 고양 출신이라는 사실에 착안한 것이다. 나무꾼들은 커피를 넙죽넙죽 받아먹고는 부래상에게 나무를 넘겼다. 맛이 씁쓰름한 데다 색깔도 검어 '양탕국' 으로 부르던 커피는 나무꾼들에게 인기가 높았다. 기름진 음식을 먹을 형편이 못 됐을 그들이 커피의 각성 효과를 즐긴 건 아니었을까?

커피는 한때 '독아편' 이란 누명을 쓰기도 했다. 따끈한 양탕국에 아편이 들어 있다는 둥, 순종이 속을 버리고 이까지 빠진 게 다 커피 때문이라는 둥, 갖가지 헛소문이 퍼진 것이다. 부래상이 커피를 미끼 삼아 나무를 선점하자 못마땅한 나무장수들이 퍼뜨린 소문일지 모른다는 건 이규태의 추측이다.

커피는 다방뿐 아니라 카페에서도 팔았다. 당시의 카페는 여급이

초창기 카페 '타이거'는 개업 광고를 하면서 기린 맥주를 무료로 주었다. 30전짜리 점심 식사를 팔며 손님을 불렀다. 산뜻하게 디자인한 카페 광고가 가끔 신문에 실리기도 했다.

서비스를 하면서 술을 파는 유흥 공간이었다. '10전짜리 동전 한 푼만 있어도 브라질에서 온 커피에 겸하여 미인 여급까지 볼 수 있어 경성 젊은이들의 사막 중의 오아시스 같은 위안거리'가 된 곳이 바로 카페였다.

경편, 경제적이오 심기가 상쾌한, 순 구미풍 요리, 순 서구풍 가배

1914년 '최신 모범적 서양 요리점'을 표방한 '카피 타이거'가 남대문통에서 개점을 알리는 신문광고를 냈다. 광고 문구 마지막의 가배가 바로 커피를 일컫는 말이다. 점심 때 '타이거 란치'라는 30전짜리 간이 식사를 제공하면서 타이거는 '매일 체환 헌상하야 간단히 식사가 료하오'라며 손님을 불렀다. 개업하고 사흘 동안 최우량맥주 기린쎄루를 몇 잔이든 무료로 준 카피 타이거는 몇 년 뒤 생겨날 카페와 다방의 모태 구실을 했다.

카페의 여급은 객석에 앉아 손님들과 일본어로 대화도 나누고 노래도 불러 주었다. 일본 전통의상을 입는 이도 많았다. 남편과 애인을 홀리는 그들은 여염집 여성들의 공적公敵이었다. 몽둥이를 하나씩 든 카페 밖 여성들의 눈초리가 살벌하다.

타이거와 청목당은 1910년대 중반 비슷한 시기에 문을 열었는데 1918년까지도 경성에는 카페가 겨우 일곱 개밖에 없었다. 그러던 것이 1920년대 중후반 들어 급증하더니 1936년에는 134개, 1943년에는 194개로 늘어났다.[18] 충무로를 중심으로 한 남촌과 종로에 집중해 있던 카페 가운데는 여급을 50명이나 고용한 대규모도 있었다. 하루 수입이 10원 안팎인 영세한 곳에서부터 '미인좌'처럼 하루 1,000원이 넘는 곳도 있었다.[19]

다방과 마찬가지로 카페에서도 커피를 팔긴 했다. 하지만 그보다는 술과 성과 음식을 파는 데 주력했다. 그곳에는 죠니워커, 압상뜨 같은 양주가 있고, 짧은 치마를 입은 여급이 있으며 '축음기가 발송하는 에로 노래의 멜로디 위에 약 냄새가 떠도는 청각과 취각이 교착된 분위기'가 펼쳐졌다.

1층은 홀, 2층은 칸막이 좌석으로 꾸민[20] 카페는 '컬럼비아의 29년

카페의 여급 가운데 복혜숙 같은 유명한 배우나 기생은 소득이 많았다. 하지만 팁으로 연명하는 여급 대부분의 생활은 궁핍하기만 했다. 자연스레 에로 서비스를 할 수밖에 없는 처지였다.

도 유행가에 젊은 양복쟁이들이 푼수 없이 뒤떠드는 광경—독주에 취하여 흐느적거리며 노래를 고함치는 신사 그리고 학생. 이 구석 저 구석에는 에로신이 점점히 전개된다'고 했을 만큼 퇴폐적인 주흥이 벌어지곤 했다.[21]

비공식적으로 지불해야 하는 팁이 만만찮았음에도 인텔리들이 굳이 카페를 찾아간 이유는 많았다. 일본어를 할 줄 알고 함께 노래를 부르기도 했던 여급들은 손님들 옆에 앉아 인생과 학문을 이야기했다. 손님들이 자유로운 분위기에서 나름대로 수준 높은 신식 여성과 자유연애를 할 수 있는 곳이 카페였던 것이다.[22] 카페는 '연애의 수속비로 술을 팔 뿐이요 팁이라는 희사가 연애의 가격이 된다'고 할 정도로 여급과 손님의 연사戀事가 자주 발생했다. 카페 이용객의 반 수 이상이 학생인 것도 여급 때문이었다.

카페 간의 경쟁이 치열해지자 여배우를 여급으로 채용하는 곳도 있었다. 유명한 여배우 복혜숙을 비롯해 조선적 미모를 자랑하던 신

일선, 술 잘 먹기로 유명한 김보신 등이 그런 이들이었다.[24] 여배우들은 술값보다 훨씬 더 많은 팁을 받아 상당히 높은 수입을 올렸다. 카페 홍보에 여배우만한 게 없었으니 주인도 캐스팅에 열을 올렸을 게 뻔하다.

그러나 잘 나가는 웨이트리스 몇몇을 제외하면 카페 여급들의 생활은 고달픈 것이었다. 〈동아일보〉 1928년 3월 5일자는 '카페 웨트레쓰의 설음'이란 제목의 기사에서 '대개의 웨트레스는 카페에서 먹기만 하고 붙어 있으면서 월정 수입으로는 별로 정한 바가 없어 오직 손님에게서 받는 팁을 모아 그네들은 생활비를 보태어 쓴다'고 보도했다.

카페마다 처지는 달랐지만 월급으로 5원 내외를 주는 곳도 있었다. 분값도 못되는 돈이었다. 더러 음식값에 나머지 잔돈푼을 얻을 수 있다는 이유를 내세워 목욕비 명목으로 3원 안팎만 주는 곳도 있었다. 자연히 여급들은 한 푼이라도 더 벌기 위해 에로 서비스를 감행했다.[25] 주인들도 경쟁에서 살아남기 위해 그것을 강요했다.

세상 사는 게 어쩌면 그렇게 똑같은지 당시에도 외국인 여급을 불법으로 채용한 카페가 있었다. '살롱 아리랑'과 '본미인좌'는 각각 독일 여자 릴데메와 러시아 여자 마리아 니나를 고용했다가 벌금을 부과받았다.[26] 몇 년 전 러시아 인터걸들이 불법으로 나이트 클럽에 출연했다가 쫓겨난 상황과 비슷한 일이 그때 이미 벌어졌던 것이다.

카페가 변질되어가자 1931년 일제 당국은 퇴폐 풍조를 막기 위해 영업소 내부규약을 만들었다.[27] 실내조명은 신문을 읽을 수 있는 정도의 밝기를 유지할 것, 박스(칸막이) 안의 일부는 광장에서 볼 수 있게 개방할 것, 여급에게 의류 구입을 강제하지 말 것, 여급에게 홀에

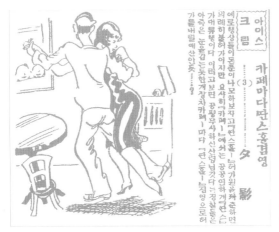

술과 유흥의 공간이었던 카페는 저마다 댄스홀을 꾸며 손님들을 맞았다.

서 댄스나 비천하고 외설적인 행동을 시키지 말 것을 지시한 것이다.

이 같은 '바른생활 규약'이 나오자 월간 〈별건곤〉 1933년 2월호는 삐딱하게 이 규약을 비꼬았다. 카페를 공공적인 시설로 만들면 어떤 일이 벌어질 것인가를 상상해서 쓴 글을 실었던 것이다. '공설 카페에서는 위스키를 한 사람 앞에 세 잔 이상 팔지 않고 그나마 몸에 이상 있는 사람은 신체검사 후 마실 수 있게 한다. 신체에 무해하도록 알코올 분량을 적게 하고 여급과의 신체 접촉도 불가능하게 한다'고 풍자했던 것이다.

커피를 마시는 계층은 제한적이었지만 가정에서 끓여 마시기도 했다. '카피차 끄리는 법'[28] '카피의 효력' 같은 기사가 신문의 생활상식란에 소개됐다. 하지만 서민층에서 수입품인 커피를 대놓고 마시긴 힘들었을 터이다.

커피는 계절을 가려 마셨는지 '가을도 다 되엿고 겨울이 옵니다

커피를 마시는 사람은 제한적이었지만 신문은 커피 끓이는 법과 커피의 효력을 생활면에 소개했다.

카피차 애용의 기절입니다' 라는 기사가 나왔다. 이채로운 것은 '유효성분 카페인은 흥분제로 몸에 유익' 하다는 중간 제목이다.[29] '커피를 먹으면 맥이 빨라지고 신장과 피부의 작용이 민활해지며 이에 따라 사람의 원기를 돕는다' 고 했으니 커피가 원기회복제 구실도 한 것이다.

커피는 6 · 25 동란 후 미군 PX를 통해 인스턴트 커피가 시중에 흘러나오면서 전국 각지로 빠르게 퍼져갔다. 이 커피는 카페인이 너무 많아 불면증을 부르곤 했다.

커피 공급이 점점 달리자 관공서는 대신 보리차를 쓰도록 독려했다. 헌법학자 유진오 같은 이는 1953년 구미시찰담을 〈동아일보〉에 게재하면서 '콩가루 같은 대용품을 마시기 때문에 특별히 부탁하지 않으면 우리가 한국에서 마시는 그런 좋은 커피는 구경할 수가 없었다' 며 서구의 내핍생활을 본받자고 촉구했다.

커피가 귀하다보니 일부 다방에서는 담뱃가루를 몰래 넣어 끓인 꽁피(꽁초와 커피의 합성어)가 나왔고 모닝커피 바람이 불 때는 단골 손님에게 계란 노른자를 띄워주는 희한한 서비스가 생겨나기도 했다.

커피에 대한 갈망이 갈수록 높아지자 커피 대용작물을 재배하자는 움직임이 일기도 했다. 1963년 4월 30일자 〈조선일보〉가 이 내용을 보도했다. 기사에 따르면 한미재단은 '수입에 의존하는 커피에 비하여 조금도 손색이 없는' 커피 대용작물 재배를 후원한다고 발표했다. 5월 하순에 파종하여 10월 경에 수확할 수 있는 Choriumnity L이라는 이 작물을 일년 재배하면 생산 원료로 쓸 수 있다고 한 것이다. 당시 신문은 1968년까지 국내 커피 소비추산량 3만 6,000톤 내외의 전량을 충족시킬 수 있다고 보도했다. 그러나 이름도 복잡한 그 작물이 얼마나 재배됐는지, 몇 사람의 입에 들어갔는지는 알 길이 없다.

미 주

1 함한희 송도영 윤택림 윤형숙, '서울주민의 식생활 변천', 《서울 20세기 생활문화변천사》, 서울시립대 서울학연구소, 2001년, p.392.
　《서울600년사》 홈페이지(http://seoul600.visitseoul.net/index.html), 시대

2 《서울600년사》 홈페이지(http://seoul600.visitseoul.net/index.html), 시대사, 일제침략하의 서울, 시민생활, 근대적 다방의 등장.

3 이규태, 《된장의 한국학》, 기린원, 1997년, p.126.

4 《서울600년사》 홈페이지(http://seoul600.visitseoul.net/index.html), 시대사, 한성부시대 3, 건설, 손탁호텔.

5 '끽다점 평판기', 월간 〈삼천리〉, 1934년 5월, p.154.

6 '끽다점 평판기', 월간 〈삼천리〉, 1934년 5월, p.155

7 《서울600년사》 홈페이지(http://seoul600.visitseoul.net/index.html), 시대사, 일제 침략하의 서울, 시민생활, 근대적 다방의 등장.

8 이서구, 《세시기》, 배영사, 1973년, p.46.

9 《서울600년사》 홈페이지(http://seoul600.visitseoul.net/index.html), 시대사, 일제 침략하의 서울, 시민생활, 근대적 다방의 등장.

10 '끽다점 평판기', 월간 〈삼천리〉, 1934년 5월, p.155.

11 《서울600년사》 홈페이지(http://seoul600.visitseoul.net/index.html), 시대사, 일제 침략하의 서울, 시민생활, 커피 홍차의 대중화.

12 이규태, 《죽어도 나는 양반 너는 상놈》, 조선일보, 2000년, p.37.

13 《서울600년사》 홈페이지(http://seoul600.visitseoul.net/index.html), 시대사, 일제 침략하의 서울, 시민생활, 커피 홍차의 대중화.

14 이서구, 위의 책, p.42~43.

15 이서구, 위의 책, p.41.

16 이규태, 《버선발에 양구두》, 신태양사, 1988년, p.216.

17 김을한, '경성야화', 월간 〈별건곤〉, 1930년 7월, p.86.

18 김연희, 〈일제하 경성지역 카페의 도시문화적 특성〉, 서울시립대 대학원 석사논문, 2002년, p.13~17.

19 김연희, 위의 논문, p.19~20.

20 이상길, 〈인테리 위안소 혹은 식민지 공론장의 초상〉, 《문화과학》, 문화과학사, 2003년 겨울, p.127.

21 이상길, 위의 논문, p.124. 재인용.

22 김연희, 위의 논문, p.34~40.

23 김연희, 위의 논문, p.28.

24 김연희, 위의 논문, p.38. 재인용.

25 설우학인(雪友學人), '카페 곁의 생활이면', 월간 〈실생활〉, 1931년 8월, p.29.

26 이상길, 위의 논문, p.125. 재인용

27 김연희, 위의 논문, p.24. 재인용.

28 〈동아일보〉, 1927년 10월27일.

29 〈동아일보〉, 1926년 9월1일.

축! 마라손 왕 손남 양군 만세

❁ ❁ ❁

일제 강점기의 신문광고에 이 사람보다 이름이 크고 화려하게 등장했던 조선인은 없다. '자전거의 제왕' 엄복동과 조선인 최초의 비행사 안창남의 이름이 광고에 오르긴 했지만 그만큼은 아니었다. 대기업은 물론 자잘한 중소기업, 윤치호 같은 사회적 명사에 이르기까지 광고로 그의 업적을 찬양했다. 그 이름은 바로 손기정이다.

도약 조선! 세계 제1위 마라손왕 손남 양군 만세.
오림픽 전사 손남 양 선수의 세계 제패를 축하합시다.

〈조선일보〉와 〈동아일보〉는 1936년 8월 9일 베를린 올림픽 마라톤 경기에서 우승한 손기정과 3위에 입상한 남승룡의 쾌거를 대대적

마라톤으로 세계를 제패한 손기정은 식민지 치하 조선 민중들에게 희망의 상징이었다. 신문들은 앞 다퉈 그의 일거수일투족을 보도했다.

으로 광고에 활용했다. 광고 담당자들을 각 업체에 보내 축하광고를 유치하도록 했던 것이다.[1]

인단, 치약, 약품 등을 판매하던 거대 광고주들은 기업 이미지를 높이는 한편 세계적인 경사로 한껏 들떠 있는 조선 민중의 환심을 사기 위해 대문짝만한 광고를 연거푸 내놓았다. 세발 자전거, 만년필, 축음기, 모자 등을 파는 소규모 업체들도 깜량껏 연합광고를 실어 분위기를 띄웠다.

기업들은 손기정의 승리를 자사의 상품 이미지에 걸맞게 변주했다. 동화약품이 구급위장약이라고 광고한 활명수는 '반노남아의 의기충천 손기정 남승룡 양선수 우승축하'란 제목으로 건강한 조선을 건설하자고 촉구했다.

손기정의 쾌거를 축하하는 광고가 신문을 뒤덮었다.

건강한 체력, 견인불발하는 내구력에 근원은 오직 건전한 위장에서 배태된다. 건강한 조선을 목표하고 다같이 위장을 건전케 하기 위하야 누구나 위장양제 활명수를 복용합시다.

활명수의 광고 문구는 다른 광고주들이 보기에도 호소력이 높았는지 설사약 헤루프가 고스란히 표절했다.

스포―쓰 조선의 기염. 손기정 남승룡 양선수는 기어히 패자가 되엿다 건전한 체력과 견인불발하는 내구력은 건전한 위장에서 배태된다 패자의 조선을 영속시키기 위하야 다 갓치 위장을 건전케 합시다 건전한 위장을 맨들기에는 오즉 헤루푸를 복용함에 잇슬 뿐이다.

피부 보호제인 히후미는 오륜기 심볼을 이용해 '패자의 살결을 보호하라! 축 손남 양군 우승'이란 제목을 내놓았다. '건강 조선 기염! 백만장'을 헤드카피로 내세운 보양제 가이자도 '육의 왕은 손기정 용사, 약의 왕은 가이자'라는 대구법을 재치 있게 활용했다.

국민의 영웅이 된 손기정은 어린이용 상품 광고에도 영락없이 등장했다. 분유제품인 락토겐, 캐러멜 광고가 손기정을 날씬하게 써먹었다. 과자답지 않게 건강 컨셉을 강조해오던 모리나가는 내놓고 일장 연설을 했다.

마라손의 왕국 조선의 건아 손기정 남승용 양형은 우리의 무상의 영예! 마라손을 제패했습니다. 우리들도 자양의 과자 모리나가 카라멜을 먹고 무럭무럭 자라나 선배의 뒤를 이어 오는 날의 오림픽에는 우리들의 힘으로 이 자랑 이 영광을 영원히 직힙시다.

손기정의 세계제패는 일제 식민통치에 허덕이는 3,000만 조선 민중의 마음 속에 희망이라는 횃불 하나씩을 심어주었다.

조선인들이 손기정의 승리에 뜨겁게 반응한 것은 숱한 역경을 딛고 이룩해낸 인간승리였기 때문이었다. 당시 양정고보의 가난한 고학생이었던 손기정은 올림픽 출전을 코앞에 두고도 배가 고파 연습하기가 어려운 형편이었다.[2]

국민학교 5학년 때 집안이 망해 학업을 중단해야 했던 손기정은 일찌감치 소년 장사꾼이 되어야 했다. 그는 복학을 꿈꾸며 신의주와 만주의 단둥丹東 20여 리 길을 달리기로 오가며 장사를 했다. 운동할 수 있다는 말에 혈혈단신 일본으로 건너간 그는 우동집 점원 노릇을

하기도 했으나 운동할 여건이 되지 않자 미련 없이 고향으로 돌아왔다.[3]

국내 대회에서 연거푸 좋은 성적을 거둔 손기정은 당시의 세계기록을 능가하는 비공인 기록으로 올림픽 출전권을 거머쥐었다. 하지만 최종 출전권은 보장된 게 아니었다. 한 나라에서 세 명이 출전할 수 있는 마라톤에 손기정, 남승룡이란 두 명의 한국인을 출전시키고 싶지 않았던 일제

제과업체인 모리나가는 캐러멜을 먹고 무럭무럭 자라나 선배의 뒤를 이으라고 촉구했다. 소염제인 묘후도 신체를 잘 위하자며 마라토너를 모델로 내세웠다.

는 추접스럽게 올림픽 경기를 며칠 앞두고 베를린 현지에서 최종 선발전을 갖기로 한 것이다.[4]

만주와 시베리아 대륙을 거쳐 17일 만에 베를린에 도착한 손기정은 일본 선수만 몰래 영양 보충을 해주는 야비한 대우 속에서도 어김없이 또 일등을 했다. 어이없게도 이 경기에서 일본인 선수는 지름길로 달리다 발각되는 꼴불견을 연출했다.[5]

신문들은 손기정의 올림픽 출전이란 빅카드를 흥행에 적극적으로 활용했다. 〈조선일보〉는 '대망의 8월 1일 백림 올림픽 절박'이란 제목 아래 당시 올림픽에 출전하는 조선 선수들에게 격려전을 발송했다며 선수를 쳤다. 〈조선일보〉는 베를린-동경-경성으로 이어지는 릴레이 국제전화를 통해 금메달을 거머쥔 손기정의 육성을 전했다.

배고픈 고학생 마라토너 손기정은 일본인들의 야비한 대우 속에서도 당당히 올림픽 출전권을 따냈다. 대표 선수로 발탁된 일본인들은 자기들끼리 몰래 영양 섭취를 하는 암체 짓을 하기도 했다.

"마침내 우승은 했으나 웬일인지 울고만 싶소."란 손기정의 소감은 남의 나라 선수로 출전해 세계 정상에 선 자의 비애를 담은 것이었다. 손기정은 훗날 이렇게 당시의 소감을 밝혔다.

보기도 싫은 일장기를 가슴에 달고 영광의 1착 테이프를 끊고 시상대에 섰을 때, 우리의 애국가가 연주되지 않고 일본 국가가 연주되는 가운데 월계관을 쓰게 되니 나도 모르는 사이에 눈물이 마구 쏟아져 앞이 보이지 않았다.[6]

〈동아일보〉도 수상대에 오른 손기정, 남승룡 선수의 모습을 비롯해 경기장을 찾은 히틀러, 메인스타디움 등 올림픽 관련 사진으로 한

면을 화보에 할애했다. 승전보가 전해진 지 보름 뒤에는 올림픽 영화를 독자들에게 무료로 공개하는 행사를 열기도 했다.

일본인들은 일장기가 베를린 하늘에 게양되는 광경을 보는 것은 좋아했으나 정작 손기정은 썰렁하게 맞았다. 손기정이 결승선을 골인할 때도 일본 사람들의 성원은 거의 없었다. 일제는 이런 사실이 알려지면 식민통치에 불리하다고 뒤늦게 판단했는지 그해 연말 일본인 수십 명을 텅 빈 베를린 올림픽 경기장에 데려다 놓고는 일장기를 흔들며 성원하는 장면을 연출케 했다. 일본에서 상영할 올림픽 영화에 이 장면을 끼워넣기 위해서였다.[7]

손기정 선수의 소식이 대서특필되자 광고주들은 이런 호재를 그냥 흘려버리지 않았다. 손기정에 이어 3위로 들어온 남승룡까지 한 세트로 삼아 대대적인 광고 공세에 들어갔다. '축 손남 양군 마라손 제패' '축 마라손 왕 손남 양군 만세'란 구호가 연일 신문을 장식했다.

손기정이란 이름을 가장 화끈하게 광고에 이용한 것은 백보환이었다. 세계제패를 축하하기 위해서 손익 안 따지고 선착순으로 1만 명 고객에게 덤을 준다는 광고를 낸 것이다. '독일 백림서 개최된 만국연합 대운동회에서 손기정이 백리길을 2시간 19분에 용주하야 일등'이라는 헤드카피를 뽑은 광고는 본전 생각이 안 날 만큼 구구한 설명을 늘어놓았다.

이 영광 이 명예를 기념하고 축하하기 위하야 독일에는 손군의 동상이 서고 조선에는 기념체육관이 발기되고 일본 정부는 일천만원의 보건비를 예산하는 등 건강문제로 천지가 진동하는 이 때에 최고의 건강제 백보환 본포 평화당 주식회사로서는 동포의 건강을 위하야 이

보혈 강장제 '백보환'은 손기정의 우승을 광고에서 화끈하게 써먹었다. 백보환을 먹고 올림픽에서 우승했다느니, 현금 100만 원을 보냈다느니 하면서 엉터리 과장 광고를 냈다.

세계적 역사적 명예를 경축하며 기념하기 위하야 손익을 불원하고 대대 봉사적으로 선착 일만인에 한하야 백보환 십원분 일정 사시는 분께 백보환 1상식을 무료첨정하기로 하엿사오니 물실호기하시고 남보다 먼저 곧 주문하시요 일만이 차면 무료진정은 중지합니다.

그러나 백보환 광고는 여러 모로 석연찮은 구석이 많았다.

금회 독일 백림에서 열닌 만국대운동회 선수에게까지 애용된 보약은 사실 백보환뿐이며 백보환은 보혈 강장제로 과연 세계제일임니다.

광고주인 평화당 주식회사는 이 광고에서 〈조선중앙일보〉 운동부

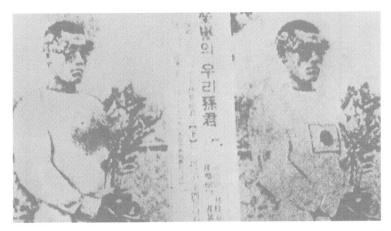

동아일보는 손기정의 유니폼에 새겨진 일장기를 지운 채 올림픽 수상 소식을 전했다가 무기정간되는 수모를 겪었다. 이 사건으로 관련자들은 투옥됐고, 언론 탄압의 빌미가 생기기도 했다.

를 통해 독일 베를린에 있는 선수에게 백보환 11상자와 여운형 사장의 격려편지를 전했다고 밝혔다. 백보환을 먹고 올림픽에서 우승했다는 것을 노골적으로 밝힌 것이다. 문제는 평화당이 〈조선중앙일보〉에 의뢰해 손기정에게 전했다는 현금 100만 원이었다. 배달사고였는지 허위광고였는지 훗날 손기정은 이를 받은 일이 없다고 밝혔다.

손기정은 마라톤을 재패하고도 〈동아일보〉의 일장기 말소 사건으로 동포들의 온전한 축하를 받기 어려웠다. 손기정이 골인하는 장면을 담은 사진에서 가슴의 일장기를 지워버린 것이 일제의 심기를 건드려 〈동아일보〉는 8월 27일자로 무기정간됐고 관련자들은 투옥됐다. 우여곡절 끝에 1937년 6월 1일부로 정간은 해제됐으나 이 일을 계기로 일제는 언론 탄압을 한층 강화했다.

이 사건으로 일제는 조선인들의 민족정기가 새롭게 일어날까 두려

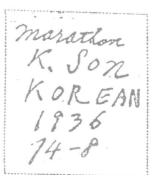

베를린 올림픽 참가를 기념하기 위해 각국 선수들이 남긴 사인. 오른쪽 사진은 올림픽 우승 직후 손기정이 육필로 남긴 사인.

웠는지 도쿄에서 간단한 관제 환영식을 마친 후 여의도 공항으로 손기정을 보냈다. 여의도에 도착한 손기정은 동포들의 환영을 받기는커녕 고등계 형사로부터 졸업장을 줄 테니 학교도 나가지 말라는 협박을 당했다.[8]

메이지대학 법학과를 졸업한 손기정은 사회활동에 제약을 받았지만 그에 대한 조선인들의 관심은 쉽게 사그라들지 않았다. 잡지사들은 동덕여고에서 교원으로 활동하던 손기정의 애인 강복신 양을 인터뷰한 '손기정 애인 방문기'를 실었다. 그들이 결혼했을 때는 방 두 칸짜리 전셋집을 다녀온 뒤 '신혼 가정 방문기'를 싣기도 했다.[9] 어두운 식민지를 밝힌 국민적, 세계적 스타가 받아 마땅한 사랑이었다.

'인류 최고의 승리! 영원 불멸의 성화'란 찬사를 받은 '다름박질의 왕' 손기정. 그는 2002년 11월 15일 타계할 때까지 한국 스포츠계의 정신적 지주였다. 올림픽 우승 후 그가 토해낸 사자후를 다시 음미해 보면서 정신적 '자양강장제'를 얻으시기 바란다.

"인간의 육체란 의지와 정신에 따라 상상할 수 없을 만큼 불가능한 일을 가능하게 한다."

1 정진석, 〈광고 사회사 II (일제하의 광고)〉, 《광고연구》, 한국방송광고공사, 1991년 가을, p.379.

2 손기정, '나의 '29분 19초'는 14년이 걸렸다', 월간 〈중앙〉, 1968년 4월, p.164.

3 손기정, 위의 기사, p.158.

4 정찬모, 〈손기정 선수의 베를린올림픽 마라톤 제패가 우리 민족에게 주는 역사적 의의〉, 《체육사학회지》, 1997년, p.38.

5 손기정, 위의 기사, p.165.

6 《서울600년사》 홈페이지(http://seoul600.visitseoul.net/index.html), 시대사, 일제 침략하의 서울, 독립운동과 서울, 일장기 말소 의거와 그 특징,

7 《서울600년사》 홈페이지(http://seoul600.visitseoul.net/index.html), 시대사, 일제 침략하의 서울, 독립운동과 서울, 일장기 말소 의거와 그 특징,

8 정찬모, 〈손기정 선수의 베를린올림픽 마라톤 제패가 우리 민족에게 주는 역사적 의의〉, 《체육사학회지》, 한국체육사학회. 1997년, p.42.

9 일기자, '손기정 애인 방문기 : 그들의 로-만스는 어떤가', 월간 〈삼천리〉, 1938년 12월.

◉ 전당포 ◉

훈장 3원, 요강 50전

✳ ✳ ✳

유도복 70전, 학생 하복바지 30전, 한국시대훈장 3원, 인력거꾼 웃옷 1원, 인삼 14개 50전, 종이우산 50전, 요강 50전, 영어사전 1원, 옥편 30전.

1930년대 경성의 어느 전당포에서 취급했던 품목과 그 값어치다. 품목이 참 가지가지다. 그중 가장 눈길을 끄는 게 요강이다. 방 한 구석에 모셔놓던 '안방 화장실'까지 갖다 맡긴 사람의 처지를 생각하면 괜히 속이 짠해진다. 깨지면 아무짝에도 쓸모없는 사기 요강은 아닐 것이고 여차하면 녹여쓸 수 있는 묵직한 놋요강이지 싶다.

가보로 물려줄 훈장을 내놓은 사람은 누구일까. 훈장을 받은 걸 보면 왕년에 한가락했을 텐데 주머니 사정이 많이도 쇠락한 모양이다.

전당포는 '안방 화장실' 이었던 요강도 받아주었다. 그러나 요강도 요강 나름이다. 사진 속 여성이 부시고 있는 사기 요강은 해당되지 않았다. 놋요강쯤 돼야 가치를 인정받았다.

인삼 열네 뿌리는 또 어떤가. 몸보신보다는 당장의 끼니 해결이 더 급했던 것은 아닐까.

요즘 전당포야 명품까지 취급하는 곳으로 진화했지만 그 옛날의 전당포는 때 묻은 이불에서부터 맞춤구두, 비녀, 은수저, 악기, 심지어 춘화春畵까지 돈이 될 만한 것이면 가리지 않고 받아주었다.

전당포는 근대 서민들에겐 없어서는 안 될 중요한 금융기관이었다. 높은 이자와 야박한 변제 압박으로 빈자들의 고혈을 빤다는 원성을 샀지만 파산상태에 몰린 딱한 이들에게 임시변통을 해주는 곳이었다.

타점보다 고가 융통 보관 완전.

〈동아일보〉1936년 8월 10일자 1면에 실린 대총지점 광고에서 보듯 전당포 영업을 알리는 광고는 크기도 작고 게재 횟수도 적었다. 전당포는 대체로 작은 점포여서 신문에 광고를 자주 낼 형편은 아니었다. 근대 서민생활과 밀착돼 있는 것 가운데 전당포만큼 신문 광고를 덜 이용한 것도 드물 것 같다.

전당포 광고는 주로 일본인들이 냈다. 착실한 사람에게는 전당 없이 돈을 빌려준다는 광고가 나오기도 했다.

구한말과 일제 강점기 초기의 신문에는 그래도 전당포 광고가 간간이 눈에 들어온다. 대금소貸金所 고목은 〈황성신문〉에 자주 광고를 낸 업소였다. 광고 지면이 많지 않은 〈황성신문〉을 파고든 것인데 무전 대금, 즉 전당을 잡히지 않고 돈을 빌려준다는 내용이었다.

본소에서 착실한 인ㅅ에게는 전당 업시 돈을 대급할 터이니 차득하자는 인ㅅ은 본소로 내의하시오.

물건을 잡고 돈을 빌려주는 전당 업무로는 수지가 맞지 않았던 것일까? 전당 없이도 돈을 빌려주겠다는 광고가 등장한 것이다. 그나저나 은행에서 말하는 착실하다는 기준은 무엇이었을까 궁금하다. 〈독립신문〉 1888년 9월 6일자에도 전당국 광고가 실렸다.

벽동 전당국 하던 사람이 시골로 갈 생각이 있어서 전당 물건을 중학

전당포 광고의 크기는 대체로 작았다. 영업 내용과 점포 이전을 알리는 내용이 대부분이었다.

교 전당국으로 옮길 터이니 전당 찾을 첨 군자는 자세히 보시고 중학
교 전당국 주인과 약조하기를 음력 7월 그믐 안으로 가서 갱표를 하시
던지 찾어 가시기를 망함 혹 전당 물건이 상좌된 것을 주인이 서로 보
고 약조하였으나 첨 군자는 이 사연을 자세히 보시고 벽동 전당국 주
인이 시골 가기 전에 귀경하옵소서─중학교 전당국.

　벽동의 전당국 주인이 귀향하니 물건 맡긴 사람은 중학교 전당국
으로 가서 찾아가거나 전당표를 바꿔서 손해나는 일이 없도록 하라
는 광고였다.
　전당포가 서민들의 삶과 얼마나 밀착돼 있었는지는 〈동아일보〉
1920년 7월 7일자에서 확인할 수 있다. 이 신문은 경성 시내에 사는
조선 사람의 가구 수가 3만 9,000호가량인데 그중 80%쯤 되는 2만
5,000호가량이 전당포와 밀접한 관계를 갖고 있다고 보도했다.

일본인 은행에 이어 조선인 은행이 속속 문을 열었다. 그러나 서민들에겐 그림의 떡이었다. 은행 거래가
익숙치 않은 데다 거래할 돈이 수중에 없었다. 사진은 한국은행의 전신인 조선은행.

던당포가 업다하면 아츰저녁을 굴믈 지경에 잇는 사람이 경성 십팔만
의 조선 사람 중에 륙만명 가량이 될 것은 사실이다. 이와갓치 던당포
라 하는 것은 가난한 사람에게는 업지못할 큰 긔관일 뿐 아니라 오히
려 가난한 사람에게는 던당포 한 집이 조선은행이나 한성은행 백개보
다도 필요하고 던당노리하는 사람은 어느 방면으로 보면 소위 것흐로
우미고 써벌니는 자선가나 공익사업을 한다는 사람보다는 훨신 참된
자선가라 할 수도 잇고 정직한 공익사업을 하는 사람이라고도 할 수
잇다.

기사에서 거론된 조선은행, 한성은행을 비롯해 대한천일은행, 한
일은행 등 민족계 은행이 갑오개혁 이후 하나둘 설립되긴 했지만 서
민에겐 그림의 떡이었다. 은행 거래가 익숙하지도 않을 뿐 아니라 거

래할 돈이 수중에 없었다.

서민과 거리가 멀었던 이들 은행은 제자리를 잡기 어려웠다. 은행이라는 것이 산업자본의 형성을 전제로 가동되는 것인데 조선의 경제체제는 아직 그런 단계에 들어서지 못했다. 거기다 정치적 불안과 자본금 부족 등으로 어려움이 가중되자 설립 후 몇 년 만에 문을 닫은 은행이 많았다.[1]

그 와중에도 조선은행은 '예금 대부 위체 등 일반 은행 업무를 확실 친절히 취급함'이라고 신문에 광고를 했고 한성은행이나 대한천일은행도 자본금과 적립금을 소개하면서 손님을 찾았지만 일본계 은행을 따라잡을 순 없었다.

개항 초부터 조선에 들어온 일본계 은행은 조흥은행, 식산은행, 제일은행, 백삼십은행, 제십팔은행, 제오십팔은행 등이다. 이들 은행은 유휴자본을 끌어들여 산업자본을 형성하는 은행의 본래 업무는 도외시했다. 조선에 진출한 일본 상인의 편리를 봐주거나 일본 자본의 조선 침투를 돕는 데 힘을 집중했을 뿐이다. 이들 은행의 1909년도 업무 내역을 보면 조선인 거래자의 예금은 5~16%, 대출은 1~4%에 그쳤다. 기껏해야 황실이나 몇몇 친일관료하고만 거래한 것이다.[2]

제일은행은 수시로 신문광고를 했는데 '임금賃金은 비밀함과 확실함을 주지로 하야 간절히 처리함'이란 문구를 갖다붙였다. 은행이 고객의 거래 내용을 비밀로 하는 것은 당연한데도 굳이 이 말을 집어넣은 데는 이유가 있었을 것이다. 아닌 게 아니라 경성에 있는 어느 일본 은행이 조선인의 예금을 유치할 목적으로 조선인 관리가 수천 금을 예금했다는 사실을 광고한 적이 있었다. 그런데 그 관리가 은행에 저축한 사실이 대외적으로 알려지자 당황해서 돈을 몽땅 인출해 간 것이다. 이 일이 계기가 됐는지 은행들은 거래 내역을 철저히 비밀에 붙인다는 내용을 광고에 밝히곤 했다.

당시 일본의 은행 직원이 남긴 기록에 따르면 조선인의 저축행태는 유별났다. 대개는 저축할 돈이 많지 않았지만 어쩌다 돈이 생기더라도 남몰래 땅 속에 묻고 가난한 것처럼 위장했다. 강도가 많아 땅 속에 저장했다는 얘기다. 또 돈을 저축한 것이 알려지면 위정자들이 무단히 죄를 씌우거나 여러 가지 명목으로 징수해가기 때문에 지하에 매장하거나 타인 명의로 몰래 토지를 구입했다고 한다.[3]

이름도 고약한 십팔은행은 '은행의 일반 업무를 극히 편리하시도록 하압'이란 문구를 걸고는 자본금 규모를 밝혀가며 자주 광고를 냈다. 광고는 연 1~2할의 저리로 대부한다고 했지만 담보가 상품국고채권, 당좌대월예금 등인 것을 볼 때 일반 서민이 은행을 통해 대부받는 것은 여간 어려운 일이 아니었을 것이다.

서민들의 경제사정은 전당포 통계 기사를 다룬 〈동아일보〉 1924년 1월 25일자에 잘 나타나 있다.

돈이 군색하여 갈사록 뎐당 잡히는 일이 늘어간다. 동대문 경찰서 관내의 통계만 보아도 지난 대정 십년에는 팔천칠백여번에 일만사천구백여원, 십일년도에는 일만칠백여번에 일만오천팔백여원 십이년도에는 일만이천사백여번에 일만오천구백여원이니 해마다 가난한 사람이 늘어가는 동시에 뎐당포 출입이 잦게됨은 수자가 증명하는 일이다. 이와가치 뎐당잡히는 일이 늘어가는 반면에는 뎐당물건을 차저가는 일이 점점 줄어든다 다시 말하면 잡히기는 만히 하고 차저가기는 적게 하는 동시에 빈민의 생활은 점점 곤난하여지는 것은 현저한 사실이다.

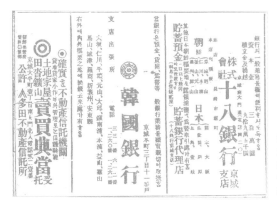

당시 은행 광고를 보면 은행의 고유 업무를 일일이 소개하는 내용이 많다. 자본주의 경제체제를 접하지 못했던 조선인들에게 은행의 업무는 낯선 것이었다.

서울에 사는 조선 사람 18만 명 가운데 전당포가 없으면 6만 명 정도가 굶을 지경일 만큼 서민들의 삶이 고달팠다는 기사다.

가세가 궁함애 항상 전당표와는 인연이 갓갑게 지내간다. 아츰에 때일 나무가 업서도 또 저녁에 솟헤 너흘 쌀이 업서도 부득이 의복이나 기구를 들고 행낭 뒷골 전당포 문을 두드리지 안을수 업다. 도시의 생활에 일정한 정기적 수입이 업시는 누구나 나와 가튼 곤경을 격지 안을 수 업스리라.

너나 할 것 없이 가난을 속옷처럼 껴입고 살던 시절이었으니 문인들도 예외일 수는 없었다. 월간 〈삼천리〉는 1931년 3월호에서 기획 특집으로 〈문사文士와 전당〉이란 글을 게재했다. 여기서 근대문학의 '거봉' 염상섭은 전당포를 끼고 사는 자신의 처지를 털어놓았다.

나는 지금도 여덜장의 전당표를 가지고 잇다. 그 중에는 한 벌 밧게

횡보 염상섭(오른쪽)은 전당포 애용자였다. 잡지에 전당
포 이용에 관한 경험담을 털어놓기도 했다.

업든 매일 입고 다니는 양복조차 드러갓다. 재작년 결혼 때에 하여준
안해의 결혼반지까지도 드러갓다. (……) 이제는 전당 잡힐만한 물건
이 업서서 잡혀 먹지 못한다고나 할가.

한 벌밖에 없어서 매일 입고 다니던 양복에 아내의 결혼반지까지
맡기고도 결혼생활을 유지한 걸 보면 염상섭의 아내도 참 무던했던
모양이다. 갈수록 사정이 어려워졌는지 그는 구입한 지 얼마 되지
않은 아현리 집마저 300원에 금융조합에 전당잡혔다고 고백했다.
　다른 기고자 최독명은 '전당철학—제4계급'이란 제목의 글에서
'고래로 문인이면 빈한으로 그 본령을 삼아온 듯하다'고 글머리를
잡았다. 그는 전당포를 잣대 삼아 네 가지로 사람들을 분류했다. 첫

째 생활에 여유가 있어 안중에 전당포의 존재가 처음부터 없는 행운 아, 둘째 전당을 기한 내로 또박또박 찾아올 수 있는 행복자, 셋째 아직까지 계속하여 (전당을) 잡히고 있는 '프티부르주아', 넷째 전당거리조차 씨가 말라 잡히려야 잡힐 것조차 없는 속수무책의 '진眞프로'가 그것이다.

그는 또 조선의 문사는 첫째 부류에 가까운 사람은 두 손가락을 꼽기가 극난極難이고 두 번째인 행복자도 1할을 뽑아내기 어려우며 셋째라야 2할을 넘기 어렵고, 7할 이상이 네 번째 계급에 속한다고 했다. 지금이나 예나 문인들의 살림살이는 고단했다는 얘기다.

여름 양복과 십팔금 회중시계를 맡기고 받은 전당표 두 장을 갖고 있다는 최독명은 조선 가게보다는 일본 가게가 후하고, 사설 전당포보다는 불편하지만 이자를 싸게 일수로 계산하는 공설 전당포가 좋다며 이렇게 결론을 내린다. '가난, 도시, 전당 사이에는 밀접한 삼각관계가 있다.'

전당포는 구한말 들어서면서 성행하기 시작했다.[4] 고려 중엽에 처음 생긴 것으로 알려진 전당포는 큰 고을에 전당국 또는 전포라는 이름으로 하나씩 있었는데 개항과 함께 외래 자본이 유입되면서 대폭 증가한 것이다. 1887년 자료에 따르면 이때 이미 일본인들이 진고개 일대에서 운영한 점포 50호 가운데 전당포가 10호나 됐다.

1909년에 나온 《한국세제고考》에 따르면 1894년 이후 전당포가 설치돼 전업으로 하는 자가 많았는데 1901년에는 서울에만 40호 내외가 있었다고 한다.

전당포는 높은 이자로 서민을 울리기도 했지만 급한 돈을 융통할 수 있는 유일한 금융기관이었다.

경성 시내 가운데 특히 니현 부근에 가면 소위 전당국이 (……) 귀찮을 만큼 눈에 뜨인다. 일본인으로서 전당업을 경영하는 자는 목하 경성에 40호가 있다. 고객은 전부 한국인이다.

1927년 9월 말에는 조선인 799명, 일인 606명, 외국인 1명 등 총 1,406명이 전당업에 종사할 정도로 전당포는 급증했다.[5]

전당포는 조선 사람도 많이 운영했지만 신문에 광고를 낸 것은 주로 일본인 전당포였다. 그중 '뎐당국 굴좌영업소'가 자주 눈에 띄인다. 1910년대 중반에는 '남질점'이라는 이름으로 광고를 낸 전당포가 신문에 단골로 실렸다. 중국 영사관 앞쪽에 위치한 '남질점'은 저축, 채권을 고가로 매입한다는 걸로 봐서 쓰던 물건을 맡기고 돈을 꿔오는 전당포는 아니었던 것 같다.

일본인 신부순평信夫淳平이 1901년에 출간한 《한반도》는 '일본 상인으로서 조금이라도 자금의 여유가 있는 자는 보통의 상업을 한다든지 새로운 사업을 경영하는 것보다는 전당 임대업을 시작함으로써 이익률을 높이며 또한 다른 것을 돌아볼 생각도 없는 것 같다'고 기록했다.[6] 《한국토지농생산조사보고》도 일본 거류민의 8~9할은 한인에게 고리대부를 했다고 적고 있다. 일확천금을 노리고 한국에 진출한 일본인들이 손쉽게 적은 자본으로 큰 이익을 볼 수 있었던 전당포업에 너도나도 뛰어들었던 것이다.

당시 전당포는 염상섭의 경우에서 봤듯이 부동산을 담보로 돈을 빌려주기도 했다. 이마무라今村柄가 쓴 《조선풍속집》은 '조선의 질옥質屋을 전당포 또는 전당국이라 한다. 물품을 전물典物로 하여 금전의 소비대차를 위한 것은 일본과 다름이 없지만 조선의 전당포 중에는 부동산도 저당으로 하여 금전을 빌리는 것이 다르다'고 소개하고 있다.[7] 〈대한매일신보〉 1907년 8월 22일자에 실린 광고에서도 확인할 수 있듯이 당시 전당포는 전답, 산림, 광산, 가옥 등 부동산뿐 아니라 공채, 주권, 전화 등의 매매와 전당도 알선했다.

이처럼 전당포 영업이 활개를 친 것은 일제에 의해 왜곡된 조선의 경제구조 탓이었다. 근대적인 산업구조와 화폐금융제도를 갖추지 못한 자연경제적 상태다 보니 인구의 8~9할인 농민들에게 화폐 형태의 부는 늘 부족했다. 이 틈을 노려 일본의 대금업자들은 상업자본과 결합해 한국인들에게서 고리를 뜯었다. 고리를 감당하지 못하는 사람들은 대신 토지를 빼앗기기도 했다.[8]

그럼에도 전당포는 영세한 소농이나 도시민이 가장 편리하게 소액을 융통할 수 있는 기관이었다. 은행처럼 까다롭게 서류와 담보물을 요구하지 않는 것만도 고마운 일이었다.

가난한 집에서 자식이 병이 나서 금방 죽으랴 살랴할 제 어머니의 시집올 때 너두엇던 장속옷을 쓰 내여 잡혀다가 약을 지여먹여 씨 슨드시 낫거나 시골부모의 병환 위급한 전보를 밧고 려비업서서 쎌 쎌 매는 학생에게 사전 한 권만 쏘 한벌에 사오원의 돈을 어들수가 잇게된다면 굿대야말로 전당포 문압혜 가서 백배치사를 하고 십흔 사람이 얼마이고 잇슬넌지도 모를 것이며 그러나 가난한 행랑살이 어멈이 한씨니 거리나 어들가하고 변변찬한 봇짐을 싸들고 이곳으로 가고 저곳으로 가도 툇자를 맛나거나 가정부인이나 기생아씨가 한쌔 용돈이 아수어서 잡히엿다가 긔한이 넘엇다고 애지중지하던 패물이나 의복이 흘너넘어간 쌔에는 전당포 집웅우에 불을 쓰 려 노코 전당포 주인에게 주먹방을 한번대고 십흔 반항심이 니러나는 이도 얼마나 만흘지 모를 것이다.

월간 〈별건곤〉이 1927년 3월호에 실은 '빈민은행 전당포 이약이' 는 전당포의 실상을 이해하는 데 도움이 된다.

경성 북촌에서도 중앙인 삼청동에서부터 권농동까지의 일대에는 전날 양반집에서 쓰던 세간 등속 학생의 용품, 서적, 가정부인들의 값나가는 의복, 패물 등속이 보통이다. 이따금 신사가 남이 보나 안 보나 곁눈질을 하며 양복이나 장식품 같은 것을 들고 오는 수도 있다. 그중에 이상한 것은 심지어 젊은 남녀의 이름까지 한자씩 새긴 약혼반지, 결혼반지가 팔자 사납게도 전당포의 부찰을 차고 너댓달씩 전당포 창고에서 구류를 당하는 일이 있다. 청진동 다방골 근처 기생 많은 곳에서는 그야말로 값나가는 릉라금수의 치마저고리 금은보패의 비녀 반지 노리개가튼 보드라운 살에서 연지냄새 향유냄새에 절어 나온 물건이 궁그러 들어오고 서대문 밖 독립문 근처부터 애우고개로 하여 남대문 밖 정거장 건너 봉래정 일대까지는 박봉 월급 생활꾼과 막벌이 노동자들의 값싼 물건들이 1원 내지 4,5전에 볼모를 잡히어 전당포 창고 안에서 징역을 살다가 출옥기한이 되어도 무정한 주인 아니 무정한 돈이 대사특사의 은전을 내리지 아니하여 필경은 옛 주인을 찾아가지 못하고 낯모르는 딴 사람에게 팔려가는 팔자 험상한 말로의 운명을 보고마는 수도 있다.

전당포에 가장 많이 맡긴 물건은 옷이었고 아녀자들의 비녀, 귀이개, 그릇, 세간 등속도 있었는데 놋그릇이 특히 많았다. 금은 등속의 물품은 원가의 5분의 4 정도로 잡혀주는 인기 품목이었다. 전당 기한은 조선인 점포가 더 후해 일본인은 전당 기한으로 4개월을 주었으나 조선인 중에는 10개월로 늘려주는 경우도 없지 않았다. 맡긴 물건을 되찾아가는 비율은 70~80%에 달했고 찾아가지 않은 물건 가운데 10~20%는 넝마전으로 넘어갔다.[9]

전당포를 이용하는 사람은 다양했다. 생활이 곤란한 사람이 많았지만 더러 양반집 장 속에서 보물을 꺼내오는 수도 있었다. 막가파식으로 물건을 잡히는 부랑한 청년, 군것질하고 싶어 헌 양복, 헌책을 싸가지고 오는 철부지 학생, 시집올 때 입은 붉은 고사치마를 들이밀고는 저녁 쌀을 사야한다며 애걸하는 노파, 아이들 소풍비를 마련하기 위해 남편의 양복을 잡히는 부인, 금반지 금시곗줄을 들고온 기생도 있었다.

전당포 입장에서 가장 반가운 손님은 화류계 사람들이었다. 이들

영화계의 빅 스타 나운규는 촬영 직전 카메라를 전당
포에 잡히고 기생과 달아나 입방아에 올랐다.

은 먹고 살기 힘들어서가 아니라 용돈이 떨어져서 전당을 이용하는
경우가 많았는데 아침에 물건을 잡히고는 저녁 때 찾아가기도 했다.
이자는 하루를 빌려도 한 달치를, 달이 바뀌어 하루라도 경과하면 두
달치를 지불해야 했으니 반가울 수밖에.[10]

전당포를 요란하게 이용한 고객을 꼽자면 영화감독 나운규가 될
터이다. 〈벙어리 삼룡이〉를 제작할 때 200명이나 되는 엑스트라까지
동원해놓은 그는 촬영 직전 카메라를 전당포에 잡힌 뒤 기생을 달고
행방을 감추는 전설 같은 사건을 만들었다.[11]

전당포가 활기를 띄는 시기는 의당 보릿고개였다. 음력으로 3~4
월경이 되면 쌀이 떨어졌고 보리는 아직 먹기 일렀다. 또 7~8월경이
면 보리가 떨어지고 벼는 덜 익었다. 도회지도 사정은 마찬가지여서
늦은 봄부터 이른 가을까지 물건을 많이 잡혔다. 조선의 금융은 농촌
이 표준이었고 도회에 그대로 영향을 주었던 것이다. 늦가을에도 손

님은 많았다. 날씨가 추워지면 여름에 잡혔던 겨우살이를 찾아가는 동시에 당분간 입지 않게 될 여름살이를 다시 잡혔다.

이자는 시기에 따라 차이가 났지만 1927년 9월 말 현재 1원 미만은 월 7~8분, 5원 미만은 5~7분, 10원 미만은 4분 5리~6분, 50원 미만은 3분 5리~5분, 그리고 50원 이상은 2분 5리~3분으로 소액고리였다.[12]

이자가 지나치게 높다는 지적이 나오자 이자의 높낮이를 고려할 여지가 없는 영세민을 위해 공설전당포가 설치되기도 했다.[13] 이자율을 월 1분 5리 이내로 완화한 공설전당포는 1929년 9월 일본인촌 명치정의 한성병원 자리에 들어섰다. 그러나 일본인 질옥조합은 이자를 많이 내린다고, 조선인들은 왜 일본인촌에만 혜택을 주느냐며 항의했다.

악덕 전당포를 고발하는 사례는 부지기수였다. 《조흥 백년 숨은 이야기》란 책에는 군수까지 지낸 전당포 주인의 싸가지 없는 행태를 비난한 옛 기록을 인용하고 있다.

1896년경 서울 남부 대춧골에 연천군수를 지낸 김인수라는 사람이 있었는데 이 사람이 돈이 많아 집에서 전당을 하고 돈을 빌려 주었다. 그런데 워낙 고율의 이자를 물리는 것은 물론, 일자는 보지 않고 달수로만 계산하고 초삼일만 지나면 전당 맡긴 물건을 뺏는다 하니 이런 전당에 여러 사람이 속지 않기를 바라노라.

전당업자들이 담합해서 서민을 울리는 일도 많았다. 〈동아일보〉 1921년 2월 23일자에 따르면 경성 시내 각 전당업자들은 1920년 여름부터 오푼변씩 받던 변리를 칠푼변으로 올리고 변제기간도 5~10개월에서 3개월로 축소했다. 이를 지키지 않으면 가차없이 물건을 방매하고 조합원이 이 원칙을 어길 때는 벌금을 물기로 했다.

경성전당포조합은 이 같은 사실을 신문광고를 통해 알림으로써 고객을 압박하는 한편 조합원들을 단속하겠다는 의지를 재천명했다.

質置主各位 京城典當舖組合 廣告

본조합에서 임시총회를 열고 물가폭락에 대하여 동업자의 손해가 다대하기로 본년 7월4일로 위시하여 입질한 물건에 대하여 본 유질 기한 90일을 지키기로 결의하고 시행하겠사오며 본 조합원 중 유질기한에 방매치 않을 시에는 본 조합에서 중히 처벌하기로 결의되었삽기에 통고하오니 유질기한을 주의하심을 바람.

그러나 악덕 업자들은 이런 결의를 악용했다. 조사원이 오기 전에 방매 물건에 방자를 표시해 단속을 피해 놓고는 물건을 찾으러 온 주인에게는 방매한 물건을 되찾아오려면 돈을 더 내야 한다고 속여 폭리를 취했다.

부당한 이득을 챙기는 전당포 업자라고 해서, 아무 걱정이 없는 것은 아니었다. 전당포에서 일일 점원을 체험한 기자는 '하루 저녁이라도 다리를 편히 뻗고 베개를 높이 하고서 편안히 잠자볼 수 없는 직업인데다 비싼 영업세, 조합비 물고 각종 경비를 써도 이익이 없다'고 업자를 두둔했다. 왜 내 물건을 임의대로 팔아먹었느냐며 시비를 걸어오는 손님, 툭하면 도난품이라며 전당물을 몰수해가는 경찰들도 골칫거리였다. 맡은 물건이 쥐에게 뜯길까 장마에 상할까 도적에게 뺏길까를 걱정해야 했다. 신문에는 전당포 습격 사건이 뻔질나게 보도됐다. 할리우드 고전영화처럼 중절모에 레인코트를 입은 청년 두 명이 권총을 들고 침입해서는 34원을 털어간 군산 전당포 사건은 유명했다.[14]

가난한 사람이 늘어간다 조선사람의 생활은 점점 곤난하여간다. 살어
나아갈 도리는 더욱더욱 묘연하여진다. 조선사람은 무엇을 먹고 무엇
을 입고 무엇을 바라고 무엇을 밋고 살어갈가. 조선사람-우리의 일홈
은 가난방이다. 아모것도 미들 것도 업고 아모것도 바랄 것이 업다.
이럿케 생각하고 보면 다시 더 살아볼 자미도 업고 살어날 용긔도 업
다. 그러나 우리는 우리가 이러한 극단의 처디에 처해 잇는 것을 안
다. '안다' 하는 이것이 우리에게는 오즉 하나인 밋천이다. 우리는 이
밋천을 잘 응용하여야 되겟다. '안다' 는 밋천을 살니는 것이 우리의
살어날 방도이다

'전당포의 번창' 이라는 제목으로 〈동아일보〉 1924년 1월 25일자에 실린 이 기사는 전당 잡히는 일이 늘어가는 반면 전당 물건을 찾아가는 일이 점점 줄어든다면서 험난한 세월 잘 버텨보자고 독자를 독려하고 있다. 전당포는 이렇게 조선 서민들의 삶 속에 깊숙이 개입

해 근대를 함께 했다. 그 흔적은 신문기사의 제목들에 고스란히 남아
있다.

전당포에 활기, 뎐당이 점차 증가 겨울 준비의 관계로
전당포에 폭행, 이웃에서 살면서 만기된 물건을 팔엇다고
비싼 전당 리자, 빈민계급을 위하야 질옥법을 실시하라
불량한 전당업자, 음양력을 혼용하야 불법한 리자를 바더
비참한 한재旱災 영향으로 전당포가 대번창.

미주

1 서길수, 〈개항 후 이자부 자본의 사적 고찰〉, 단국대 박사논문, 1978년, p.190.

2 서길수, 위의 논문, p.174, 189.

3 서길수, 위의 논문, p.188.

4 서길수, 〈개항 후 대차관계 및 이자에 관한 연구 Ⅱ-민간 식리의 형태와 이자를 중심으로〉, 《국제대학 논문집》, 국제대학, 1987년, p.224,

5 서길수, 〈개항 후 이자부 자본의 사적 고찰〉, 단국대 박사논문, 1978년, p.201.

6 서길수, 위의 논문, p.203.

7 서길수, 위의 논문, p.202~203.

8 김희중, 〈한말 식민지 금융체제의 전개과정에 관한 연구〉, 조선대 대학원 석사논문, 1981년, p.20.

9 '빈민은행전당포 이약이', 월간 〈별건곤〉, 1927년 3월, p.92.

10 〈동아일보〉, 1922년, 7월5일.

11 조풍연, 《서울잡학사전》, 정동출판사, 1989년, p.114.

12 김영희, 〈1920·30년대 금융조합의 금융활동에 관한 연구〉 숙명여대 대학원 석사논문, 1989년, p.20.

13 김영희, 위의 논문, p.20.

14 〈동아일보〉, 1926년 11월 10일.

◉ 바리캉 ◉

경제계의 대복음,
이발계의 혁명

❈ ❈ ❈

영화 〈말죽거리 잔혹사〉가 잘 그리고 있듯이 1970년대 중고등학교는 병영과 비슷했다. 필자도 그 시대에 빡빡머리를 하고 학창생활을 했는데 지금 생각해도 불쾌한 기억이 있다. 스승이란 사람들이 수동 바리캉으로 머리에 '고속도로'를 만든 일이다. 그들은 학생들 빡빡머리가 밤송이처럼 삐죽삐죽해진다 싶으면 머리 한복판에 허연 외길 도로를 만들어놓곤 했다. 히죽히죽 웃으며 반 장난삼아 머리를 깎는 그들에게서 훈육의 도는 보이지 않았다.

일제시대 신문을 보면서 학창시절 얘기를 꺼내는 것은 바리캉 판매를 알리는 광고가 거의 매일 실렸기 때문이다.

경제계의 대복음

이발용품을 취급하던 잡화상들은 무슨 대단한 국가 정책이라도 알리는 것처럼 바리캉을 거창하게 광고했다. '이발계의 혁명'이라는 구호 아래 '사용경편, 가격지염, 견뢰무비' 등 광고의 상투어는 죄다 끌어다 썼다. 혜성처럼 나타난 근대의 첨단기기, 바리캉이 받을 만한 대접이었다.

1905년 전후에 한반도에 들어온 것으로 추정되는 바리캉은 일본에서 수입된 데다 발음까지 묘해 일본어로 알고 있는 사람이 많지만 사실은 프랑스인 발명자의 이름이다. 1871년 프랑스 기계 제조회사인 '바리캉 마르Bariquand et Marre'의 창시자 바리캉이 발명했다고 해서 붙여진 이름이다.[1] 바리캉은 유럽에서 좋은 반응을 얻어 서양 남성의 헤어스타일이 짧아지는 데 한 몫을 했다.

중세의 고문기구 같이 생기긴 했지만 바리캉은 이발기기의 간판스타였다. 광고주들은 지면이 넉넉할 때면 바리캉을 가위, 면도, 빗, 귀이개, 이발의자 등과 공동출연시켰으나 지면이 작으면 바리캉만 단독출연시켰다. 광고는 바리캉이 신상품이었음에도 사용법을 구구하게 늘어놓지는 않았다. 이발기구를 구입하는 사람이 대개 전문 이발사들이다 보니 그럴 필요가 없었던 것이다.

바리캉을 한반도 근대의 한 상징으로 인정해도 괜찮은 것은 단발령이란 피눈물 나는 국가적 대소동 속에서 조선인과 함께 했기 때문이다. 단발령은 지엄하신 '나랏님'을 강제 삭발하는 것으로 시작됐다. 고종 32년(1895년) 11월 15일, 궁궐 안에서는 친일파의 사주를 받은 훈련대 장교 세 명이 대신들 앞에서 칼을 빼들었고,[2] 궁 밖에서는

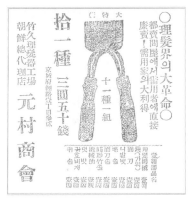

바리캉은 단발령이라는 국가적 사건 이후 널리 보급됐다. 프랑스 발명자 이름을 딴 바리캉은 신문광고의 간판 스타였다. 바리캉처럼 오랫동안 자주 광고된 물품도 드물었다.

일본 군인들이 대포를 묻어놓았다. 단발하지 않는 사람은 모두 죽이 겠다고 겁을 주는 상황에서 태자와 함께 고종 황제는 무력하게 머리 를 깎았다. 단발령의 명목은 '위생에 이롭고 작업에 편리하기 때문' 이었다. 그러나 단발령은 대상을 성인 남성으로만 제한한 반쪽짜리 졸속 정책이었다.

단발령은 전국 각지에서 조직적인 의병 봉기를 불렀다. 단발령을 주도한 김홍집 친일내각에게 부메랑이 되어 돌아간 것이다. 억류 생 활을 하던 고종은 친일내각이 의병을 진압하느라 정신이 없는 틈을 타 몰래 러시아공사관으로 거처를 옮겼다. 그리고 단발령을 강요한 내각 대신들을 체포하라는 명령을 내렸다. 그 와중에 친일내각을 대 신하게 된 이범진, 이완용, 윤치호 등 친로내각은 군인, 순검, 학도를 제외한 일반 평민들에게 "각자 편한 대로 하라."는 조칙을 내려 민심 을 수습하려고 했다.

단발령은 백성들을 공포 속으로 몰아넣은 정책이었다. '신체와 머

리카락은 부모에게서 물려받은 것이니 이를 훼상하지 않는 것이 효의 출발'이라고 믿던 조선 사람들에게 상투를 자르라는 명령은 청천벽력 같은 것이었다. 싸울 때도 뺨은 때릴지언정 상투는 건드리지 않는 게 조선 사람들이었다. 보수파 거두 최익현이 "머리는 자를 수 있을지언정 머리털은 자를 수 없다."고 한 것은 국민 정서를 대변한다.

단발령이 시행되면서 급조된 관리 '체두관'은 거리에서뿐만 아니라 집집마다 찾아다니며 상투를 벤 원성을 샀다. 체두관을 피하기 위해 고향을 등지는 사람이 있었고 상가가 철시하기도 했다.

닥터 에빈슨이 가위로 나의 머리를 잘랐다. 그때에 몇몇 외국 사람들이 동정 어린 눈으로 그것을 지켜보았는데 머리카락이 잘리고 상투가 내 앞에 떨어질 때에 나는 싸늘한 전율을 느꼈다. (……) 내가 나타나자 어머니는 무척 놀라고 자식이 죽기나 한 것처럼 통곡을 하셨다.[3]

골수 개화파 이승만조차 이렇게 전율할 정도였으니 보통 사람들에게 단발은 다리 하나 자르라는 명령쯤으로 다가왔을 것이다. 거기다 《정감록》의 구절 '살아자수殺我者錐 소두무족小頭無足(나를 죽이는자가 누구뇨 발 없고 머리 작은 자니라)'은 머리를 깎으면 죽는다는 유언비어로 변질돼 민심을 흉흉하게 만들었다.[1]

상투를 자르기 위해 급조한 체두관剃頭官은 호러 영화에 나오는

단발에 대한 저항은 산발적으로 꾸준히 이어졌다. 그러나 3·1 운동의 민족대표들 모습에 볼 수 있듯이 단발은 거스를 수 없는 대세였다.

악귀처럼 무서운 존재였다. 길거리뿐 아니라 집집마다 찾아다니며 상투를 베는 통에 사람들은 바깥 출입을 삼갔고 손님조차 사양했다. 단발령은 당연히 경제활동에도 큰 영향을 미쳤다. 단발 당하는 게 두려워 상인들이 종적을 감추자 공급이 끊어진 일용 필수품 가격은 무섭게 올랐다.[5] 약삭빠른 상인은 머리를 스스로 자르고 도성을 드나들며 몇 배의 이윤을 남기기도 했다. 독일 공사 크리인은 통상에 방해가 된다며 외무대신 김윤식에게 단발령을 금지시켜 달라고 요청하기

까지 했다.[6]

한동안 답보 상태를 걷던 단발령은 1904년 동학당 손병희가 이끄는 진보회가 집단 단발을 감행하면서 속도가 붙었다. 진보회 회원들은 마치 삭발시위라도 하듯 수백수십 명이 한 곳에 모여 상투를 자르는 진풍경을 연출했다. 의붓장인 무덤에 벌초한 것처럼 머리털이 듬성듬성 남은 이도 있었고 칼로 싹싹 밀다가 머리에 포를 떠서 유혈이 낭자한 이도 있었다. 부모들은 울며불며 떨어진 상투를 수습했다. 머리털을 수북하게 쌓은 뒤 불을 지르니 노린내가 왕동해 사람들이 코를 막았다.[7]

빛이 있으면 그림자도 있듯이 단발령이 고통만 선사한 것은 아니었다. 결혼 못한 노총각 노처녀들은 단발령 덕분에 짝을 찾을 수 있었다. 단발하기 전에 상투를 틀지 않으면 평생 어른이 못 된다고 생각한 집안 어른들이 문벌, 나이, 조건 안 따지고 마구잡이로 결혼을 시켜 동네마다 때 아닌 릴레이 잔치가 벌어졌다.[8]

개화파들도 드러내놓지는 않았지만 단발령을 반겼다. 〈독립신문〉은 단발령이 내려진 초창기에는 여론이 너무도 살벌해 '머리 깎고 양복 입는 것을 집 고친 후에 새로 도배와 장판하는 것 같다'는 뜨뜨미지근한 견해를 내놓았다. 그러나 시간이 지나면서 '나라가 태평하고 인민이 편리한 것은 양병과 단발이라 했는데 단발이 이뤄지면 3년 안에 문명개화한 세계가 될 뿐더러 동방예의지국을 천만대나 누릴 듯하다'는 내용의 독자 투고를 꾸준히 실었다.[9]

단발령으로 특수를 누린 이들도 생겼다. 개화된 머리에 어울리는 양복은 본래의 가격보다 두 배 이상 비싸게 팔렸고[10] 신발과 부속품도 5% 이상 올랐다. 일본의 〈보지신문報知新聞〉은 1896년 2월 2일자

단발령이 시행된 지 20년이 지났어도 이발소는 여전히 이색지대였다. 신문은 이발사를 심층 취재해 단발령 이후의
사회 변천 과정을 들려주었다.

에서 '단발령―양복, 시계, 모자, 조선문명 일시 약진'이란 제목으
로 당시 분위기를 이렇게 전했다.[11]

> 단발령의 시행으로 특히 일본 이발관이 번창하게 되어서 매일 수십
> 명의 조선 사람이 몰려들고 각 점마다 20원 내외의 수입을 올리고 있
> 다고 한다. 또한 양복점 구두 모자 그외 양복 부속품도 평소의 두 배
> 이상이나 팔렸으며……

일본 사람만 가던, '개화당 제조소' 이발소에도 조선 사람들의 발
길이 이어졌다. 손님의 집으로 출장 서비스를 가던 이발사들은 제 발
로 찾아오는 고객을 맞게 됐다. 머리를 깎아주기보다는 잔머리를 길
러 상투를 다시 짜주던 이발소의 업무도 단발로 바뀌었다. 때를 만난
이발소는 신문에 광고를 실었는데 주로 점포 개업과 이전을 알리는
간단한 것이었다.

이발소는 그때만 해도 이색지대여서 언론의 취재 대상이 되기도 했다. 〈동아일보〉는 18년 경력을 가진 박창기란 이발사를 만나 장문의 인터뷰 기사를 실었다. 1918년 3월에 이발소를 개업했다는 박창기는 '개업한 이래 사오 년 동안은 깎은 머리보다 안 깎은 머리가 많을 지경'이라고 술회했다. 안 깎은 머리 즉 상투를 튼 손님이 많았다는 얘기다. 그는 당시의 분위기를 이렇게 회고했다.

내 손 안에 관례(단발)를 한 사람이 이천오백여 명. 기미 운동이 있기 전까지도 한 달에 평균 칠팔 명씩은 관례를 했다. 대개 마음이 안 좋아서 가는 분들이 많았는데 혹은 친구에게 끌려와서 관례를 하고는 닭똥 같은 눈물을 뚝뚝 떨치는 분도 보았고 깎은 머리는 대개 가지고들 갑디다.

성서인城西人이란 필명을 가진 어느 필자는 월간 〈별건곤〉 1928년 7월호에다 이발소 소감을 기고하기도 했다. 상고머리를 깎으려면 꼭 50분이 걸린다는 둥, 이발사가 이발 도중 생선장수와 나물장수를 불러 흥정을 한다는 둥, 하이카라 머리에 40전, 상고머리에 35전, 면도에 20전을 받는다는 둥 미주알고주알 알렸다.

해외여행이 극히 드물던 시대에 가당찮게 외국 이발소 풍경을 소개하는 기사도 나왔다. 외국의 이발료는 일정치 않다면서 '머리털만 깎고 가는데 만약 이발소에서 하자는 대로 했다가는 큰코 다친다'고 경고했다. 이발료는 50전에 불과하지만 향수를 뿌리면 몇 원으로 불어나고 잘못하다가는 6~7원을 물 수도 있으니 조심하라는 것이었다. 온 나라를 통틀어도 외국 유학생 수가 몇백 명밖에 안 된 것을 감안하

면 외국의 이색풍물을 전하려는 기획이 아니었나 싶다.[12]

월간 〈별건곤〉은 '이발소 투표'란 희한한 캠페인을 벌이기도 했다. 잡지 끝에 붙어 있는 투표용지에 서울, 평양, 대구, 개성, 인천, 원산 등 주요 도시의 좋은 이발소를 표시해 보내달라는 행사였다. 선발된 이발소는 기사와 사진으로 소개해주고 당첨된 투표자에게는 면도, 비듬약 등을 증정했다. 이발소의 시설과 서비스를 높이자는 게 표면적인 취지였으나 구독 확장 의도도 없지는 않았을 것이다.

단발령으로 빛을 본 업종 중에는 사진관도 있다. 사진관은 중인 출신 화가 김용원이 1883년 서울에 처음으로 '촬영국'을 연 뒤 하나둘 등장했으나 손님이 몰리는 호황업종은 아니었다. 사진을 찍으면 영혼이 날아간다고 해서 두려워했기 때문이다.[13] 그러나 조상이 물려주신 신체를 단발

잡지사는 독자들이 좋은 이발소를 추천하는 '이발소 투표'를 실시했다. 좋은 이발소로 뽑히면 잡지에 소개됐고 추천자는 경품으로 면도와 비듬약을 받았다.

령으로 '훼손'할 지경에 이르자 온전한 자신의 모습을 영구히 보존하고 싶은 마음에 사진을 찍으러들 왔다. 1900년대 초에는 사진관이 초상 사진을 찍으려는 사람들로 붐빌 때도 있었다.[14]

사진관들은 여성 고객도 적극 유치하려고 했다. 남녀를 분리해서 촬영한다는 광고까지 냈다. 남녀가 여전히 유별한 상황을 감안한 것

이었다. 경성사진관은 1907년 〈만세보〉에 광고를 내 남녀의 촬영 장소를 구분해놓았다면서 '여자가 사진을 찍을 때는 남자의 출입을 금하니 계속 내림하기를 원한다' 고 밝혔다. 개관 기념으로 50% 할인을 약속한 이 사진관은 '구미 각국의 최신한 이화학을 응용하여 영구 불변색하는 방법으로 사진을 찍는다' 고 자랑했다.

천연당 사진관 역시 같은 해 〈대한매일신보〉에 '특별 염가 불변색' 이란 제목으로 광고를 했다. '부인은 내당에서 부인이 촬하고 출입이 심편함' 이라고 한 것을 보면 여자 손님은 여자 사진사가 촬영한 것 같다. 종로사진관 역시 1913년 아리따운 여성 사진을 넣어 광고한 것으로 봐서 여성 손님을 적극 유치했던 모양이다.

전국의 남성이 머리카락을 잘라야 하는 판국이었으니 모자 상점이 잠잠했을 리 없다. 조선 정부의 외국인 사무관을 지낸 세계적 천문학자 퍼시벌 로웰Perceval Lowell이 《내 기억 속의 조선, 조선 사람들*The land of the morning calm*》이란 책에서 회고했듯이 조선은 갓, 망건, 탕건 등 갖가지 모자로 신분, 나이, 계급, 직업을 표시하던 '모자의 나라' 였으나 상투가 사라지면서 서양 모자가 득세하기 시작했다.

처음엔 단발한 머리를 가리기 위해 흑색 산고모자를 구하던 사람들이 서양 모자를 어느덧 개화의 상징으로, 어엿한 패션으로 받아들이게 되었다. 최찬식의 신소설 〈추월색〉이 개화인물 강한영을 '파나마 모자를 폭 숙여 쓰고 금테안경은 코허리 옆에 걸고 양복 앞섶 떡 갈라……' 라고 묘사한 것이나 각종 광고에 궐련을 문 중절모 신사가 자주 등장한 것이 모두 그런 분위기를 반영했다.

1909년 〈대한민보〉의 모자 광고는 중산모자, 중절모자, 부인모자, 학도모자를 자세히 그려 놓고는 1등 5원 50전부터 4등 2원 50전하는

단발령으로 특수를 누린 곳 가운데 하나가 사진관이다. 조상이 물려준 신체를 훼손하지 않은, 온전한 모습을 남기기 위해 사진관을 찾는 이들이 많았다. 사진관 가운데는 남녀가 유별했던 당시 풍습을 감안해 여자 사진사를 고용하기도 했다.

서구인의 눈에 모자의 나라로 비쳐질 만큼 조선의 모자는 다양했다. 사진은 갓을 고치는 모습.

식으로 값을 밝히면서 모자를 쓰면 품위, 위생, 실용에 좋다고 권했다. 모자 광고가 1919~1927년 기간 동안 전체 광고순위 3~4위를 유지한 것은 그만큼 모자 유행이 대단했음을 단적으로 드러낸다.[15]

　죽네사네 하면서 머리를 깎았지만 헤어스타일도 유행을 탔다. 상투 틀던 시절을 호랑이 담배 먹던 옛날이야기로 치부한 어느 필자는 당시 죽 끓듯 변덕스러운 머리 유행을 이렇게 빈정거렸다.

눈물을 뚝뚝 떨어뜨리면서 삭발을 하고 난 뒤에 생긴 것이 빡빡 깎은 머리, 다음으로 생긴 것이 상고머리 지금와서는 상고머리는 인력거군이나 차지하고 빡빡 깎은 머리는 중과 전중이가 차지하고 소위 현대식 하이카라가 생겼다. 오부삼부 머리도 구식이 되고 올백이 대유행이다. 포마드를 파리 낙성하게 발르든 것도 구식이라고 여자들의 머리 찜쩌먹게 전기로 지지기 시작한다 곱슬하게. 지지고 텁수룩하게 해서 그 속에서 호랭이가 새끼를 치고도 남도록 치켜올린다. 장발족도 현대식 머리에 조카벌은 된다. 여자들이 단발을 하고 머리가 간단해지니까 남자들은 반동운동을 개시하는지 머리가 목덜미를 덥도록 내려간다. 앞으로는 남자들이 머리를 길러서 치렁치렁 따아 당홍댕기를 드릴런지 누가 알리오.

단발은 법적으로 남성에게만 강요됐지만 여성에게도 커다란 문제였다. 유교적 전통이 골수에 박힌 여인네들 중에는 남편의 단발을 마치 자신의 수치로 여겨 자결하는 이도 있었다. 충무공 후예인 보은현감 이규백의 아내 성씨, 함양 선비 정순철의 며느리 조씨 같은 여인들이 남편의 단발을 자결로 거부했다.[16]

여성들의 단발은 남성들에 비해 훨씬 더디게 진행됐다. 기생 강명화가 용감하게 스타트를 끊긴 했지만[17] 그것은 신여성의 용감한 일회성 도발 정도로 비쳐졌다. 1920년대 초 학교에서 학생을 단발시킨다는 얘기가 들리자 부모들은 자녀를 학교에 보내지 않거나 학교에 기부했던 돈을 내놓으라고 소동을 부리기도 했다.

여성들이 전통적인 머리 모양을 고수한 것은 광고를 봐도 알 수 있다. 모던 걸들이 득시글대던 '패션 1번지' 화신백화점은 물론 조선월소제조사, 담양참빗 등이 신문에 참빗 광고를 낸 것이다. 조선월소제조사는 '우리가 안 쓰지 못할 얼네빗은 우리 가공업에 연구가 없어 손으로 만든 까닭에 비싸고 물건도 좋지 못하였다'며 여러 해 동안 연구해 외국 물건보다 미려하고 가격이 저렴한 빗을 만들게 됐다고 자랑했다. 목포에 본점을 둔 삼성당이 1934년 조선 여성을 모델로 세워 금비녀를 광고한 것도 쪽진 머리가 대세였음을 확인시켜준다.

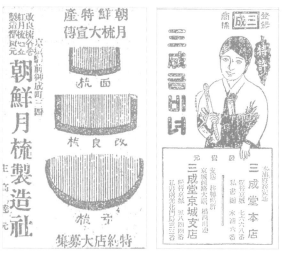

여성의 단발은 대세가 아니었다. 당시 쪽을 진 여성의 모습과 신문에 게재된 참빗, 금비녀 광고가 그것을 증명한다.

그러나 1920년대 후반 들어 신여성들이 강명화의 뒤를 이으면서 단발은 여성의 외모뿐 아니라 위상을 새롭게 하는 기준처럼 작용했다. 단발머리 신여성은 '모던 걸modern girl'을 비틀어 '모단毛斷걸'로 불렸는데 보수적인 남정네들은 '못된 걸'로 바꿔 조롱했다. 그러거나 말거나 멋쟁이 신여성이 자주 했던, 앞머리와 옆머리를 앞쪽으로

모아서 묶은 스타일 '히사시가미'는 봉건에 저항하는 젊음의 상징이
되었다.

김활란 같은 지식인들은 단발을 솔선수범하면서 편리하고 위생적
이며 경제적이기까지 하다며 머리카락을 자르라고 부추겼다. 〈조선
일보〉 1931년 7월 4일자는 '낡은 것에 반항하라 간편 우미경쾌하다'
란 제목으로 단발령의 장점을 소개했다.

첫재 단발을 하면 젊어 보임니다. 젊어 보히니 씩씩해 보임니다. 그리
고 저고리 깃등에 기름때가 뭇지 안어서 옷을 갑절이나 오래 입습니
다. 고무신에도 긴치마에도 처음에 보면 이상한 듯한 그것이 더 보면
우미해 보임니다.

신사유람단으로 일본에 간 서광범이 최초로 시도한 단발은 근 30
년 만에 봉건을 타파하는 개화의 상징이 되었다. 황제의 치욕, 경제
마비, 집단 자결, 의병 봉기 등 엄청난 사회적 비용을 지불하고서 얻
은 결과였다. 사실 단발은 쇄국에서 개방으로 노선을 바꾼 동아시아
3국에서 모두 거쳐야 했던 사건이었다. 일본은 메이지유신과 함께
무사의 상징인 존마개를 자르도록 했고 중국도 변발을 없앴다. 그러
나 조선처럼 전 국민적 반발을 사지는 않았다. 그만큼 조선의 유교적
전통은 강했고 침략자들의 강요에 대한 반감이 컸던 것이다.

명예에 목숨을 거는 사람들의 모습은 때로는 아름답다. 단발에 목
숨을 걸었던 사람들도 명예를 지키기 위해서였다. 과연 그들의 모습
은 얼마나 아름다운 것이었을까?

미 주

1 김민정, 〈개화기 이후의 남성 머리양식의 변천과 재현에 관한 연구〉, 한성대 대학원 석사논문, 2003년, p.23.

2 이규태, 《버선발에 양구두》, 신태양사, 1988년, p.294.

3 김민정, 위의 논문, p.34.

4 이규태, 《한국인의 민속문화 3》, 신원문화사, 2000년, p.140.

5 이규태, 위의 책, p.140.

6 이규태, 《버선발에 양구두》, 신태양사, 1988년, p.295.

7 단발령인, '상투의 수난실화', 월간 〈조광〉, 1935년 12월, p.216.

8 단발령인, 위의 기사, p.214.

9 오영섭, 〈한국근대 봉건적 사회신분제 및 풍습의 개혁실태-〈독립신문〉을 중심으로〉, 《사학지》, 단국사학회, 1998년 12월, p.371~373.

10 이규태, 《한국인의 민속문화 3》 신원문화사, 2000년, p.142.

11 이민원, 〈상투와 단발령〉, 《사학지》, 단국사학회, 1998년 12월, p.287.

12 박승철, '구미의 이발소', 월간 〈별건곤〉, 1928년 7월, p.77.

13 최인진, 《한국사진사(1631~1945)》, 눈빛, 2000년, p.131~134.

14 주형일, 〈사진매체의 수용을 통해 본 19세기 말 한국 사회의 시각문화에 대한 연구〉, 《한국언론학보》 47권6호, 한국언론학회, 2003년 12월, p.362.

15 마정미, 〈한국 개화기 광고의 특성에 관한 연구 :광고에 나타난 근대성과 계몽의 담론을 중심으로〉, 《광고연구》, 한국방송광고공사, 2003년 가을, p.70.

16 김민정, 위의 논문, p.29.

17 유수경, 《한국여성양장변천사》, 일지사, 1990년, p.148.

유방을 해방하자

✻ ✻ ✻

개화기 풍경을 담은 사진들을 보고 있노라면 숨이 턱 막힐 때가 있다. 젖가슴을 보란 듯이 내놓고 있는 아녀자의 사진을 대할 때다. 가슴 노출한 여자 사진 중에 이보다 안 섹시한 것도 없을 것이다. 저고리와 치마 사이로 튕겨져 나온 가슴이 왠지 야만과 비문명을 상징하는 것처럼 보이기 때문이다. 카메라의 시선에서 아프리카 원시부족의 벌거벗은 여성을 포착하는 것 같은 느낌이 드는 것은 단순히 콤플렉스일까?

의구심을 떨쳐버릴 수 없는 것은 이런 사진이 왜, 어떻게 찍혔냐는 것이다. 남자도 손발 이외의 맨살을 보이면 체면이 깎인다고 믿었던 시절에 말이다.[1]

당시의 패션 자체가 그 모양이어서 그랬을 수는 있다. 1900년 전

젖가슴을 드러낸 여성의 모습이 충격적이다. 당시 저고리 길이가 20센티미터 안팎이어서 그랬던 것일까? 가슴을 가리기 위해 치마말기를 단단히 싸매느라 병이 생길 지경이었던 사정을 감안하면 고개가 가우뚱해진다.

후 여성 저고리는 성인 남자의 한 뼘 길이와 비슷할 만큼 짧았다. 보통 저고리 길이는 20센티미터 안팎이었고 짧은 것은 17센티미터짜리도 있었다.[2] 겨드랑이 밑선이 1센티미터 정도밖에 안 돼 가슴께의 살을 충분히 가리기 어려운 것도 있었으니 아슬아슬하기가 초미니 탱크톱 못지않았다.

그러나 여성들은 대개 젖가슴이 터져라 하고 치마말기나 가슴띠로 꽁꽁 묶었다. 오죽했으면 '유방을 해방하자'는 과격한 구호가 신문에까지 나왔겠는가.[3]

의복의 허리로 가슴을 동이는 것이야말로 진실로 사람의 생명을 빼앗는 무서운 여러 가지 병의 원인입니다. 첫째 허파의 수축을 자유롭지 못하게 하여 호흡기의 병이 생기기 쉽고 또한 가슴 동이는 까닭으로 제일 많이 생기는 병이 폐첨가답아肺尖加答兒라 합니다.[4]

가슴을 가리려고 띠를 단단하게 감다보니 폐질환과 늑막염이 생기고 허리가 굽기까지 했다는 게 기사의 내용이다.[5]

여름 물건 우리 손으로 맨든 2천만 민족 옷감 해동저 치마 두 감, 적삼 세 감, 두루마기 한 감 갑 눅고 질긴 물건 조선 사람은 누구든지 반듯이 입어야만 됩니다.

1927년 4월 27일자 〈동아일보〉에서 보듯 옷감을 소개하는 광고는 투박한 문투와 글씨체로 눈길을 끌었다. 촌스럽고 소박한 조선의 스타일로 차별화를 꾀했던 것 같다. '우리 손으로 맨든 2천만 민족 옷감'을 내세움으로써 동포애를 자극한 것이다. 일제 강점기의 대표적 민족기업인 경성방직주식회사도 점잖게 민족이란 문구를 광고에 올렸다.

개인의 이익으로나 민족적 경제를 돌아보아 사랑하야 입고 힘 있게 서로 권면합시다.

공장에서 만든 기성복이 없었던 당시에는 집에서 옷을 만들어 입었기 때문에 신문에 옷감 광고가 자주 실렸다. 옷감 광고와 더불어

조선의 대표적 기업인 경성방직은 광목 제품을 광고하면서 동포애를 자극했다. "조선을 사랑하시는 동포는 옷감부터 조선산"을 써야 한다고 호소했다. 붓글씨로 휘갈겨 쓴 광고는 요즘 눈으로 보면 대단히 거칠지만 당시에는 흔한 형식이었다.

재봉틀 광고도 수시로 등장했다. 구한말 이미 〈독립신문〉에 연일 광고를 해댄 씽거재봉틀을 비롯해 씽거란 이름을 딴 씽거재봉학교도 학생을 모집하는 광고를 냈다.

> 가정 재봉개혁의 책임이 있는 폐사는 시세의 요구에 응하기 위하여 씽거 재봉여학교를 신설하고 세상에 소개하지 못한 독창적이고 참신한 씽거 응용의 기술을 광대히 교수하오니 지원자는 급히 청원하시오.

재봉학교를 다닐 형편이 못 되는 사람이 대다수였으니 신문들은 가정란에 의상 디자인 책을 부욱 찢어서 갖다붙인 듯한 기사를 자주 실었다.

근대 여성 패션의 급선무였던 치마 개량도 가정에서 이뤄질 수밖에 없었다. '의복 제도 개량은 먼저 가슴을 매지 않도록 주의하야 개

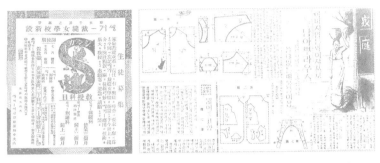

옷을 직접 만들어 입던 시대여서 재봉틀과 재봉학교 광고가 종종 신문을 장식했다. 오른쪽 사진은 신문에 '옷 만드는 법' 관련 기사.

량함이 조흘 듯하다'[6]는 신문기사의 내용처럼 가슴을 압박과 설움에서 해방시키는 일은 여성들 스스로 해야할 일이었다.

유방을 해방하려면 우선 치마와 저고리 사이의 겨드랑이 밑살을 가리는 허리띠 '졸잇말'을 풀어야 했다. 이 졸잇말을 없애는 데는 이화학당 교사였던 미스 파이와 미스 월터의 공이 컸다. 1912년 두 여성은 어깨에 치마끈을 거는 '어깨허리' 만드는 법을 학생들에게 가르쳐주었다. 어깨허리는 지방에서 유학온 학생들을 통해 삽시간에 전국으로 퍼져나갔다.[7] 마음만 먹으면 앉은 자리에서 뚝딱 고쳐 입을 수 있는 게 어깨허리였다.

가슴 해방을 위한 치마 개량은 1920년대 들어 통치마가 보급되면서 급물살을 탔다. 일찍이 동경 유학생 최활란이 1907년 귀국하면서 검정 통치마에 양말과 구두를 신고와 화제가 된 지 10여년 만의 일이었다.[8] 신여성과 선교사들이 먼저 선보인 통치마는 어깨끈을 달아 위에서 내리닫으로 입는 것이기 때문에 가슴을 귀중품 포장하듯 싸매고 자시고 할 필요가 없었다. 치맛자락이 벌어지지 않는, 통으로 된 치마여서 속곳이 보일까 긴장할 이유도 없었다.

통치마 보급으로 여성들의 가슴은 해방됐다. 거추장스럽게 겹겹이 입던 속옷도 간편하게 바뀌었다.

통치마 보급으로 가슴은 해방됐으나 아랫도리는 도리어 난처해졌다. 치마 기장이 짧아져 발걸음이 가벼워지긴 했으되 바닥을 쓸고 다닐 만큼 긴 치마만 입어오던 여성들은 버선등을 남에게 보이는 것을 음란한 일로 여겼다.[9]

그 바람에 치마 길이는 끊임없이 재조정됐다. 흰 저고리에 검정 통치마가 여학생 제복으로 통일되자 치마 기장은 발목 근처에 머물렀다. 머지않아 치마 밑단은 무릎에서 발목 사이를 왔다갔다 했다. 여염집 부인들이 외출복과 일상복으로 입게 됐을 때는 무릎 위까지 올라오도록 짧게 입는 이들도 없지 않았다.[10]

치마가 짧아지면서 속옷도 바뀔 수밖에 없었다. 전통 한복을 입을 때는 다리속곳, 속속곳, 속바지, 단속곳을 차례로 입고 그 위에 치마를 입었다. 상상만 해도 답답해지는 하의 패션은 통치마 덕분에 홀가분해졌다. 무명으로 만든 짧은 팬티 즉 사루마다를 입은 뒤 어깨허리가 달린 속치마를 입으면 그만이었다. 윗도리도 속적삼이나 속저고

양장과 개량 한복이 도입되면서 여성들의 옷차림은 뒤죽박죽이 됐다. 양장과 한복을 뒤섞어
입는 패션은 당시에도 꼴불견으로 비쳤다.

리를 입은 위에 적삼이나 저고리를 입었다.[11]

통치마에는 고무신과 양화를 병행해서 신었다. 자연스레 버선과 양말이 혼용되었다. 버선의 길이는 치마가 짧아지면 부츠처럼 길어져 종아리를 가렸다. 그러나 통치마 저고리에 버선과 고무신을 신고 양산과 핸드백을 든 여성의 모습은 당대에도 흉하게 보였던지 '꼴불견'이란 풍자화가 그것을 비꼬았다.[12]

근대 여성 패션 변화의 한 축이 한복 개량이었다면 다른 한 축은 양장의 도입일 것이다. 남성의 양복 착용이 정부의 주도로 내각과 군에서 먼저 이뤄진 것과는 달리 여성 양장은 해외에서 귀국한 외교관 부인, 유학생 혹은 고관 부인 등을 통해 전해졌다.[13] 궁중에서는 고종 황제의 비인 엄비가, 일반에서는 외국에서 유학한 윤치오의 부인 이숙경이 처음 국내에서 양장한 것으로 알려졌는데 일반인에게는 그저 희귀한 구경거리일 따름이었다.

양장 보급 역시 선교사나 도회지의 신여성들이 주도했다. 양장 착용을 권장하는 분위기는 1920년대 들어서야 겨우 조성되었다. 명사들은 신문과 잡지를 통해 양장하자는 글을 써댔고 재봉, 수예, 일본식 염색법 등을 지도하는 생활강습회도 잦았다. 비록 양장을 입은 여성은 드물었지만 당시에도 망토, 코트, 원피스, 재킷, 투피스, 주름치마, 스카프, 넥타이가 없지 않았다. 그러나 상류층 중에서도 일부만 입을 수 있는 옷이었다.

1930년대가 되면서 양장은 종류가 다양해졌고 점차 지방에도 보급되었다. '근대의 리트머스'라 할 만한 학교에서 양장을 교복으로 정하면서 그것을 본딴 옷들이 유행했다. 블라우스, 스커트, 스웨터, 세일러복 등과 유사한 옷차림이 퍼진 것이다. 이런 양장은 백화점 광고에서 간간히 보였다.

그렇다고 하루아침에 치마저고리가 스커트 블라우스로, 버선과 비단신이 스타킹과 하이힐로 변한 것은 아니었다. 양장 착용 인구가 늘긴 했으나 보급 속도는 더뎠다. 일반인들은 대개 평상복으로 한복을 입거나 외출복으로 반양복 차림을 했다. 우산, 목도리, 숄, 양말, 고무신, 구두 등을 부분적으로 수용했던 것이다.[15] 여성이 등장하는 광고에도 대부분 한복을 입은 모습이었다.

양장 수요가 제한적이다 보니 광고는 드물었다. 남성복을 만들어주는 양복점 광고는 신문에 수시로 등장했지만 양장점은 보이지 않았다. 웬만한 양복점에서 여성 옷까지 만들어주었기 때문이다.[16] 중

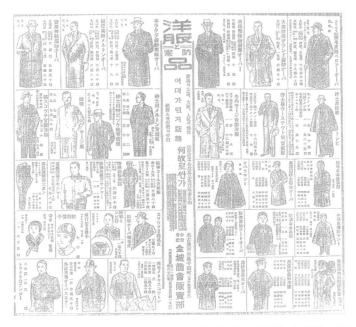

여성의 양장 광고는 드물었다. 대량생산 체제로 접어들면서 여성복이 광고에 등장했으나 여학생 교복이
고작이었다.

앙양복상회의 광고가 '귀부인의 옷'을 영업품목으로 밝히고 있고
'양복계의 대왕'이라고 광고한 화풍호 양복점이 '남녀 각종 양복'을
취급한 것이 그 증거다.

기성복을 소개하는 대형 광고가 나오면서 여성복도 하나 둘 광고
에 등장했다. 송산합명회사와 금성상회는 요즘의 백화점 전단지 광
고처럼 거래 품목을 신문 지상에 **빽빽**하게 진열해놓았다. '대산大産=
대판大販=시가의 반액'이란 글귀가 말해주듯 공장에서 대량 생산한
기성복이 나온 것은 1930년대 중반이었다. 기성복이 나왔다고 해서
여성복의 종류가 다양했던 것은 아니다. 기껏해야 여학생용 외투, 여
학생 교복, 유아의 방한용 외투가 고작이었다.

양장을 입은 신여성들의 옷차림은 보수적인 남성들에게 비난의 표적이 되었다. 신문의 삽화는 남성들의 이런 삐딱한 시각을 노골적으로 드러냈다.

　양장은 신여성이나 직업여성만 제한적으로 입었지만 강력한 후폭풍을 일으켰다. 전통적인 미인도로 유명한 당대의 화가 노수현은 '……쌀부대 같은 양복을 입은 여자를 보면 (……) 머리에 똥만 든 사람으로 보이고'라며 과격하게 양장 반대론을 폈다.[17] '아름다운 각선미 쇼트 스카트가 유행되어 결점이 눈에 띄기 쉬워요'라는 기사나 '여성 선전시대가 오면 꽃보다 다리구경' 같은 풍자만화가 잇따라 게재된 것도 같은 이유에서였다.

　그러나 치마를 입지 않는 남자들이 아무리 한복의 미를 예찬한들 양장의 도도한 흐름을 막을 수는 없는 노릇이었다. 치맛자락 돌아가는 방향에 따라 양반과 상민을 구분하고 동정과 주름으로 노론과 소론의 부인네를 구별하던 시대는 이제 영원히 사라지고 만 것이다.

　근대 여성 패션에서 빠뜨릴 수 없는 건 양산이다. 가리기에 급급했던 여성들의 얼굴을 당당하게 세상에 내밀 수 있도록 도와준 것이 바로 양산이었다. 내외법에 따라 여인의 얼굴을 가리는 데 사용해왔던 쓰개치마가 사라지자 양산은 필수 패션 품목으로 떠올랐다. 일본의 잡화상 귀옥상점은 조잡한 그림으로 양산을 광고해 앞으로 다가올 양산 붐을 예고했다.

양산 바람은 배화학당에서 먼저 불었다. 1911년, 다른 학교보다 늦게 쓰개치마를 폐지했는데도 학생들의 자퇴가 잇따르자 난감해진 배화학당은 쓰개치마 대신 검정우산을 나눠줘 얼굴을 가리도록 했다. 이것이 유행을 탔다.[18]

양산이 도입되기 전에 여성들은 남녀유별 관습에 따라 무릎까지 내려오는 쓰개치마를 뒤집어썼다. 1900년대만 해도 이화, 정신, 배화의 학생들이 홍릉에서 화류회를 할 때면 쓰개치마를 쓰고 행진해 장안의 구경거리가 됐다. 쓰개치마는 특별한 제복이 없는 여학생들이 교복으로 사용하기도 했다.[19]

쓰개치마 대신 장옷, 천의, 삿갓 등을 사용하는 지역도 있었다.[20] 평양이나 해주 지방에서는 큰 갈대갓으로, 함흥이나 북청 지방에서는 천의로 얼굴과 목을 가렸다.[21] TV 사극 때문에 삿갓 쓴 여성은 무술하는 여인처럼 여기게 됐지만 평범한 여염집 여자들도 삿갓을 애용했던 것이다.

가슴까지 가릴 만큼 깊고 컸던 삿갓은 신분사회가 철폐되면서 귀밑을 가리는 크기로 구조조정됐다. 갓에는 손잡이를 달아 장애물을 식별할 수 있게끔 했는데 여학생들은 마스크처럼 삿갓 올에 구멍을 뚫어 볼 건 다 보고 다녔다.

양산은 처음엔 학생만 썼지만 일반 부녀자에게도 퍼졌다. 미쓰코시백화점의 전신인 미쓰코시 오복점은 양산 진열회를 열어 유행을 선도했다. 진열할 게 없어 양산을 전시하냐고 하겠지만 모르고 하는

내외를 하던 조선 여성들은 얼굴만 빼꼼히 내미는 쓰개치마와 얼굴 전체를 가리는 삿갓을 쓰고 다녔다. 삿갓에는 작은 구멍을 뚫어 시야를 확보했다.

소리다. 요즘 것과 비교해도 손색이 없을 정도로 화려한 디자인이 많았다.

양산은 점차 색과 모양이 다양해져 광고에 등장했다.[22] '견고무비' '천하무류'를 내세운 태수표 양산은 '폭풍우를 만나더라도 파손되는 일이 없다'면서 '양산의 대왕'을 자처했다. 한성상회는 '양산 데이日'란 광고를 냈다. 최신 유행하는 양산을 수입해 대염가로 판매하니 많이 이용해달라는 것이었다. 무능한 남자는 '새각시 검정 우산 하나 못 사갈 놈'이라는 소리를 안 들을 수 없는 상황이었다.[23]

양산이 여성들에게 어떤 상품이었는지는 1935년 2월 〈신가정〉에 발표된 강경애의 단편소설 〈원고료 이백 원〉에 잘 나타나 있다.

모두가 쟁친 모시 치마 적삼을 잠자리 날개처럼 가볍게 해입고 흰 양산 검은 양산을 제각기 사더구나. 그때에 나는 어째야 좋을지 모르겠더라. 무엇보다도 양산이 가지고 싶어 영 죽겠더구나. 지금은 여염집 부인들도 양산을 가지지만 그때야말로 여학생이 아니고서는 양산

쓰개치마와 삿갓을 대체하는 근대의 상품이 양산이다. 양산은 단순한 패션용품이 아니라 조선 여성들이
세상 밖으로 얼굴을 드러낼 수 있게 도와준 일등공신이었다.

을 못 가지는 줄로 알았다. 그러나 양산이야말로 무언중에 여학생을
말해주는 무슨 표인 것 같이 생각되었니라.

현진건의 빼어난 단편소설 〈빈처〉에도 '양산을 펴들고 이리저리
홀린 듯이 들여다보고 있는 아내의 눈에는 나도 이런 것을 하나 가졌
으면 하는 생각이 역력히 보인다' 는 대목이 나올 만큼 양산은 여성들
이 꼭 갖고 싶은 패션 품목이었다.

신분과 연령에 따라 양산 유행도 달랐다. 부인네는 재회색, 학생은
검정색을 썼고 기생은 무늬가 있거나 수를 놓은 검정우산을 즐겨 들
었다.[24] 1925년 4월 5일자 〈조선일보〉에 실린 '금춘의 유행' 은 양산이
매우 민감하게 유행을 탔다는 것을 보여준다.

신식 가뎡에서는 흰 우산 오히려 비단보다도 흰 무명 바탕에 가흐로

의복개량의 커다란 화두 가운데 하나는 염색이었다. 염색약이 본격적으로 도입되기 전 흰 옷 일색으로 차려입은 조선 사람들.

구멍 송송 쑤러진 레이스를 달고 쇠고리로 쥘 손을 만드는 것, 최신식 가뎡부인과 고급 녀학생 간에는 남양색 록양색 양색 바탕에 검정으로 넙적하게 가를 두른 것이랍니다.

〈만세보〉 1907년 6월 12일자에 실린 염색약 광고 속에서 두 여성이 주고받는 대화를 들어보자.

'이 물감은 빛도 곱고 들이기도 쉬운 상등 물감이니 사다드려 보시오.'
'이 물감은 빨아도 빠지지도 않고 벗지도 아니하는 참 좋은 물감이오.'

물감을 들이는 여성과 물감 들인 옷을 빠는 여성의 대화를 통해 '용표와 꽃표가 세상 제일 물감'이라고 광고한 것이다. 물감 광고는 우리 근대 패션의 중요한 변화를 반영한 것이었다. 개화기에 접어들면서 누천 년 동안 한민족의 몸을 감쌌던 흰 옷을 벗어버리자는 움직임이 서서히 벌어졌기 때문이다. 소학교 교과서까지 '흰 옷은 비위생적이고 비경제적'이라며 흰 옷을 폐지하자고 주장했다. 백색 옷은 불결한 것이 눈에 잘 띄기도 하지만 자주 빨아야 하므로 옷감 손상과 시간 낭비가 심하다는 게 그 이유였다.

길고도 힘 빠지는 빨래 과정을 감안하면 당장이라도 벗어던질 것이 흰 옷이었다. 당시 빨래 과정은 무슨 얼차려가 아닌가 싶을 정도로 번거로웠다. 빨랫감을 방망이질해 빨아 말린 다음, 풀을 먹여 다시 말리고, 그 다음 구김살이 펴지라고 개켜서, 발로 밟거나 다듬잇돌 위에 놓고 방망이로 두드려 다듬었다.[25] 1907년 〈제국신문〉이 백의민족이 되지 말자고 목소리를 높인 것도 무리는 아니었다.[26]

옷 색깔은 검은색이나 심회색으로 하자. 버선이나 행전이 흰 색인 것은 법률에 없고 관습에 의한 것이다. 바지를 몇년 전부터 물들여 입듯이 한 사람이 시작하면 차차 익숙해진다. 사람마다 그리하면 국산직물의 산출이 많아지고 시술도 늘 것이다.

요즘 같으면 언론에서 옷 색깔까지 간섭하냐고 난리가 나겠지만 흰 옷을 벗었을 때 얻을 수 있는 경제적 효과를 들이밀며 여론을 움직이려고 했다. 흰 옷 세탁에 일년 간 270시간이 낭비되므로 개성 부민 전체로 보면 740년이나 되고 금액으로 30만여 원에 해당되니 색깔옷을 입어 그 비용을 절반으로 줄이자는 주장이었다. 무슨 계산법을 썼는지 모르지만 조선 전체 인구로 환산하면 3,000여만 원의 비용과 15만 시간이 절약된다는 것이었다.[27]

이런 분위기 속에서 신이 난 것은 염색약 업체들이다. 독일제 염색

외제 염색약 광고가 다양한 유형으로 신문에 실렸다. 하지만 흰 옷을 선호하는 사람들의 마음을 하루아침에 돌려 놓을 수는 없었다. 그 바람에 야만적인 흰 옷 탄압이 벌어지기도 했다.

약을 수입해 판매한 조일양행은 1910년대 초부터 큼지막한 광고를 쏟아내며 시장 공략에 나섰다. '덕국德國 최상염료'를 강조한 조일양행은 무역선 버전, 학교 수업 버전, 여인들 대화 버전 등을 동원해 '조일양행의 염료는 색이 고상하고 염력이 강하다'는 것을 힘주어 말했다.

세창양행도 '경제하려면 세창 물감'이란 카피를 내세워 꾸준히 광고를 냈다. '비싼 값 주고서 옷감을 끊는 것보다는 덕국 세창물감 가지고 입던 의복을 다시 물들여 입는 것이 크게 경제되오리다'라고 하면서 원료를 많이 쓰는 세창물감을 애용해달라고 했다. 수입품 물감들의 틈바구니 속에서도 '복수 물감'은 긴 설명 없이 전통 문양을 신문의 전면 광고에 부각시키면서 동포애를 자극했다.

'색깔논쟁'이 벌어지면서 흰 옷 입은 사람 등에는 검은 글씨를 쓰자는 장난 같은 제안도 나왔다. 그런데 그게 장난이 아니었다. 장터

복판에서 커다란 솥에 검정색이나 감청색 물을 끓여 흰 옷 입은 장사꾼과 손님들에게 끼얹는 일이 벌어졌다. 빨간 물을 물총에 담거나 솔가지에 묻혀서 뿌리는 경우도 있었다. 얼룩진 옷은 물감을 들이지 않을 수 없었을 것이고 그렇게 하면 흰 옷은 사라질 터였다.[28]

백의 폐지와 염색옷 착용은 군·면 단위의 관청에서 적극적으로 권장했다.[29] 물감 살포에 반항한 사람은 구속까지 시켰고 지방에 따라서는 흰 옷 입은 사람의 관청 출입을 금지했다. 색깔옷을 입지 않으면 채용하지 않았고 벌금도 징수했다. 이래저래 제 정신 갖고 살기가 힘든 세상이었다.

심지어 상을 당한 사람의 흰 옷에 먹칠을 하고 폭행하는 야박한 일도 벌어졌다. 〈동아일보〉 1935년 12월 12일, 1937년 12월 24일자는 흰 옷 시비로 상주를 폭행한 사연과 공무원의 난투극을 보도했다.[30]

색깔옷 보급운동은 1930년대 들어 실효를 거두었는지 '백의동포란 옛말, 색의 군대진출群大進出'이라 하여 색옷 입은 부인들의 행렬이 신문에 소개되었다. 전북에서는 군 당국의 노력으로 세배하러 다니는 사람이 모두 흑의를 입었다는 기사가 나오기도 했다.[31]

태평양전쟁으로 사치품 금지령이 내려지는 1940년대가 되면 한반도 패션은 점점 우중충해졌다. 이화여전 기숙사에서는 이불 색깔까지 규제했고[32] 염색실에서는 학생들의 색깔 있는 목도리를 검정색으로 물들여주었다. 유사시 군복으로 활용하도록 카키색이 장려됐으며, 나라를 지키자는 취지를 담은 국방색이 널리 퍼졌다.[33]

전시체제는 자연스레 통일된 복장을 강요했다. 일제는 남자들에게 국민복을, 여성들은 앗빠빠라고 부르던 간단복과 몸뻬를 착용토록 권장했다.[34] 화신백화점은 '피복 보국' 즉 옷으로 나라에 보답하자는 모토를 걸었다. '가장 경제적이요 활동적인 국민표준복과 청년단복의 어하명은……' 어쩌구 저쩌구하면서 장삿속은 감추었다. 여성을 위한 부인자공복과 '국방 학생복'이 광고에 나타난 것도 이맘 때였다.

전시 패션 중 무엇보다 눈길을 끄는 것은 몸뻬였다. 바짓부리에 고무줄을 넣어 발목을 조인 몸뻬는 총독부가 착용을 강제한 대표적 패션이었다. 일본의 홋카이도와 동북 지방의 촌부들이 작업복으로 입던 몸뻬는 1940년 5월 가정 부인들이 방공훈련을 받으면서 입기 시작했다.

조선 여성들은 처음에는 몸뻬 착용에 강력하게 반발했다. 바지를 바깥옷外衣으로 입어본 적이 없어 수치스럽게 생각했던 것이다. 그러자 몸뻬를 보급하려는 논리가 등장했다. 보통 옷에 비해 3할 가량 원료가 절약되니 '몸뻬는 가정에서도 필착운동, 전선에 전개, 부인 국민복은 몸뻬, 결전복장 실행하자.'고 권장했다. 학원가에서도 몸뻬를 강요했다. 교복 개정을 강요당한 이화여전 같은 학교는 몸뻬에 운동화를 신게 했다. 숙명학교는 '몸뻬 압박'을 피하기 위해 교복으로 바지를 착용케 했으나 몸뻬 못지않게 꼴사나운 디자인이었다.

일제는 몸뻬를 거부하는 여성들에게 치사한 보복을 가했다. 공무원, 경찰, 동반장 등을 동원해 쌀 배급, 노력동원, 징용에 불이익을 주었다. 일부 지역에서는 기차를 탈 때 몸뻬를 입지 않으면 태워주지 않았다.[36] 옷 하나도 마음대로 못 입던 숨막히는 시대였다.

근대의 충격과 식민지의 억압이 겹치면서 여성들의 옷은 파란만장한 세월을 보내야 했다. 전통 의상의 혁파는 불가피한 것이었지만 양장이 빠르게 보급된 것은 아니었다. 옷을 입는 당사자의 머릿속이 바

꿰지 않는 한 의상은 쉽사리 바뀌지 않는 것이었다. 일제 강점기의 팔방미인 문화평론가였던 이서구가 들려주는 전통 한복 예찬을 읽으면서 한 사회의 문화를 규정하는 상징물로서 의상은 인위적으로, 폭압적으로 바꿀 수 있는 게 아니란 것을 새삼 확인하게 된다.

양장은 치마 폭이 좁고 가슴이 빡빡하다. 그래서 그들은 의자에 걸터앉게 마련이요. 일본 부인의 옷은 저고리와 치마의 구별이 없이 그냥 내리닫이라서 우리 나라 두루마기와 비슷하고 까딱하면 앞이 벌어지기 쉽다. 그래서 그네들은 꼭 앞을 여미고 무릎을 꿇어야 한다. 우리 나라 치마 저고리는 그렇지 않아, 저고리는 고름만 잘 매면 단추나 자크로 단속을 하지 않아도 앞섶이 들리는 일은 없으며 더우기 치마는 폭이 넓고 길이가 너울거려 앉고 서기가 매우 편리하다. 걸터앉아도 좋고, 주저앉아도 보기 흉하지 않으며 한쪽 무릎을 세우고 남 끝동 속에서 뻗어나온 어여쁜 팔목을 무릎 위에 놓게 되면 그거 그대로가 맵시 있는 한 폭 그림이다.[37]

1 《민족문화의 수호와 보전-한국사 51》, 국사편찬위원회, 2001년, p.408. 재인용.

2 유수경, 《한국여성양장변천사》, 일지사, 1990년, p131.

3 손명임, 〈동아일보에 나타난 복식의 연구-1920년부터 1945년까지〉, 한양대 대학원 석사논문, 1989년, p.17.

4 손명임, 위의 논문, p.15.

5 〈동아일보〉, 1921년 9월20일.

6 〈동아일보〉, 1921년 4월 5일.

7 유수경, 위의 논문, p.150.

8 유희경 · 김문자, 《한국복식문화사》, 교문사, 1998년, p.358.

9 권성자, 〈한국복식의 변천에 관한 고찰(1901~1945년)〉, 관동대 대학원 석사논문, 1993년, p.15.

10 이규태, 《버선발에 양구두》, 신태양사, 1988년, p.171.

11 유수경, 위의 논문, p.182.

12 '통치마와 고무신', 월간 〈별건곤〉, 1933년 6월호, p.204.

13 김소현, 〈서울의 의생활 연구-20세기 전반기를 중심으로〉, 《배화논총》, 2002년 5월, p.347.

14 권성자, 위의 논문, p.63.

15 권성자, 위의 논문, p.45.

16 유수경, 위의 책, p.210.

17 유수경, 위의 책, p. 169. 재인용

18 유희경, 《한국복식문화사》, 교문사, 1982년, p.434.

19 권성자, 위의 논문, p.11. 재인용

20 권성자, 위의 논문, p.12.

21 이규태, 《개화백경 4》, 신태양사, 1985년, p.285~286.

22 〈동아일보〉, 1922년 4월14일.

23 이규태, 《버선발에 양구두》, 신태양사, 1988년, p.170.

24 손명임, 위의 논문, p.31.

25 김소현, 위의 논문, p.349.

26 《민족문화의 수호와 보전-한국사 51》, 국사편찬위원회, 2001년, p.399. 재인용.

27 손명임, 위의 논문, p.37~39. 재인용.
   〈동아일보〉, 1932년 11월10일자

28 《민족문화의 수호와 보전-한국사 51》, 국사편찬위원회, 2001년, p.400. 재인용.
   권성자, 위의 논문, p.57 재인용.

29 손명임, 위의 논문, p.36.

30 손명임, 위의 논문, p. 39. 재인용.

31 《민족문화의 수호와 보전-한국사 51》, 국사편찬위원회, 2001년, p.400. 재인용.

32 유수경, 위의 책, p.228.

33 박미애, 〈개화기 일본 의복의 양장화에 관한 고찰〉, 세종대 대학원 석사논문, 1994년, p.40.

34 김소현, 위의 논문, p.360.

35 박미애, 위의 논문, p.41.

36 유수경, 위의 책, p.229.

37 이서구, 《세시기》, 배영사, 1969년, p.143.

밤의 쾌락을 맛볼랴는
남녀에 권함

❈ ❈ ❈

절세의 미인이 몸에 일사一絲도 부附치 아니한 순진 나체사진이외다.
그 풍만한 육체미는 고상하고 쾌절재득快絶再得키 난難한 근세의 진사
진이올시다.

몸에 실오라기 하나 걸치지 않은 미인의 사진을 판다는 책 광고 내
용이다. 연예인 누드 열풍이 한창인 오늘날에도 신문에서 보기 어려
운 광고가 일제 강점기 신문에 실렸다. 광고는 1,000부밖에 출판하지
않았으니 빨리들 주문하라고 빤한 거짓말을 했다.

옛 적에는 시집 보낼 때 함 속에 부부관계의 회화까지 비밀히 넣어주
든 시대도 있었다. 본서는 성의 싹이 나오는 처녀 청년이 성욕 및 성

교에 대하여 반듯이 알아두어야 할 지식의 전반을 설명하여, 남녀생식기의 해부로부터 형태 조직 감응 발작 등을 도해설명하여, 통속 평이하여 누구든지 알기 쉽게 본서 일책으로 누구든지 필요한 성의 지식을 얻을 수 있는 근대의 명저이다.

의학의 발달로 몸을 터부시하던 인식이 바뀌자 포르노그래피도 함께 한반도에 흘러 들어왔다.

'근대의 명저'를 자처한 이 책은 '딸이 시집갈 때에 모친은 어느 정도까지 가르쳐주는가?'란 카피를 뽑았다. 혼기 찬 딸을 둔 부모들이 교육용으로 보라는 얘기다. 책의 목차는 성 교재로서 그럴싸했다. 성욕과 연애와 결혼, 성교와 생식, 여음 해부, 자궁은 여자의 성욕의 원인, 자궁의 유래, 형태, 구조, 조직, 난소의 소재, 형태, 구조, 조직……. 하지만 광고는 곧바로 속내를 드러냈다. 성에 번민하는 남녀들에게 일독을 권한다고 한 것이다. 귀때기에 피가 덜 마른 사춘기 청춘들의 호기심을 건드린 것 같다.

그렇다고 이런 책들이 교재 구실을 아주 못 했다고 단정하는 건 온당치 않다. 양주동 같은 지식인이 시중에 떠도는 성에 관한 책을 구해다 스스로 성교육을 했다니 말이다. 의학이 급속히 발전하고 육체에 대한 인식이 바뀌면서 남녀의 생식기와 성교법, 임신법, 피임법 정도는 근대인이라면 알고 있어야 할 지식이었다. 신문들이 천연덕스럽게 1면에 '빨간책'을 광고한 것도 그러한 시대 분위기와 무관치

만화 '에로 잡지 처치난'. 에로 잡지가 하도 많이 굴러다녀 꼬맹이들 손을 타기도 했던 모양이다.

않았을 것이다.

　'여자의 육체의 구조 및 성욕 작용의 신연구'란 타이틀을 내세운 책 광고를 보자. 여자 육체의 변화, 내면적 성욕 충동, 본능적 발작 등을 심리적, 육체적으로 나눠 소개해준다고 적어놓았다. 하지만 '처녀와 비처녀를 간이하게 판별하는 법'이란 허무맹랑한 문구가 산통을 깨고 만다. 처녀인지 아닌지 판별해 어쩌자는 것일까. 혹시라도 이 책이 처녀 확인에 악용되지는 않았는지 모르겠다. 교재를 빙자한 책들은 그나마 체면을 차린 축이었다. 노골적으로 '밤의 쾌락을 원하는 사람들'이 봐야한다는 책 광고가 나왔기 때문이다.

　이것 참 훌융하다 진화珍畵, 진서珍書, 진사진珍寫眞, 밤의 쾌락을 맛볼려는 남녀에게 권합니다. 가을밤 긴데 한 번 보시요.

'젊은 남녀의 만족하는 연애의 장면을 상세히 쓴 진서' 다시 말해

포르노그래피의 표현 수위는 대담했다. 표지에 피학적이고 가학적인 변태 성욕을 묘사한 책도 출간됐다.

성행위 과정을 자세히 다룬 책뿐만 아니라 '남녀가 제일 즐겨하고 기뻐하고 부끄러워하는 정의 자태를 묘사한 진품'이라고 당당하게 정체를 밝힌 책들이 잇따라 출간된 것이다.

대담하게도 변태성욕을 다룬 책 《아귀도餓鬼道》까지 신문광고에 나왔다. '풍려한 육, 난숙한 육, 요염한 육' 등 끈적끈적한 문구를 붙인 광고는 벌거벗은 여자가 벌거벗은 남자를 채찍질하는 광경을 그려놓았다. 독자들 심사 꽤나 요상했을 것이다.

이들 포르노그래피는 우편 주문을 통해 일본에서 들여오곤 했는데 몰래 봐야 제 맛인 줄도 모르고 뻔질나게 광고를 해댔다. 1920~1928년 〈동아일보〉에 게재된 책 광고 10걸 가운데 네 권, 20걸 가운데는 열 권이 오를 정도였다.[2]

그만큼 경쟁도 치열했던지 나체사진 무료 제공을 내세우거나 10권을 1원에 파는 덤핑 상품도 많았다. '10책을 다만 1원에 산다'는 광고를 보자. 《남녀 미인법》《여자의 비밀》《지폐형 진화》《춘색 매력》《남녀의 밀화密畵》《남녀 비밀초지》《비밀 주금呪禁 오전奧傳》《남녀 도해 생식기 전서》《야夜의 옥수상玉手箱》《결혼의 당야當夜》등 그

림을 곁들인 성의학책에 서사가 있는 음담패설물까지 다양했다.

'빨간책'이 얼마나 난무했던지 〈동아일보〉의 독자투고란 '자유종'에는 '형제에게 경고'라는 제목으로 일본 서적상들의 비윤리적인 광고문을 비판한 글이 실렸다.

……일인 서적상들의 광고문은 가증하기 짝이 없다. 일청년 남녀 교유법이니 일 여성의 적나라이니 일 무슨 비서화이니 기외 무슨 공전의 비서이니 무슨 진본이니 무슨 오락이니 별별 감언이설을 다하야 그 청년의 열정을 끄을게 한다. 그래서 아마 이런 종류의 처녀한 서적에 견사되는 형제가 불소한듯하다. 이런 것은 백책이면 백책 천책이면 천책이 다 사실 상반되는 것은 본인 일인이 증명할 필요도 없으며 견사된 형제들도 수긍할 것이다 (……) 이는 우매한 형제를 속이는 광고인 것을 알아야 한다. 독자들 가운데는 그러면 우리 민족의 이목이요 명성인 신문사에서 왜 접수를 하느냐 하고 의심할 것이다. 이것은 오해다. 원래 광고란 것은 돈만 내면 누구든지 이용할 수 있는 것이다. 우리의 형제여. 이런 광고에 속지마라.[3]

월간 〈삼천리〉는 죽을 때까지도 뜨거운 키스를 못 해 보는 조선 사람들을 위해 '접문接吻연구'란 기획 기사를 게재했다.

웃기는 것은 '빨간책'에도 엉터리가 많았다는 것이다. 월간 〈별건곤〉이 1927년 12월호에 게재한 '벌거숭이 남녀사진'이란 글에서 확인할 수 있듯이 여성의 나체사진 대신 수영복을 입은 사진을 보내는 경우가 없지 않았다. '구십 노인이라도 이것보고 흥분하지 않을 수 없는 인생지락의 사진'이라면서 남녀 노동자가 웃통 벗고 일하는 사진을 보내올 때도 없지 않았다.

성에 대한 관심은 책을 팔아먹으려는 장사꾼들에 의해 일정 부분 확산됐지만 제도권 언론들의 영향도 적지 않았다. 〈동아일보〉는 1면 톱으로 '성도덕을 논함'이란 사설을 실었고 '가정에서 알아두어야 할 성욕 본능의 변화상태' 같은 기사를 커다랗게 실었다.[4]

잡지들은 당연히 몇 걸음씩 더 나아갔다. 월간 〈삼천리〉는 1934년 11월호에 '접문(키스) 연구'란 글을 실으면서 친절하게도 취지를 밝혔다. '죽을 때까지 한 번도 뜨거운 키스 즉 입 맞추지 못하였든 것도 조선서는 예사 알았던 사실이외다.' 이른바 '딥 키스'를 죽을 때까지 한 번도 못 해본 조선 민중들을 위해 각 나라의 키스법을 소개한 것이다. 이 밖에도 미국의 나체운동을 찬미하는 기사, 여학교의 동성애 로맨스를 다룬 기사가 등장했다. 소설도 사정은 마찬가지였다. 1920년대만 해도 사랑과 연애 장면 사이에 가끔 성이 섞여 있었다면 1930년대 들어서면서 성 문제는 주요 테마가 되었다. 급격한 도시화와 문자 해독층의 증가, 자유연애 풍조 등이 서로 상승작용을 하면서 성에

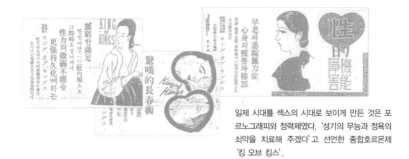

일제 시대를 섹스의 시대로 보이게 만든 것은 포르노그래피와 정력제였다. '성기의 무능과 정욕의 쇠약을 치료해 주겠다'고 선언한 종합호르몬제 '킹 오브 킹스'.

대한 관심이 밖으로 튀어나온 결과였다.

> 여자에게는 애교와 매력이 있어야 하고 남자에게는 충천하는 정력이
> 필요하다. 약해진 남성들이여 뜻대로 아니된다고 한탄치만 말고
> (……) 속히 애달픈 생활을 격퇴하라.

포르노그래피 출판물 못지않게 일제 강점기를 '섹스의 시대'처럼 보이게 한 것은 거의 매일 신문을 뒤덮은 정력제 광고였다. 길거리 뱀장수들의 요설처럼 카피를 쓴 광고주는 '최강력 성정소'를 자처한 'King of Kings'였다. '생식선 내분비소 성호르몬주제품'이란 거창한 이름을 내세운 이 약품은 얄궂게도 젊은 여성과 노인처럼 보이는 남성의 이미지를 시리즈로 대비시켰다. 긴 말 할 것 없이 이 약 먹고 '남성들이여 일어서라'고 주문한 것이다.

'남자가 40이면 정력의 조락기'라고 단정해버린 이 광고는 처량한 문구로 중년 남성들을 약올렸다.

> 천지는 유구무한하여 만길불변이엇마는 이내 몸은 한번 가면 다시 오지 못하는지라 청춘의 환희를 그 누가 싫다 하겠으며 조로의 비애를

그 누가 좋다 하겠으리요. 남자가 40 전후이면 정력이 절윤하고 원기가 왕성하여 포부 절륜과 외사 내사가 지금부터라 하겠음으로 총능률을 발휘하여 총환락을 다하는 인생의 난숙기라 하겠거늘 청춘의 혹사로 생리기능에 장해를 일으키어 조루 음쇄 유정 몽정의 증상으로 내사의 자미를 모르고 사막과 같은 인생이 된다면 그 얼마나 애가 탈 것이니 정열의 남비로 극도의 신경쇠약에 걸려 두중 현휘 불면 허약으로 전신에 권태와 피로를 느끼며 후반생이 무위무능해져서 외사에 실패만 한다면 이 또한 기막힐 일이 아니랴!

'마력적 회춘법' '허양虛陽 남자의 일대쾌보' '경탄적 장춘술'을 자랑한 이 광고는 '생식선 호르몬을 보급할 것이냐 자족할 것이냐' 선택하라고 다그치면서 천박하지만 화끈한 사용자 후기를 보탰다.

'발광하겠던 조루 그만 전쾌' '질색하든 음왜陰娃가 아주 회복돼' '혼자서 속태우든 한을 풀었다' '역방한 여성들이 깜짝 놀래' '처가 좋아하며 애교를 부려' '애쓰던 것을 다시 맛보게 돼' '앙천 탄식하든 음위가 나았다' '애절초절하던 조루가 다 낫다' '늙었다고 단념할 것은 아니다'

'대표적 문화약'을 자칭한 도쓰가빈은 '두뇌=정력'이란 등식을 헤드카피로 뽑았다. '문화약' 답게 정력이 떨어지는 이유를 의학적으로 설명한 이 약품은 생식기능과 신경쇠약을 부활시켜준다고 큰소리를 쳤다.

과로의 공부, 다망한 사무 혹은 생활
난 염려, 번민 고노 때문으로 뇌의
세포가 점점 소모되어 뇌수의 영양
소가 흠핍하여 도리허 피로물질이
축적하여 자가중독적으로 뇌병의 징
후를 소치하여 뇌신경은 피로하여
쇠약을 거듭하는 것이다.

'두뇌=정력'이란 교묘한 등식을 내건 정력제
도쓰가빈의 광고. 정력이 떨어지는 이유를 의
학적으로 설명해 호소력을 얻었다.

  그러면서 '쾌락은 라디오 전파와
같이 많은 인생을 통하여 넘치며 있
다. 전지인 생식기를 건전히 하야 각자로 향락하라'며 약품 구입을 부
추겼다. 쾌락을 전파에, 생식기를 전지에 비유한 걸 보면 글줄 꽤나
읽은 사람이 광고 문구를 작성했던 모양이다.

  남성의 성기와 생식기를 어떻게 해주겠다는, 아무리 읽어도 이해
가 되지 않는 광고도 꾸준히 등장했다. 도쿄의 '신요법연구소'가 광
고한 '진공수치요법기'는 '남자의 자격이란 무엇?'이냐며 남성들의
자존심을 긁은 뒤 단소하고 쇠약한 남男의 생식기를 부활시켜 주겠
다고 자신했다. '진공수치기'에 대한 설명은 요령 부득이다. 수압 자
극을 응용하여 성기 세포에 다량의 혈액을 투입해 신진대사 기능을
활발하게 해준다는 것이다. 말인즉슨 조로를 방지하고 정력을 왕성
케 해주겠다는 것이리라. 일제 강점기는 둑이 무너진 것처럼 성담론
이 조선사회를 휩쓸었다.

  억압의 시대에 섹스산업이 흥한다는 통찰처럼 일제의 강압에 시달
리던 조선 민중에게 성은 일종의 도피처가 아니었을까.

미 주

1 권보드래, 《연애의 시대》, 현실문화연구, 2003년, p.169.
2 천정환, 《근대의 책 읽기》, 푸른역사, 2003년, p.186~187.
3 〈동아일보〉, 1924년 2월 13일.
4 〈동아일보〉, 1930년 11월 5일.

| 단행본 |

〈광복50주년 기념논문집, 1-5〉, 광복50주년기념사업위원회, 한국학술진흥재단,1995.

〈광복50주년 기념논문집, 6-10〉, 광복50주년기념사업위원회, 한국학술진흥재단, 1995

《민족문화의 수호와 보전-한국사 51》, 국사편찬위원회, 2001.

《(사진으로 보는)한국근현대사, 상 · 하》, 20세기 공훈사 편찬회, 2000.

《사진으로 보는 한국방송사, 권 I (1924년-1957년)》, 한국방송사료보존회, 1993

《일제의 식민지배와 생활상》, 한국정신문화연구원, 1991.

《조흥은행 백년사》, 조흥은행, 1997.

《한국광고 100년, 상 · 하》, 한국광고단체연합회, 1996.

《한국방송사료집, 제1, 2집》, 한국방송사료보존회, 1992.

《한국방송60년사》, 한국방송공사, 1987.

《한국사, 47-51》, 국사편찬위원회, 2001.

강인희, 《한국 식생활 변천사》, 식생활개선범국민운동본부, 1988.

권보드래, 《연애의 시대 : 1920년대 초반의 문화와 유행 》, 현실문화연구, 2003.

김경일, 《여성의 근대, 근대의 여성 : 20세기 전반기 신여성과 근대성 》, 푸른역사, 2004.

김기호, 《서울 남촌 : 시간, 장소, 사람 : 20세기 서울변천사연구 Ⅲ》, 서울시립대 서울학연구소, 2003.

김덕록, 《화장과 화장품》, 답게, 1997.

김삼웅 외, 《친일파, I : 그 인간과 논리》, 학민사, 1991.

김용문 외, 《서울민속대관9》, 서울특별시, 1995.

김용숙, 《한국 여속사》, 민음사, 1989.

김원모, 정성길, 《(사진으로 본)백년전의 한국 : 근대한국(1871-1910)》, 가톨릭출판사, 1986.

김진송, 《서울에 딴스홀을 허하라 : 현대성의 형성》, 현실문화연구, 1999.

김희숙, 《(한국과 서양의)화장문화사 :화장문화와 화장기법》, 청구문화사, 2000.

나영균, 《일제시대, 우리 가족은 : 어느 가족의 삶을 통해 본 식민지 한국 지식인 사회
　　의 풍경》, 황소자리, 2004.

대한화장품공업협회, 《한국장업사》, 약업신문, 1998.

《(사진으로 보는)한국백년 : 1876- , 1-4》, 동아일보사, 1991.

《100년 전 한국》, 동아일보사, 2005.

《두산그룹사 상 · 하》, 두산그룹기획실, 1989.

문일평, 《한미오십년사》, 탐구당, 1975.

박지향, 《일그러진 근대 : 100년 전 영국이 평가한 한국과 일본의 근대성 》, 푸른역사,
　　2003.

박천홍, 《매혹의 질주, 근대의 횡단(철도로 돌아본 근대의 풍경)》, 산처럼, 2003.

배재백년사편찬위원회, 《배재 백년사 (1885~1985)》, 배재학당, 1989.

백낙준, 《한국개신교사》, 연세대 출판부, 1998.

서울시정개발연구원, 《서울, 20세기 : 100년의 사진기록》, 서울시립대 서울학연구소,
　　2000.

세종실록 권166. p.19右

손정목, 《(일제강점기)도시계획연구》, 일지사, 1990.

손정목, 《(일제강점기)도시사회상연구》, 일지사, 1996.

신명직, 《모던뽀이, 경성을 거닐다 : 만문만화로 보는 근대의 얼굴》, 현실문화연구,
　　2003.

신용하, 《일제강점기하의 사회와 사상》, 신원문화사, 1991.

신인섭, 《광고로 보는 한국 화장의 문화사》, 김영사, 2002.

신인섭, 《한국광고발달사》, 일조각, 1980.

신인섭 · 서범석, 《한국광고사》, 나남, 1998.

안종화, 《한국영화측면비사》, 춘추각, 1962.

양태호 외, 《창씨개명》, 학민사, 1994.

엄흥섭, 《인생사막》, 을유문화사, 1988.

연세대국학연구원, 《일제의 식민지배와 일상생활》, 혜안, 2004.

영화진흥공사, 《(사진으로 본) 한국영화 60년》, 교육과학사, 1980.

유민영, 《한국 근대극장 변천사》, 태학사, 1998.

유병은, 《(초창기 방송시대의)방송야화》, KBS문화사업단, 1998.

유수경, 《한국여성양장변천사》, 일지사, 1990.

유희경 · 김문자, 《한국복식문화사》, 교문사, 1998.

윤치호, 《윤치호 일기 : 1916-1943 》, 역사비평사, 2001.

이경재, 《청계천은 살아 있다 : 조선시대 청계천과 그 주변 이야기 》, 가람기획, 2002.

이규태, 《(속))한국인의 의식구조, 하 》, 신원문화사, 1983.

이규태, 《개화는 싫어 개국은 더 싫어》, 조선일보사, 2001.

이규태, 《개화백경》, 신태양사, 1969.

이규태, 《버선발에 양구두》, 신태양사, 1988년.

이규태, 《소 죽으면 며느리 얻는다》, 조선일보사, 2001.

이규태, 《암탉이 울어야 집안이 잘된다, 1-2》, 신원문화사, 2000.

이규태, 《오로지 교육만이 살 길이다》, 조선일보사, 2001.

이규태, 《잘 돼도 못 돼도 다 조상 탓》, 조선일보사, 2001.

이규태, 《재미있는 우리의 집 이야기》, 기린원, 1991.

이규태, 《죽어도 나는 양반, 너는 상놈》, 조선일보사, 2000.

이규태, 《한국인의 민속 문화, 1-3 》, 신원문화사, 2000.

이규태, 《한국인의 밥상 문화, 1-2》, 신원문화사, 2000.

이규태, 《한국인의 생활 문화, 1-2》, 신원문화사, 2000.

이규태, 《한국인의 생활구조, 1-3》, 기린원, 1994.

이규태, 《한국인의 의식구조 1,2》, 신원문화사, 1983.

이규태, 《한국인의 의식구조, 3 》, 신원문화사, 2000.

이규태, 《한국인의 정서구조, 제1,2권》, 신원문화사, 1994.

이규태, 《한국인의 주거문화, 1-2》, 신원문화사, 2000.

이규태, 《한국학 에세이, 1-2》, 신원문화사, 1996.

이규태, 《호판 댁 나귀는 약과도 싫다 하네》, 조선일보사, 2000.

이내수, 《이야기 방송사 : 1924-1948 : 당장 방송을 차단시켜라! 》, 씨앗을뿌리는사람,
         2001

이능희, 《태평양 50년사》, 태평양, 1995.

이방원, 《우리나라 여성들은 어떻게 살았을까 : 개화기부터 해방기까지》, 청년사, 1999.

이범경, 《 한국방송사》, 범우사, 1994.

이서구, 《세시기》, 배영사, 1969.

이연복 · 이경복, 《한국인의 미용풍속》, 월간 에세이, 2000.

이이화, 《한국사 이야기19 (오백년 왕국의 종말)》, 한길사, 2003.

이화100년사 편찬위원회 편, 《이화 100년사 자료집》, 이화여대 출판부, 1994.

이화형 외, 《한국근대여성의 일상문화 : 근대여성의 삶을 만나러 가는 길, 1-10 》, 국학 자료원, 2004.

임종국, 《한국인의 생활과 풍속, 상 · 하》, 아세아문화사, 1995.

장석주, 《20세기 한국 문학의 탐험1 (1900~1934)》, 시공사, 2000.

장석주, 《20세기 한국 문학의 탐험2 (1935-1956)》, 시공사, 2000.

전완길 외, 《한국생활문화 100년》, 장원, 1995.

전완길, 《한국화장문화사》, 열화당, 1987.

전우용 외, 《청계천 : 시간, 장소, 사람 : 20세기 서울변천사연구》, 서울시립대 서울학연 구소, 2001.

전우용 외, 《서울 20세기 생활 · 문화 변천사》, 서울시립대 서울학연구소, 2001.

정운현, 《창씨개명》, 학민사, 1994.

정주수, 《창씨개명연구》, 동문, 2003.

정혜경 · 안정혜, 《서울의 음식문화》, 서울학연구소, 1996.

조기준, 《한국의 민족기업》, 한국일보사, 1975.

조성식, 《영어와 더불어 제1권 망향기》, 신아사, 1992.

조성식, 《영어와 더불어 제2권 학창시절》, 신아사 , 1992.

조승환, 《한국 빵 과자문화사》, 대한제과협회, 2003년.

조희문, 《한국영화의 쟁점 1 》, 집문당, 2002.

차재호 · 정범모 · 이성진, 《한국인의 남아존중사상》, 한국행동과학연구소, 1975.

천정환, 《근대의 책읽기 : 독자의 탄생과 한국 근대문학 》, 푸른역사, 2003.

최석영, 《한국 근대의 박람회 · 박물관》, 서경문화사, 2001.

최유리 외, 《한국근현대사연구》, 한울, 1998.

최인진, 《한국사진사(1631~1945)》, 눈빛, 2000.

최혜실, 《신여성들은 무엇을 꿈꾸었는가》, 생각의나무, 2000.

한국여성연구회여성사분과, 《한국여성사 근대편》, 풀빛, 1992.

화신산업, 《화신오십년사 : 1926-1976》, 화신산업, 1977.

宮田節子, '창씨개명의 실시과정', 《창씨개명》, 학민사, 1994.

가와무라 미나토, 《기생 : 말하는 꽃》, 소담, 2002.

宮田節子 ,《조선민중과 황민화 정책》, 일조각, 1997.

윤모토 고이치, 《일본 근대의 풍경》, 그린비, 2004.

池田政次郎, 《기업혁명》, 한국능률협회, 1982.

하쓰다 토오루, 《백화점(도시문화의 근대)》, 논형, 2003.

G. W. 길모어, 《서울 풍물지》, 집문당, 1999.

H. B. 드레이크, 《일제 시대의 조선 생활상》, 집문당, 2000.

I. B. 비숍 , 《조선과 그 이웃 나라들》, 집문당, 2000.

W. R. 칼스, 《조선풍물지》, 집문당, 1999.

| 논문 |

강양욱, 〈일제하 언론의 광고에 관한 연구 : 동아일보를 중심으로〉, 서강대 대학원 석사
        논문, 1989.

강정숙, 〈대한제국·일제 초기 서울의 매춘업과 공창(公娼)제도의 도입〉, 《서울학연구
        11》, 서울시립대 서울학연구소, 1998.

강정숙, 〈일본군 '위안부' 제도와 기업의 역할 : 삿쿠(콘돔)를 중심으로〉, 《역사비평사
        60호》, 2002.

고용진, 〈한국 신문의 광고가 지면구성의 변화에 미친 영향에 관한 연구〉, 서울대 대학
        원 석사 논문, 1989.

구왕삼, 〈우리나라 근대사진의 전개〉, 《영상 90》, 영상회, 1983.

권태윤, 〈구한말의 교육제도 변천에 관한 연구〉, 한국교원대 대학원 석사 논문,1995.

권태철, 〈일제하 한국방송의 전개과정과 성격에 관한 연구〉, 서울대 대학원 석사 논문,
        1996.

권효중, 〈한국의 방송제도 변천과정에 관한 연구〉, 한국외국어대 대학원 석사 논문,
        1994.

권효중, 〈한국의 방송제도 변천과정에 관한 연구〉, 한국외국어대 석사 논문, 1994.

김경일, 〈서울의 소비문화와 신여성 : 1920~1930년대를 중심으로〉, 《서울학연구 제19
        호》, 서울시립대 서울학연구소2002.

김경일, 〈일제하 여성의 일과 직업〉, 《사회와 역사 통권61집》, 문학과지성사, 2002.

김광희, 〈한국 개화기 이후 미용패션에 관한 사적 고찰〉, 한성대 대학원 석사 논문,
        2004.

김기홍, 〈일제하 전시총동원체제기(1938~45) '황민화' 교육 연구 : 학교교육의 교육활
        동을 중심으로〉, 연세대 대학원 석사 논문, 2000.

김동호, '일제하의 창씨개명' , 《친일파 그 인간과 논리》, 학민사, 1991.

김동호, 〈일제하의 창씨개명〉, 《월간 중앙 99호》, 중앙일보사, 1976.

김명배, '개화기의 영어', 월간 〈영어〉, 월간영어사, 1980.

김명순, 〈한국여성 양장변천에 관한 연구〉, 세종대 대학원 석사 논문, 1980.

김미영, 〈1920년대 여성담론 형성에 관한 연구〉, 서울대 대학원 박사 논문, 2003.

김민정, 〈개화기 이후의 남성 머리양식의 변천과 재현에 관한 연구〉, 한성대 대학원 석
　　　사 논문, 2003.

김봉철, 〈구한말 '세창양행' 광고의 경제 · 문화사적 의미〉, 《광고학연구 13권 5호》, 한
　　　국광고학회, 2002.

김삼웅, 〈민족말살적 창씨개명〉, 《순국 77》, 순국선열유족회, 1997.

김상항, 〈개화기 여성관의 변천연구〉, 숙명여대 대학원 석사 논문, 1998.

김석수, 〈한국 다방문화의 변천에 관한 연구〉, 《실내디자인 13》, 한국실내디자인학회,
　　　1997.

김성수, 〈일제하 조선 공업 발달과 그 성격에 관한 연구〉, 경희대 대학원 박사 논문,
　　　1980.

김소현, 〈서울의 의생활 연구—20세기 전반기를 중심으로〉, 《배화논총》, 2002년 5월.

김어진, 〈문명 표준으로서의 두발 양식 : 1895년 조선 단발령의 국제정치〉, 서울대 대
　　　학원 석사 논문, 2003.

김연희, 〈일제하 경성지역 카페의 도시문화적 특성〉, 서울시립대 대학원 석사 논문,
　　　2002.

김영근, 〈일제하 경성지역의 사회, 공간 구조의 변화와 도시경험 : 중심—주변의 지역분
　　　화를 중심으로〉, 《서울학 연구 20》, 서울시립대 서울학연구소, 2003.

김영근, 〈일제하 서울의 근대적 대중교통수단〉, 《한국학보 98호》, 일지사, 2003.

김영근, 〈일제하 식민지적 근대성의 한 특징—경성에서의 도시 경험을 중심으로〉, 《사
　　　회와 역사 5》, 문학과지성사, 2000.

김영근, 〈일제하 일상생활의 변화와 그 성격에 관한 연구 : 경성의 도시공간을 중심으
　　　로〉, 연세대 대학원 박사 논문, 1999.

김영숙, 〈일제시대의 노동소설 연구 : 1925—1935년에 나온 공장을 배경으로 한 단편소
　　　설을 중심으로〉, 건국대 대학원 석사 논문, 1990.

김영희, 〈1920 · 30년대 금융조합의 금융활동에 관한 일 연구〉, 숙명여대 대학원 석사
　　　논문, 1989.

김영희, 〈일제시기 라디오의 출현과 청취자〉, 《한국언론학보》, 한국언론학회, 2002.

김윤경, 〈한국영어 교육의 사적 연구〉, 국민대 대학원 박사 논문, 1997.

김윤희, 〈구한말의 영어교육〉, 한국외국어대 대학원 석사 논문, 1986.

김은희, 〈화장품 광고에 나타난 메이크업 이미지 변천에 관한 연구 : 태평양화장품 장업지에 나타난 메이크업 이미지를 중심으로〉, 한성대 대학원 석사 논문, 2003.

김인수, 〈일제하 총동원체제에서의 노무동원과 저항에 관한 연구 : 조선 노동자들의 식민적 근대성 경험〉, 서울대 대학원 석사 논문, 2000.

김재홍, 〈일제 식민지 치하에서의 방송문화이식〉, 《사회과학연구》, 경북대 사회과학연구소, 1986.

김정우, 〈일제하 초등교육과 근대적 주체의 형성에 관한 연구 : 1920~40년대 보통학교 교육을 중심으로〉, 연세대 대학원 석사 논문, 2000.

김정인, 〈일제강점기 경성부의 교육행정과 교육실태〉, 《서울학연구 10》, 서울시립대 서울학연구소, 1998.

김종세, 〈구한말 영어교육과 현재 중등학교 영어교육의 비교 연구〉, 경희대 대학원 석사 논문, 1996.

김종진, 〈일제하 중등학교 교육과정에 관한 연구〉, 공주대 대학원, 석사 논문, 1995.

김진구·김애련, 〈매일신보광고를 통해 본 일제시대 한국복식의 변천〉, 《복식문화연구 19호》, 복식문화학회, 1999.

김창식, 〈일제하 한국 도시소설 연구〉, 부산대 대학원, 석사 논문, 1994.

김창엽·문오륜, 〈일제하 근로자의 건강상태에 관한 문헌고찰〉, 《예방의학회지 24,1》, 대한예방의학회, 1991.

김춘득, 〈단발령이 근대사회에 미친 영향〉, 《논문집 제27권 》, 목포대, 2003.

김향란, 〈개화기 여자 머리 양식과 재현에 관한 연구〉, 부산대 대학원 석사 논문, 2002.

김혜경, 〈일제하 '어린이기'의 형성과 가족변화에 관한 연구〉, 이화여대 대학원 박사 논문, 1998.

김호범, 〈일제하 식민지금융의 구조와 성격에 관한 연구〉, 부산대 대학원 석사 논문, 1991.

김희선, 〈영어교육의 역사와 발전방향에 관한 연구〉, 홍익대 대학원 석사 논문, 1999.

김희숙, 〈20세기 한국과 서양의 여성문화비교연구〉, 성균관대 대학원 박사 논문, 1998.

김희중, 〈한말 식민지 금융체제의 전개과정에 관한 연구〉, 조선대 대학원 석사 논문, 1981.

나윤영, 〈한국 여성의 헤어스타일 변천에 관한 연구〉, 호남대 대학원 석사 논문, 2002.

남돈우, 〈일제하 민족영화에 관한 연구〉, 중앙대 대학원 석사 논문, 1992.

남상희, 〈산아제한은 인류의 자멸〉, 《가톨릭 청년》, 1934, 2.

노창성, 〈일제하의 방송〉, 《방송연구 19호》, 1986.

노행웅, 〈구한말 영어교수법과 오늘날 고등학교 영어교수법의 비교 연구〉, 서강대 대학원 석사 논문, 1992.

리태긔, 〈산아제한과 어머니의 건강〉, 《청년》 제7권 제5호. 1927.

마정미, 〈한국 개화기 광고의 특성에 관한 연구 :광고에 나타난 근대성과 계몽의 담론을 중심으로〉, 《광고연구》, 한국방송광고공사, 2003.

문소정, 〈일제하 한국 농민가족에 관한 연구 : 1920-1930년대 빈농층을 중심으로〉, 서울대 대학원 박사 논문, 1991.

박경미, 〈일제강점기 화장품 광고에 나타난 여성상의 미의식 고찰〉, 전남대 대학원 석사 논문, 2003.

박명수, 〈일제 식민지 하의 한국노동운동사〉, 건국대 대학원 석사 논문, 1984년.

박미경, 〈일제강점기 화장품 광고에 나타난 여성상의 미의식 고찰〉, 전남대 대학원 석사 논문, 2003.

박미성, 〈일제하 여성 노동운동에 관한 일연구 : 1920~1930년대 기혼여성 고무노동자를 중심으로〉, 효성여대 대학원 석사 논문, 1994.

박미애, 〈개화기 일본 의복의 양장화에 관한 고찰〉, 세종대 대학원 석사 논문, 1994.

박부강, 〈한국의 영어교육사 연구(1883~1945)〉, 서울대 대학원 석사 논문, 1974.

박선희, 〈조선시대 반가의 주생활과 공간사용에 대한 연구〉, 연세대 대학원 박사 논문, 1992.

박성래, 〈한국 근대의 서양어 통역사-1885년까지〉, 《역사문화연구》, 한국외국어대 역사문화연구소, 2002.

박승돈, '한국고무공업50년 소사', 《고무기술협회지》, 한국고무공업기술협회, 1970.

오세훈, 〈우리나라의 인구증가 억제정책에 관한 연구〉, 경상대 대학원 석사 논문, 1987.

박승자, 〈한국 영어교육의 방향 모색 : 외국어 교육 변천과정을 토대로〉, 홍익대 대학원 석사 논문, 1996.

박옥미·차은진, 〈서양구두의 전래와 변천사 연구 1 : 1910~1960년대까지 동아일보와 조선일보에 나타난 광고를 중심으로〉,

박정의, 〈일제 강점하 한국의 식민지 교육정책〉, 전남대 대학원 석사 논문, 1983.

박정호, 〈1920년대 시에서의 카페의 의미 고찰 : 문학공간에서의 의미생산과 문화적 전환〉, 《한국어문학연구 제14집》, 한국외국어대 한국어문학연구회, 2001.

박준, 〈일제하 한국영화 신파성의 식민주의적 세계관과 그 연원 연구〉, 동국대 대학원 석사 논문, 1996

박진동, 〈일제 강점하(1920년대) 조선인의 보통교육 요구와 학교 설립〉, 서울대 대학원 석사 논문, 1997.

박태순, 〈단발령에서 자율화까지, 한민족의 두발 변천사 '특집'〉, 《가정의 벗》, 대한가 족계획협회, 1982.

박현, 〈한말·일제하 한국인 자본가의 은행 설립과 경영 :한일은행의 사례를 중심으로〉, 연세대 대학원 석사 논문, 2001.

배기효, 〈일제시대의 복지행정에 관한 연구〉, 대구대 대학원 박사 논문, 1995.

배성준, 〈일제하 경성지역 공업 연구〉, 서울대 대학원 박사 논문, 1998.

변은진, 〈전시파쇼체제하 창씨개명의 배경과 실상 〉, 《순국 73》, 순국선열유족회, 1997.

변혜정, 〈구미인의 눈에 비친 구한말 여성상과 남녀차별〉, 성신대 대학원 석사 논문, 1993.

서길수 〈개항후 대차 관계 및 이자에 관한 연구 1 :대차관계법령 분석을 중심으로〉, 《경제학연구 34》, 한국경제학회, 1986.

서길수, 〈개항 후 대차관계 및 이자에 관한 연구 Ⅱ-민간 식리의 형태와 이자를 중심으로〉, 《국제대학 논문집》, 국제대학, 1987.

서길수, 〈개항기 이자부자본의 사적 고찰〉, 단국대 대학원 박사 논문, 1979.

서길수, 〈개항후 대차관계 및 이자에 관한 연구 Ⅴ : 채권의 담보와 보증을 중심으로〉, 《사회과학논총 제8집 》, 서경대 사회과학연구소, 1994.

서성점, 〈일제 말기 여성 수탈에 대한 연구〉, 강릉대 대학원 석사 논문, 2002.

서지영, 〈식민지 근대 유흥 풍속과 여성 섹슈얼리티 : 기생·카페 여급을 중심으로〉, 《사회와역사 통권65집》, 한국사회사학회, 2004.

서형실, 〈식민지 시대 여성노동운동에 관한 연구 : 1930년대 전반기 고무제품 제조업과 제사업을 중심으로〉, 이화여대 대학원 석사 논문, 1990.

소현숙, 〈일제 식민지시기 조선의 출산통제 담론의 연구〉, 한양대 대학원 석사 논문, 2000.

손명임, 〈동아일보에 나타난 복식의 연구-1920년부터 1945년까지〉, 한양대 대학원 석사 논문, 1989.

손정목, 〈일제하의 매춘업-공창과 사창〉, 《도시행정연구 3》, 서울시립대 도시행정연구원, 1988.

손현경, 〈한국가족법상의 성씨에 관한 연구〉, 부산대 대학원 박사 논문, 1996.

송민경, 〈일제하 방송소설 연구〉, 연세대 대학원 석사 논문, 2003.

송민정, 〈우리나라 전통화장문화에 관한 연구〉, 이화여대 대학원 석사 논문, 1991.

송연옥, 〈대한 제국기의 '기생 단속령' '창기 단속령' : 일제 식민화와 공창제 도입의 준비 과정〉, 《한국사론》, 서울대 국사학과, 1998.

송연옥, 〈일제 식민지화와 공창제 도입〉, 서울대 대학원 석사 논문, 1998.

식품산업사, 〈국내 제과업계의 어제와 오늘〉, 《식품산업 22》, 월간 식품산업, 1984.

신동원, 〈일제의 보건의료 정책 및 한국인의 건강상태에 관한 연구〉, 서울대 대학원 석사 논문, 1986.

신동원, 〈한국근대 보건의료체제의 형성, 1876~1910〉, 서울대 대학원 박사 논문, 1996.

신용하, 〈연암 박지원의 사회 신분관과 사회신분 개혁사상〉, 《한국문화》, 서울대 한국문화연구소, 1989.

신재의, 〈한국 근대 치과의사의 등장과 진료〉, 《사학지 36집》, 단국사학회, 2003.

안옥희 외, 〈옛 문헌을 통해 본 한국인의 목욕의식 : 삼국사기, 삼국유사, 고려사, 조선왕조실록을 중심으로〉, 《한국생활과학회지 13권 2호》, 한국생활과학회, 2004.

안춘식, '일제시기의 한국 민족기업 경영의 생성과 전개', 《경제연구》, 한양대 경제연구소, 2001.

안태윤, 〈일제하 모성에 관한 연구 : 전시체제하 모성의 식민화를 중심으로〉, 성신여대 대학원 박사 논문, 2001.

양동숙, 〈해방 후 공창제 폐지과정 연구〉, 《역사연구 제9호》, 역사학연구소, 2001.

양태백, 〈한국 보도사진의 변천에 관한 연구 : 구한말 민간지 재창간 이전 신문사진을 중심으로〉, 중앙대 대학원 석사 논문, 1997.

오영섭, 〈한국근대 봉건적 사회신분제 및 풍습의 개혁실태-〈독립신문〉을 중심으로〉, 《사학지》, 단국사학회, 1998.

오진석, 〈일제하 박흥식의 기업가 활동과 경영이념〉, 동방학지 제118집, 연세대 국학연구원, 2002.

오진석, 〈일제하 한국인 자본가의 성장과 변모 : 박흥식의 화신백화점 경영을 중심으로〉, 연세대 대학원 석사 논문, 1999.

유선아, 〈화장품 광고에 나타난 의상 디자인 연구 : 국내 여성잡지를 중심으로〉, 홍익대 대학원 석사 논문, 1996.

유선영, 〈극장구경과 활동사진 보기 : 충격의 근대 그리고 즐거움의 훈육〉, 《역사비평 통권64호》, 역사문제연구소, 2003.

유선영, 〈한국 대중문화의 근대적 구성과정에 대한 연구-조선후기에서 일제시대까지를 중심으로〉, 고려대 대학원 박사 논문, 1992.

유수경, 〈한국여성양장의 변천에 관한 연구〉, 이화여대 대학원 박사 논문, 1989.

유승현, 〈구한말–일제하 여성조혼의 실태와 조혼폐지사회운동〉, 성신여대 대학원 석사 논문, 1999.

유해정, 〈일제 시기 공창폐지운동에 관한 연구〉, 고려대 대학원 석사 논문, 2002.

윤은순, 〈1920~1930년대 한국 기독교의 절제운동 : 금주 금연운동을 중심으로〉, 숙명 여대 대학원 석사 논문, 2001.

윤향기, 〈기생문학에 나타난 성(Sexuality)〉, 경기대 대학원 석사 논문.

이경미 · 이순원, 〈19세기 개항 이후 한 · 일 복식제도 비교 〉, 《복식 제50권 제8호 통권 57호》, 한국복식학회, 2000.

이경훈, 〈이광수의 친일문학 연구 : 그의 정치적 이념과 연관하여〉, 연세대 대학원 박사 논문, 1995.

이미경, 〈19세기 개항이후 한 · 일 복식제도 비교〉, 서울대 대학원 석사 논문, 1999.

이민원, 《조선의 단발령과 을미의병》, 《의암학연구 제1호》, 의암학회, 2002.

이민원, 〈상투와 단발령〉, 《사학지 31》, 단국사학회, 1998.

이봉구, 〈한국최초의 다방 : '카카듀'에서 '에리자'까지〉, 《세대 2,4》, 세대사, 1964.

이봉중, 〈방송 음향효과 변천에 관한 연구〉, 중앙대 대학원 석사 논문, 1997.

이상길, 〈'인텔리 위안소', 혹은 식민지 공론장의 초상〉, 《문화과학 통권 제36호》, 문화 과학사, 2003.

이성용, 〈남아 선호화 출산력 간의 관계〉, 《한국인구학 제26권 제1호》, 한국인구학회, 2003.

이성일, 〈일제하 한국 기독교 내의 사회운동 연구 : 1920–30년대 YMCA, YWCA, 절제 운동을 중심으로〉, 서울신학대 대학원 석사 논문, 1993.

이성진, 〈일제하 라디오 방송의 성격에 관한 연구 : 조선총독부의 식민지 지배정책과 방송과의 관련성을 중심으로〉, 한양대 대학원 석사 논문, 1999.

이송순, 〈일제말기 전시체제하(1937–1945) 조선에서의 미곡 공출과 농촌경제의 변화〉, 고려대 대학원 석사 논문, 1992.

이승렬, 〈일제하 한인 고무공업 자본에 관한 연구〉, 연세대 석사 논문, 1985.

이승일, 〈일제시기 조선인의 일본국민화 연구 : 호적제도를 중심으로〉, 《한국학논집 제 34집》, 한양대 한국학연구소, 2000.

이용남, 〈해방 전 조선 영화극장사 고찰〉, 청주대 대학원 석사 논문, 2002.

이용선, '한국 자동차 역사의 서막', 《교통안전》, 교통안전진흥공단, 1984.

이은주, 〈조상의 전통적 생활습관을 이용한 초등학교 탐구모듈 개발-잿물〉, 한국교원
　　대 대학원 석사 논문, 2000.

이정아, 〈강경애 소설 연구 : 일제하 여성문제를 중심으로〉, 영남대 대학원 석사 논문,
　　1996.

이정희 , 〈일제하 보통학교의 초등교육 왜곡〉, 대구교육대 대학원 석사 논문, 2001.

이주연, 〈조선시대 말과 일제 식민지 시기의 서양식 치과의료의 도입에 관한 고찰 : 기
　　독교 선교치과의사들의 활동과 세브란스 연합의학전문학교 치과학 교실을
　　중심으로〉, 연세대 대학원 석사 논문, 1999.

이진민, 〈전시체제(1937~1945)하의 일본 복식의 양장화에 대한 연구〉, 《복식 제54권
　　제2호 통권83호 》, 한국복식학회, 2004.

임동욱 · 이용준, 〈일본 제국주의와 조선어방송 : 일제하 방송의 정치경제학적 접근〉,
　　《저널리즘 24》, 한국기자협회, 1991.

임윤정, 〈근대여성사적 측면에서 본 단발의 사회적 인식 변화〉, 동아대 대학원 석사 논
　　문, 2004.

장규식, 〈일제하 종로의 민족운동 공간 :침략과 저항의 대치선〉, 《한국근현대사연구 제
　　26집》, 한국근현대사학회, 2003.

장미화, 〈일제말기 황민화정책과 창씨 개명〉, 서강대 대학원 석사 논문, 1999.

장세기, 〈한국 금융제도의 변천과정에 관한 연구 : 은행기관을 중심으로〉, 건국대 대학
　　원 석사 논문, 1999.

장용태, 〈강점기 남대문로 일대의 백화점 건축에 관한 연구〉, 서울시립대 대학원 석사
　　논문, 2002.

장지현, 〈우리나라에서의 소주 문화의 흐름 : 소주의 역사〉, 《주류공업9》, 대한주류공
　　업협회, 1985.

전우용, 〈대한제국기-일제초기 서울 공간의 변화와 권력의 지향〉,《 전농사론 5》, 서울
　　시립대 국사학과, 1999.

전은이, 〈우리나라 화장품 포장디자인의 변천에 관한 연구〉, 숙명여대 대학원 석사 논
　　문, 1998.

전은정, 〈일제하 '신여성' 담론에 관한 분석 : 여성주체 형성과정을 중심으로〉, 서강대
　　대학원 석사 논문, 2000.

정선영, 〈일제의 조선 내 공창제 도입과 매매춘〉, 한국외국어대 대학원 석사 논문,
　　1999.

정유미, 〈일제하 물산장려운동의 전개와 성격〉, 연세대 석사 논문, 1995.

정재정, 〈일제하 경성부의 교통사고와 일제 당국의 대책〉, 《전농사론》, 서울시립대 국
    사학과, 2001.

정재홍, 〈한국 개화기 외국어 교육에 관한 연구〉, 강원대 대학원 석사 논문, 1999.

정정임, 〈한국초기사진의 사회사적 고찰〉, 홍익대 대학원 석사 논문, 1989.

정진석, 〈광고사회사 Ⅱ : 일제하의 광고〉, 《광고연구 12호》, 한국방송광고공사, 1991.

정진석, 〈일제하의 라디오 보급과 청취자〉, 《신문과 방송 262호》, 한국언론재단, 1992.

정진성, 〈일제하 조선에 있어서 노동자의 존재형태와 저임금 : 1930년대를 중심으로〉,
    서울대 대학원 석사 논문, 1983.

정찬모, 〈손기정 선수의 베를린 올림픽 마라톤 제패가 우리민족에게 주는 역사적 의
    의〉, 《체육사학회지 제2호》, 한국체육사학회, 1997.

조경환, 〈초창기 한국영화 특성에 관한 연구 : 일제강점기(1919~1935)〉, 중앙대 대학원
    석사 논문, 2000.

조은별, 〈20세기 화장문화에 관한 연구〉, 이화여대 대학원 석사 논문, 1995.

조한억, 〈근대학교 교육과정 변천 연구〉, 단국대 대학원 석사 논문, 1989.

조희문, 〈극장-한국영화의 또 다른 역사〉, 《영상문화정보》, 한국영상자료원, 2001.

조희문, 〈무성영화의 해설자 변사 연구〉, 《영화연구 제13호》, 한국영화학회, 1997.

조희문, 〈변사, 무성영화 시대의 그림자〉, 《영상문화정보 제23호》, 한국영상자료원,
    2002.

조희문, 〈연쇄극(連鎖劇) 연구〉, 《영화연구 제15호》, 한국영화학회, 2000.

조희문, 〈영미연초회사와 한성전기회사의 영화 상영에 대한 고찰〉, 《한국영화의 쟁점
    1》, 집문당, 2002.

조희문, 〈초창기 한국영화사 연구 : 영화의 전래와 수용(1896~1923)〉, 중앙대 대학원
    박사 논문, 1992.

조희문, 〈한국영화의 부활, 사라지는 옛 극장들〉, 《영화평론 제13호》, 한국영화평론가
    협회, 2001.

주익종, 〈일제하 평양의 메리야스공업에 관한 연구〉, 서울대 박사 논문, 1994.

주익종, 〈일제하 한국인 주조업의 발전〉, 《경제학연구 제40집 제1호》, 한국경제학회,
    1992.

주형일, 〈사진매체의 수용을 통해 본 19세기 말 한국 사회의 시각문화에 대한 연구〉,
    《한국언론학보 47권 6호》, 한국언론학회, 2003.

최석영, 〈조선박람회와 일제의 문화적 지배〉, 《역사와 역사교육 3,4》, 웅률사학회,
    1999.

최선희, 〈조선일보에 나타난 복식변천과 변천요인에 관한 연구〉, 국민대 대학원 석사 논문, 1994.

최영아, 〈조선시대 화장 문화 및 제조기술 연구〉, 대구가톨릭대 대학원 석사 논문, 2003.

최유리, 〈일제 말기 내선일체론과 전시동원체제〉, 월간 《순국》, 순국선열유족회, 1998.

최유리, 〈일제말기(1938~1945) '내선일체'론과 전시동원체제〉, 이화여대 대학원 박사 논문, 1995.

최인경, 〈한국여성의 화장문화에 관한 연구〉, 이화여대 대학원 석사 논문, 1997.

탁송철, 〈일제하 전시체제기 조선인 노동력 강제수탈의 실태〉, 경남대 대학원 석사 논문, 2003.

하명화, 〈일제하(1920~30년대 초) 도시 주거문제와 주거권 확보운동〉, 부산대 대학원 석사 논문, 2000.

한승순, 〈일제하 조선인군위안부의 강제동원과 생활상 연구〉, 성신여대 대학원 석사 논문, 1997.

함한희·송도영·윤택림·윤형숙, 〈서울주민의 식생활 변천〉, 《서울 20세기 생활문화 변천사》, 서울시립대 서울학연구소, 2001.

허영란, 〈전시체제기(1937~1945) 생활필수품 통제 연구〉, 《국사관 논총 제88집》, 국사편찬위원회, 2000.

허영란, 〈근대적 소비생활과 식민지적 소외〉, 《역사비평 49》, 역사비평사, 1999.

허영란, 〈전시체제기(1937~1945) 생활필수품 통제 연구〉, 《국사관논총 제88집》, 국사편찬위원회, 2000.

현종철, 〈일제 지배하 도시빈민 생활 연구 : 대도시 '토막민'을 중심으로〉, 경희대 대학원 석사 논문, 1996.

홍병선, 〈상투를 다시 한 번 자르자〉, 《청년 6권 3호 통권 129호》, 청년잡지사, 1926.

홍아영, 〈한국 영어교육에 대한 사적 고찰〉, 성균관대 대학원 석사 논문, 2001.

홍인자, 〈한국 화장문화의 연대기적 변천 특성에 관한 연구 : 개화기 이후를 중심으로〉, 한성대 대학원 석사 논문, 2002.

홍일표, 〈일본의 식민지 '동화정책'에 관한 연구-창씨개명 정책을 중심으로〉, 서울대 대학원 석사 논문, 1999.

황영조, 〈마라토너 손기정의 생애와 사상〉, 고려대 대학원 석사 논문, 1999.

황유성, 〈일제 및 미 군정기 방송의 특성에 관한 연구 : 한국 방송사의 기점 논의를 중심으로〉, 한국외국어대 대학원 박사 논문, 2004.

황정윤, 〈일본 여성복식의 양장화에 관한 고찰〉, 경성대 대학원 석사 논문, 2002.

宮田節子, '창씨개명의 실시과정', 《창씨개명》, 학민사, 1994.

保坂祐二 , 〈일본제국주의의 민족동화정책 분석 : 조선과 만주, 대만을 중심으로〉, 고려
　　　　대 대학원 박사 논문, 2000.

山下英愛, 〈한국근대 공창제도 실시에 관한 연구〉, 이화여대 대학원 석사 논문, 1992.

| 신문 |

〈한성순보〉〈독립신문〉〈황성신문〉〈제국신문〉〈매일신문〉〈대한매일신보〉〈신한민보〉
〈매일신보〉〈시대중앙일보〉〈조선일보〉〈동아일보〉〈중외일보〉

| 잡지 |

《학지광》《청춘》《개벽》《학생》《장한》《별건곤》《삼천리》《사해공론》《신동아》《신여성》
《월간 중앙》《여성》《조광》《실화》《소년》《동광》《실생활》《자동차》《신세기》

꽃가치 피어 매혹케 하라

첫판 1쇄 펴낸날 2005년 6월 17일
첫판 4쇄 펴낸날 2012년 6월 20일

지은이 | 김태수
펴낸이 | 지평님
기획·마케팅 | 김재균
기획·편집 | 홍보람
본문 조판 | 성인기획 (070)8747-9616
필름 출력 | 스크린출력센터(02)322-4467
종이 공급 | 화인페이퍼(031)955-0135
인쇄 | 중앙P&L(031)904-3600
제본 | 서정바인텍(031)942-6006

펴낸곳 | 황소자리 출판사
출판등록 | 2003년 7월 4일 제2003-123호
주소 | 서울시 종로구 통인동 135-2번지 2층 (110-043)
대표전화 | (02)720-7542 팩시밀리 (02)723-5467
E-mail: candide1968@hanmail.net

ⓒ 김태수, 2005

ISBN 89-91508-05-7 03900